JOURNAL
DE
L'EXPÉDITION ANGLAISE
EN ÉGYPTE.

Cet Ouvrage se trouve aussi :

A Paris, chez ANSELIN et POCHARD, rue Dauphine, n° 7.
A Genève, chez PASCHOUD.
A Lyon, chez BOHAIRE.
A Bruxelles, chez DEMAT.
A Bruges, chez BOGAERT-DUMORTIER.
A Mons, chez LEROUX.
A Rouen, chez RENAULT.
A Strasbourg, chez LEVRAULT.

IMPRIMERIE DE P. GUEFFIER.

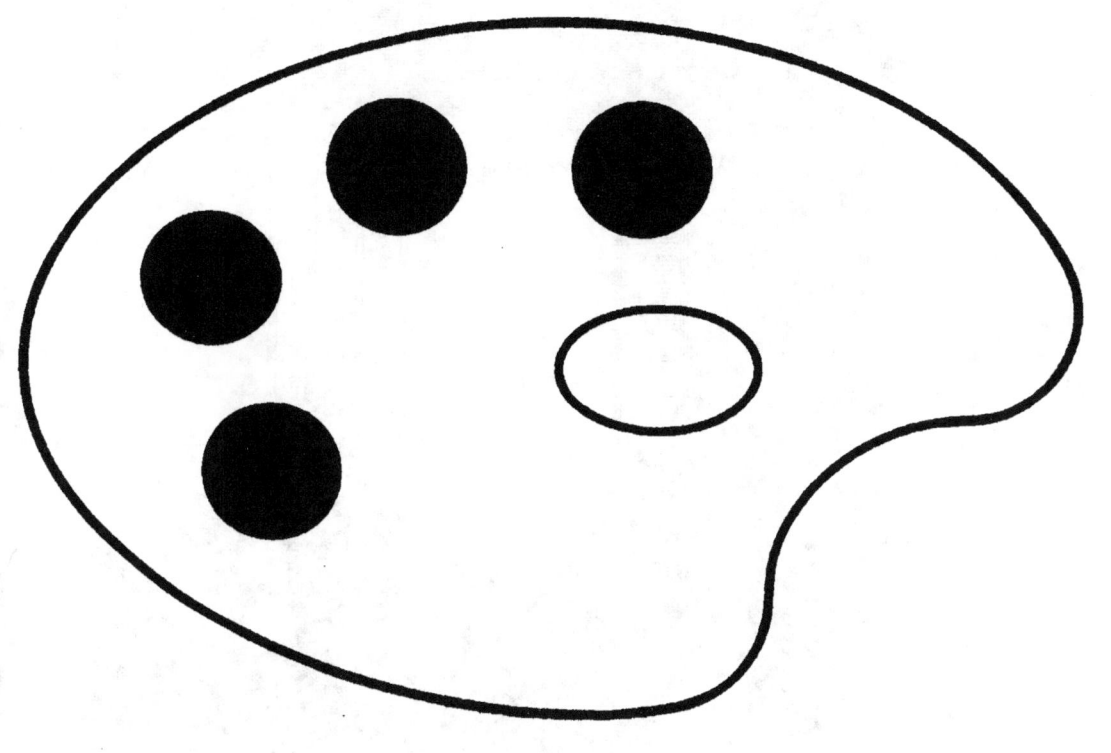

Original en couleur
NF Z 43-120-8

Passe-temps turc.

JOURNAL

DE

L'EXPÉDITION ANGLAISE

EN ÉGYPTE,

DANS L'ANNÉE MIL HUIT CENT UN,

TRADUIT DE L'ANGLAIS DU CAPITAINE TH. WALSH,

PAR M. A. T******.

Avec des notes fournies par d'anciens officiers de notre armée d'Egypte; un Appendice contenant des pièces officielles; une Introduction par M. Agoub; quatre Plans de Bataille, et quatre Figures coloriées.

A PARIS,

CHEZ J. A. S. COLLIN DE PLANCY, ÉDITEUR

DES OUVRAGES PUBLIÉS PAR LA SOCIÉTÉ DE TRADUCTION,

RUE MONTMARTRE, N° 121.

1823.

AVIS.

Les notes qui, dans le cours de l'ouvrage, sont signées A , nous ont été fournies par d'anciens officiers civils et militaires de l'armée d'Orient.

INTRODUCTION.

De l'Égypte et de son ancienne splendeur. — De l'Expédition française et de ses résultats littéraires. — De l'Expédition des Anglais. — De Mohammed-Aly, pacha actuel de l'Égypte.

L'ANTIQUE Égypte a rempli le monde de sa gloire : la sublimité de ses doctrines religieuses, la hardiesse étonnante de ses travaux, la raison supérieure qui semblait avoir présidé à l'institution de ses lois, lui fondèrent dans tous les siècles une haute réputation de sagesse. Elle exerça longtemps sur les nations contemporaines cet ascendant moral, cet empire immuable de la pensée, qui, plus fort que l'empire des armes, survit à toutes les révolutions terrestres : ce fut une sorte de sacerdoce, consacré d'âge en âge par l'admiration des hommes, et dont nul peuple n'a méconnu l'autorité. L'Égypte ne se contenta point de régner par l'exemple ou d'instruire par les conseils : elle envoya des colonies nombreuses, elle imposa des législateurs, elle prit une part active à la formation des sociétés, et l'on eût dit que, placée sur une des sommités du monde, elle dirigeait elle-même ce mouvement général de civilisation qu'elle sut imprimer à toute la terre.

Dès les temps les plus reculés, et à des époques qui ont échappé aux calculs de l'Histoire, l'Éthiopie reçut, au-delà du tropique, le premier reflet de la splendeur de Thèbes (1). L'Argolide et l'Attique proclamèrent deux Égyptiens pour

---

(1) « Osiris, *ayant mis l'agriculture en usage dans* » *l'Éthiopie, et y ayant bâti plusieurs villes consi-* » *dérables*, y laissa des gouverneurs et d'autres officiers » pour lever les tributs qu'il imposa sur cette pro- » vince. » (*Diodore de Sicile*, liv. I, section première, chap. 9, trad. de l'abbé Terrasson.) Selon Hérodote, l'Éthiopie fut civilisée par deux cent quarante mille

fondateurs (1). Orphée employa au bonheur des hommes toute la mélodie du langage des dieux ; mais en donnant des mœurs à la Thrace, sa lyre ne répétait que les leçons de Memphis. Au pied du Caucase, et non loin des Palus-Mœotides, les dernières plages du Pont-Euxin ont vu quelques soldats de Sésostris fonder la capitale de la Colchide (2). S'il eût été donné à l'Océan de conserver l'empreinte des vestiges humains, la mer Érythrée nous révèlerait encore, par des

---

Égyptiens qui, sous le règne du roi Psammitichus, émigrèrent dans cette contrée. (*Hérod.*, liv. II, chap. 30.)

(1) Danaüs et Cécrops. Inachus était Phénicien.

(2) La ville d'Æa, bâtie près des bouches du Phase. C'est le port où abordèrent les Argonautes en arrivant dans la Colchide. *Voyez*, au sujet de cette colonie égyptienne, *Hérodote*, liv. II, chap. 104; *Diodore de Sicile*, liv. I, sect. II, chap. 9; et *Valerius Flaccus*, lib. V, vers. 418 et seq. — Voyez aussi un passage d'Apollonius de Rhodes, cité et traduit par M. Jomard dans son Mémoire sur *le Système métrique des anciens Égyptiens*, chap. XII, §. II.

monumens irrévocables, la route que suivirent autrefois les sciences, lorsque des bords du Nil elles portèrent leur flambeau dans l'Inde. De toutes les grandes civilisations qui ont tour-à-tour brillé sur la terre, il n'en est pas une peut-être où l'Égypte n'ait sa part de gloire à revendiquer. Pourquoi faut-il que des jours de barbarie et d'ignorance aient interrompu la série des faits historiques et la généalogie des peuples ?

Mère des nations, l'Égypte en fut aussi l'institutrice : c'est à son école savante que se formèrent dans l'antiquité tous ces génies supérieurs qui les premiers ont rehaussé la dignité de l'homme et donné la mesure de sa puissance intellectuelle. Homère exploita au profit de la Grèce les conceptions religieuses de la Thébaïde, et il fut appelé *le Père des Dieux*. Lycurgue et Solon vinrent étudier sous les Hiérophantes l'art profond des législateurs, et pour la première fois Sparte et Athènes furent régies par des lois régulières. Thalès, Pythagore et Eudoxe furent initiés, dans les temples d'Isis, aux mystères de l'astronomie, et soudain la Grèce attachant sur le ciel des regards étonnés, y comprit cette harmonie éternelle qu'elle n'avait point encore soupçonnée (1). Platon conversa treize ans avec les prêtres de Saïs, et il leur emprunta les idées sublimes de la divinité. Lorsque les livres saints veulent nous pénétrer d'admiration pour les vastes connaissances de Moïse, *il s'était instruit*, nous disent-ils, *dans la sagesse des Égyptiens*. Salomon conçoit le projet de bâtir le temple de Jérusalem, et c'est au peuple des Pharaons qu'il demande des architectes (2). Les habitans de l'Élide instituent les jeux olympiques, jeux mémorables qui devinrent dans la suite le rendez-vous de toute la Grèce,

---

(1) Les astronomes de la Chaldée étaient eux-mêmes originaires de l'Égypte. Voy. *Diodore de Sicile*, liv. I, sect. II, chap. 29.

(2) Voyez l'*Encyclopédie*, à l'article *Architecture*.

et une ambassade solennelle franchissant la Méditerranée, vient en soumettre le plan à ces mêmes Égyptiens, comme si leur approbation eût été le dernier cachet que l'on dût imprimer à une grande entreprise (1). Ainsi, dans tous les temps, on vit ce peuple extraordinaire servir au monde et d'exemple et d'oracle : c'était, pour ainsi dire, un droit d'aînesse que l'Égypte s'était réservé sur l'enfance des nations ; c'était le règne de la sagesse sur l'inexpérience ; c'était le triomphe des éternelles vérités sur des préjugés versatiles et périssables !

Quand l'Égypte était vaincue par la force, elle commandait encore par la pensée : aucun des conquérans qui l'envahirent ne put se soustraire à cette suprême influence. Cambyse, lui-même, cet inexorable ennemi de toute gloire étrangère, ce stupide profanateur des arts, Cam-

---

(1) *Diodore de Sicile*, liv. I, sect. II, chap. 35. — *Voyages du jeune Anacharsis*, chap. XXXVIII.

byse est forcé à son tour de payer un tribut à la supériorité de la nation qu'il opprimait. Tout en mutilant les monumens de Thèbes, dont son orgueil était jaloux, il emmena avec lui des constructeurs égyptiens pour élever les palais de Persépolis. Le barbare croyait pouvoir étendre les droits de la conquête jusque sur les libres opérations du génie; mais ici, c'est plutôt le génie qui triomphe d'une injuste domination et lève une sorte d'impôt sur la victoire!

Aujourd'hui même que Memphis a vu sur ses ruines tant de générations se presser et s'évanouir; aujourd'hui que plus de trente siècles ont déjà pesé sur la cendre des Pharaons, les bienfaits des anciens Égyptiens ne sont point encore effacés de la mémoire des hommes. Berceau de toutes les religions qui se sont partagé l'univers, foyer primitif d'où l'on a vu jaillir les plus vives étincelles du flambeau des arts, sanctuaire auguste où se sont élaborées les premières idées de législation et de bonheur, l'Égypte vit encore toute entière dans les institutions de nos jours : il n'est aucune des lois qui régissent nos sociétés, aucune de nos sciences réputées modernes, aucune de ces découvertes dont nous sommes si orgueilleux, qui ne se rattache par quelque lien secret au grand héritage de sagesse que l'Égypte a légué au genre humain.

A quelle période connue des annales du monde faut-il donc placer l'origine du peuple égyptien, lorsque, remontant si loin dans l'antiquité, nous le trouvons déjà parvenu à l'apogée de sa grandeur morale? Quel calcul peut jamais atteindre à cette origine mystérieuse qui se perd dans la nuit des temps et semble reculer la création? Les descendans d'Osiris se livraient déjà aux plus hautes spéculations de la philosophie et des sciences, quand sur tous les autres points du globe on était encore aux prises avec la barbarie; et les Égyptiens avaient inventé le zodiaque à une époque où des peuples, devenus depuis si célèbres, ignoraient l'usage de la charrue. Quatre siècles avant notre ère, Platon a vu sur les bords du Nil des monumens qui lui étaient antérieurs de dix mille ans (1), et ces mêmes Égyptiens avaient dit au législateur d'Athènes : « Solon, Solon, vous autres Grecs, vous » n'êtes encore que des enfans ; rien chez » vous ne porte l'empreinte d'une haute » antiquité. »

Mais depuis longtemps la gloire de l'Égypte n'était plus pour nous qu'une tradition incomplète et fugitive. Ce n'était que sur la foi des anciens que nous admirions encore ses mémorables travaux : quelques passages plus ou moins obscurs des auteurs grecs étaient demeurés les seuls dépositaires comme les seuls garans de son ancienne splendeur. Thèbes, où sont réunis les vestiges les plus étonnans qui soient restés d'un grand

---

(1) *Platon*, liv. II *des Lois*.

empire ; Thèbes, chantée autrefois par Homère, occupe à peine quelques lignes dans les récits d'Hérodote (1). Ses innombrables monumens nous étaient inconnus, parce qu'ils nous étaient inac-

---

(1) Hérodote n'a presque pas parlé des monumens de Thèbes; et il est vrai de dire qu'avant l'expédition des Français en Égypte, l'Europe n'avait encore recueilli sur ces monumens que des notions très-imparfaites. Jusqu'alors les antiquités de la Grèce et de Rome avaient envahi sans partage le vaste champ de l'Archéologie. On se souvenait seulement que l'ancienne capitale de l'Égypte avait été surnommée *Hécatompyle* par Homère, à cause de ses cent portes, par chacune desquelles elle pouvait faire sortir à-la-fois deux cents charriots armés en guerre et montés par dix mille combattans. On avait entendu dire que dans le magnifique tombeau d'Osymandias, décrit par Diodore de Sicile, était autrefois renfermé un cercle d'or de 365 coudées, sur lequel on avait gravé, pour tous les jours de l'année, le lever et le coucher des astres. On se souvenait encore de cette statue de Memnon, qui au retour de l'aurore, et à mesure qu'elle était frappée par les premiers rayons du soleil, rendait des sons harmoniques. Quant aux édifices, on avait entendu parler vaguement de quelques temples ruinés, de quelques avenues de sphinx et de quelques obélisques : tout le reste était ignoré, et il était impossible aux voyageurs européens de pénétrer jusqu'aux monumens de la Haute-Égypte.

cessibles. Il appartenait à l'aigle de la tribune évangélique, à l'éloquent et immortel Bossuet, de pressentir en quelque sorte tant de merveilles, et de les signaler à l'attention d'un grand roi. Louis XIV était digne d'entendre et d'exaucer ce vœu magnanime, si des intérêts d'un autre ordre n'eussent distrait ailleurs sa royale sollicitude.

Tout-à-coup un événement extraordinaire se prépare en Europe. Des forces de terre et de mer sont rassemblées dans un des ports de la France. Les Français ont résolu la conquête de l'Egypte, et l'éclat récemment acquis à leurs armes appelle sur cette contrée célèbre, mais oubliée, les regards de tout l'Occident. L'Égypte est de nouveau replacée sur la scène du monde.

Les Français arrivent et triomphent : ils triomphent à l'aspect de ces mêmes pyramides qui avaient vu passer autrefois les troupes de Sésostris chargées des dépouilles de l'Asie. Ils refoulent dans le désert, ou au-delà des cataractes, les hordes d'esclaves qui fermaient à leur impatience les chemins de la Thébaïde. Aussitôt, et comme par enchantement, apparaît sur les deux rives du Nil une longue et immense galerie de monumens dont la chaîne majestueuse semble unir la Méditerranée au Tropique. Quel art puissant, ou plutôt quelle force invisible et surnaturelle a, pour ainsi dire, jeté dans les airs la cîme de tant d'édifices dont l'œil humain peut à peine mesurer la hauteur? Comment, après avoir couvert leur sol de cette architecture colossale, les Égyptiens ont-ils assez vécu pour entreprendre et exécuter, dans le sein des montagnes, des travaux non moins prodigieux et non moins admirables? Comment le ciseau de l'artiste a-t-il pu suffire à cette multitude de sculptures dont l'étonnante profusion se joue de tous les calculs et supposerait, à elle seule, une éternité de civilisation et de labeurs (1)?

---

(1) Le seul temple d'Esné (l'ancienne Latopolis) ren-

INTRODUCTION. xiij

Ces vastes portiques, ces pylônes si élevés, ces statues énormes (1), ces pompeux obélisques, ces mystérieuses catacombes, ces palais qu'on croirait bâtis pour des géans (2), présentent à la fois toutes leurs

ferme plus de deux cent mille pieds carrés sculptés avec le même soin et la même richesse d'exécution.

(1) Les deux colosses situés dans la plaine de Thèbes, et dans l'un desquels on a reconnu la statue *vocale* de Memnon, ont chacun 48 pieds de haut, sans compter le piédestal. Ces colosses sont assis; supposés debout; ils auraient 60 pieds.

La célèbre statue d'Osymandias, dont les débris existent encore au *Memnonium*, avait 48 coudées égyptiennes ou 68 pieds; ce qui fait douze fois la stature humaine. M. Jomard a reconnu, dans les environs de Syène, le rocher de granit d'où ce colosse monolithe a été tiré : la surface du rocher porte encore les traces de l'exploitation.

(2) Je me bornerai à citer ici, d'après MM. Jollois et Devilliers, les principales dimensions du palais de Karnak, à Thèbes. Cet édifice, abstraction faite des constructions accessoires qui en dépendent, s'étend sur une longueur de 1052 pieds; il renferme, entre autres distributions, une salle hypostyle qui présente une superficie de 47,000 pieds carrés; l'église de Notre-Dame, à Paris, pourrait y être placée toute entière. Les pierres qui composaient le plafond n'avaient pas moins de 28 pieds et demi de longueur chacune; le plafond était

masses, et semblent entourer l'armée d'un monde fantastique. Soudain le prestige augmente : le génie des Égyptiens est évoqué de la tombe ; les temples d'Isis sont ouverts ; leurs échos, si longtemps muets pour les idées généreuses, retentissent enfin d'un cri de victoire et de patriotisme ; on dirait que les vieilles générations qui peuplent les rochers libyques, se ranimant à ces accens connus, se lèvent du cercueil. Déjà le collége des prêtres s'assemble ; les mystères sacrés recommencent ; les rois vaincus traînent le char des Pharaons ; l'Égypte toute entière sort de ses ruines, et, au milieu de

---

porté par 134 colonnes encore debout, et dont plusieurs ont un fût de plus de 33 pieds de circonférence ; c'est-à-dire que six hommes réunis pourraient à peine en embrasser le contour : elles sont égales en grosseur à la colonne de la place Vendôme. La porte qui précède cette salle spacieuse est d'une telle élévation, que, placée devant la façade du Louvre, elle dépasserait d'environ dix pieds le sommet du fronton. Voyez *la Description de l'Égypte*, tom. II, pag. 435 et suiv.; édition de M. Panckoucke.

cette apparitiou solennelle, l'œil abusé croit voir dominer au loin, sur la vallée du Nil, les grandes figures de Sésostris et d'Osymandias !

A cette magie des anciens souvenirs, à ce rapide et involontaire enthousiasme, succède bientôt un examen calme et méthodique. Tandis que l'armée gagne des batailles et porte ses pas triomphans jusqu'aux frontières de la Nubie, les savans français, réunis en corps sous l'égide de la Victoire, divisent entre eux les travaux littéraires et se partagent les monumens. Les sciences modernes sont employées à analyser les sciences anciennes. Tous les arts de l'ingénieuse Europe prêtent simultanément leurs secours à cette étude attrayante et féconde. L'architecture égyptienne appelle les premiers regards et devient l'objet des premières méditations. Des hommes élevés à l'école des Grecs, et accoutumés à regarder comme irrévocables les principes de goût établis par leurs maîtres, sont étonnés de trouver encore à admirer dans

des édifices construits selon d'autres lois et une autre harmonie. « Nous étions
» saisis, disent les voyageurs français,
» en pénétrant sous le portique de
» Latopolis, d'une certaine admiration
» confuse, que nous n'osions en quelque
» sorte nous avouer; et jetant alternati-
» vement les yeux sur le monument et
» sur nos compagnons de voyage, chacun
» de nous cherchait à s'assurer s'il était
» trompé par sa vue ou par son esprit,
» s'il avait perdu tout-à-coup le goût et
» les principes qu'il avait puisés dans
» l'étude des monumens grecs; enfin, si
» son erreur était partagée ou son juge-
» ment confirmé. Cette lutte de la beauté
» réelle de l'architecture que nous avions
» sous les yeux, contre nos préjugés en
» faveur des proportions et des formes
» grecques, nous tint quelque temps en
» suspens; mais bientôt nous fûmes en-
» traînés par un mouvement unanime
» d'admiration (1). » Le temple de Den-

---

(1) MM. Jollois et Devilliers : *Description de l'Égypte*, tom. J, pag. 367, édition de M. Panckoucke.

» dérah, dit M. Denon (1), m'apprit que
» ce n'était point dans les seuls ordres
» Dorique, Ionique et Corinthien, qu'il
» fallait chercher la beauté de l'architec-
» ture; que partout où existait l'harmo-
» nie des parties, là était la beauté. »

Pour se rendre compte du changement inattendu qui venait de s'opérer dans leurs idées, à la vue de ces monumens d'une architecture étrangère, les Français cherchèrent à approfondir les règles mêmes qui avaient présidé à leur construction. Ce fut alors que l'art de bâtir, tel qu'il était autrefois pratiqué sur les bords du Nil, fut exploré dans tous ses détails et sous ses divers aspects : le choix des matériaux, les procédés de l'exploitation, la coupe des pierres, la régularité des plans, la symétrie des distributions, la pureté des lignes architecturales, l'emploi, la variété et l'artifice des décorations, furent soumis tour-à-tour à une

---

(1) *Voyage dans la Haute et Basse-Égypte*, Préf., pag. xv; in-8°.

critique judicieuse : on suivit l'architecte égyptien dans tout le cours de sa lente et infatigable industrie, depuis le moment où le bloc informe venait d'être détaché de la montagne, jusqu'à celui où le dernier coup de ciseau avait été donné au monument.

C'est en se livrant à ces laborieuses investigations, que les membres de l'Institut du Caire, prenant pour ainsi dire l'antiquité sur le fait, découvrirent successivement et dénoncèrent à l'Europe les emprunts nombreux que les arts de la Grèce avaient faits à ceux de l'Égypte. On reconnut dans le chapiteau dactyliforme (1) le type et l'idée première du chapiteau corinthien. Les piliers cariatides que, sur la foi de Vitruve, on avait crus inventés par les Grecs, ne furent plus regardés que comme une servile

---

(1) Ou *à feuilles de palmier*. Rien n'approche de la grâce et de la simplicité de ce chapiteau égyptien. Il peut être placé sans désavantage à côté du chapiteau grec auquel il a servi de modèle.

imitation de ces piliers majestueux contre lesquels les Égyptiens ont adossé les figures sculptées de leurs dieux (1). Le petit temple d'Edfou, et le temple d'Isis à Philœ, prouvèrent aussi que les architectes du Nil avaient les premiers imaginé l'élégante conception des édifices périptères (2). Le Zodiaque, qu'on disait transmis par la Grèce, se retrouva tout entier dans les bas-reliefs astronomiques de Latopolis et de Dendérah. Toujours soigneux de leur renommée, toujours habiles à déguiser leurs larcins, ces mêmes Grecs avaient enveloppé dans une fable ingénieuse l'origine du stade olympique : à les en croire, c'était Hercule

---

(1) Vitruve, pour expliquer cette prétendue invention, raconte que les habitans de Carie s'étant alliés aux Perses contre les Grecs, ceux-ci crurent assez les punir, en représentant accablées sous le poids de l'Architecture les femmes Cariates qu'ils avaient traînées à la suite de leur triomphe : de là le nom de *cariatides*.

(2) Les Grecs ont désigné sous le nom de *périptères*, ceux de leurs temples dont les côtés extérieurs sont entourés de colonnes : on sait que ce mot est formé de Πτερον, *aile*.

lui-même qui l'avait institué. Mais une mesure solennelle, exécutée par les ingénieurs français (1) sur la grande pyramide de Memphis, décela la supercherie et fit voir dans l'apothème du monument de Chéops la valeur exacte de ce stade. La plupart même des mesures grecques paraissaient avoir été déduites du système métrique de l'ancienne Égypte. On remarqua que le frontispice du fameux Parthénon, à Athènes, donnait une longueur égale à un *pléthre* égyptien; que la surface de ce même temple contenait un *aroure* (2), et divisait exactement vingt-cinq fois la base de la grande pyramide.

La valeur du pied égyptien, que M. Jomard a conclue des principales dimensions des monumens du Nil, comparées

---

(1) MM. Le Père, Coutelle, Jomard et Cécile.
(2) L'*aroure* était, chez les Égyptiens, une mesure de superficie, consistant en un carré de 100 coudées de côté. Le *pléthre*, mesure linéaire, se composait de 100 pieds. Le stade égyptien ou *olympique* contenait 6 *pléthres*, et était contenu lui-même 600 fois dans le degré terrestre.

avec les récits des anciens, révéla surtout une vérité importante et jeta sur l'histoire de l'antique civilisation une clarté inespérée : cette valeur se trouva être un sous-multiple exact du degré terrestre, et précisément du degré propre à l'Égypte moyenne : et comme c'est sur cette base unique que repose, suivant une échelle sexagésimale, tout l'édifice métrique des Égyptiens, il est évident qu'ils étaient parvenus, bien avant Ératosthène à qui on en a faussement attribué l'honneur, à calculer la mesure du globe ; entreprise prodigieuse pour ces temps reculés, et qui serait un imposant témoignage de la hauteur à laquelle ce peuple avait déjà porté l'essor des sciences mathématiques (1) ! Pourquoi serions-nous étonnés d'ailleurs

---

(1) Cette importante question, et toutes celles qui sont relatives à la métrologie ancienne, ont été traitées avec une supériorité remarquable de talent et de savoir dans l'*Exposition du système métrique des anciens Égyptiens* ; tom. VII de la Descript. de l'Égypte, édit. de M. Panckoucke.

que le génie des Égyptiens eût entrevu ce grand résultat, lorsque nous savons par Eustathe et par Apollonius de Rhodes, que, plus de quinze siècles avant l'ère vulgaire, ils avaient inventé l'art des projections géographiques, et que Sésostris laissa même aux Colchidiens des tables de bois sur lesquelles était tracé l'itinéraire de ses voyages (1)?

C'est ainsi qu'appliqués sans relâche à l'étude de cette primitive Égypte, dont les travaux usurpés avaient étayé tant de réputations étrangères, les savans français exhumaient à-la-fois de l'oubli tous ses titres de gloire, et réintégraient dans ses antiques droits le peuple de sages qui l'avait rendue immortelle. « Le sort des » sciences exactes, dit M. Jomard, est » celui de toutes les choses humaines ; » elles subissent des révolutions, quoique

---

(1) Voyez la *Description d'Ombos*, par MM. Chabrol et Jomard. (*Descript. de l'Égypte*, tom. I, page 227), et la *Polyorcétique des Anciens*, par M. Dureau de la Malle, chap. V.

» leurs principes reposent sur des vérités
» éternelles. De temps en temps il s'élève
» des hommes nouveaux qui prétendent
» que les sciences sont nouvelles ; mais,
» pour quelques-uns dont le génie et la
» supériorité sur leur siècle justifient en
» quelque sorte ces opinions, combien
» d'autres qui, montés sur l'épaule du
» géant, suivant l'expression de Bailly,
» oublient qu'ils lui sont redevables de
» voir à une plus grande distance! Ce-
» pendant le colosse ruiné qui les porte,
» se cache de plus en plus sous la pous-
» sière des temps : plusieurs travaillent à
» l'immense tâche de le déblayer et de le
» restaurer ; et parfois sa masse venant
» à se découvrir, jette une vive lumière,
» impose le respect et force l'admira-
» tion ! (1) »

Déjà le colosse ruiné de l'Égypte élevait sa tête au-dessus des décombres et
sortait, radieux, de la poussière des

---

(1) *Exposit. du Systèm. métr. des anc. Égypt.*,
pag 341.

temps. Tous les membres de ce grand corps, rassemblés par des mains habiles, avaient été rétablis sur leur antique base. Jamais, à des yeux européens, lumière plus éclatante n'avait éclairé le vieux domaine d'Osiris, et les deux dernières années du dix-huitième siècle avaient plus fait pour la mémoire des Égyptiens, que les efforts réitérés de tous les siècles précédens.

Mais c'était peu : si les Français se fussent arrêtés là, leur mission demeurait incomplète. Ils n'étaient pas venus conquérir l'Égypte dans l'unique dessein de décrire ou de restaurer des édifices; ils venaient aussi régénérer les hommes. Comme érudits, ils avaient satisfait au vœu des sciences, en recueillant avec un soin religieux les vestiges épars des anciennes institutions; comme législateurs, il leur restait encore à corriger les institutions modernes. Conquérir n'était rien pour une armée française; mais légitimer la conquête par des bienfaits, instruire presque en même temps que vaincre; dompter par les lois les hommes qu'on a d'abord soumis par les armes; faire succéder à une tyrannie ombrageuse et flétrissante le règne d'une autorité conservatrice ; assurer à tous les habitans les garanties sociales qui seules constituent la patrie; changer des esclaves en citoyens ; enrichir leur pays par le commerce, l'éclairer par l'éducation, l'embellir par les arts, le rendre puissant par l'industrie; reporter, en un mot, dans l'Égypte arabe, tous les dons transmis autrefois par l'Égypte des Pharaons; tel était le but plus noble, plus généreux, plus magnanime, auquel devaient aspirer des conquérans français; et ce but était celui de l'expédition.

Toutefois, avant d'asseoir les fondemens d'un semblable édifice, il fallait connaître le terrain sur lequel on allait bâtir : il fallait se familiariser avec les ressources du pays avant de les approprier aux besoins de ses peuples. Des géomètres et des naturalistes s'étaient répandus en même temps sur plusieurs points de la vallée : une observation assidue, et appuyée constamment sur des opérations mathématiques, ou sur l'analyse des faits naturels, avait assujetti à des données positives toute la constitution physique de l'Égypte : les propriétés de son climat, l'étendue et les productions de son sol, les diverses sources de sa richesse agricole, les phénomènes périodiques du fleuve merveilleux qui la féconde, l'état de ses canaux, les moyens de régulariser ou d'étendre les irrigations, toutes les branches de l'industrie rurale, tous les détails de l'économie domestique, avaient été en même temps examinés et approfondis. On dressa, dans des proportions inusitées jusqu'alors, une carte topographique de l'Égypte et des régions limitrophes : ce travail immense, et qu'on peut justement appeler monumental, est digne d'être compté parmi les résultats les plus importans de l'expédition, et doit ouvrir une époque brillante dans les annales de la géographie (1).

Pendant qu'on recueillait ainsi dans les campagnes du Nil tous les élémens d'une prospérité future, l'intérieur des villes présentait déjà le spectacle conso-

---

(1) La CarteTopographique de l'Égypte et de la Syrie, exécutée à l'échelle d'un millimètre pour cent mètres, et composée de quarante-sept feuilles, est due aux travaux réunis d'un grand nombre d'ingénieurs géographes et militaires, sous la direction du colonel Jacotin. Elle est sur le point d'être livrée à la juste impatience de l'Europe, avec une des prochaines publications de la *Description de l'Égypte*. Non-seulement elle contient toutes les villes et tous les bourgs modernes, dont les noms sont écrits à la fois en texte arabe et en français; mais elle indique en outre les positions des villes anciennes: malgré les travaux du judicieux d'Anville, la plupart de ces positions étaient encore indécises. Cette carte dissipe beaucoup de doutes et redresse de nombreuses erreurs; elle peut être considérée comme un cadastre authentique de toute la vallée du Nil. Aucun point n'a été déterminé sans avoir été soumis à des observations astronomiques. M. Jacotin, qui pendant plusieurs années a consacré à cette grande entreprise un zèle éclairé et des veilles laborieuses, s'est acquis des titres durables à la reconnaissance des savans et à l'estime de ses concitoyens: en lui payant ici ce juste tribut d'éloges, je ne fais que devancer l'opinion publique.

lant du bonheur public. Un gouvernement régulier avait été établi dans la capitale, et l'empire des lois y faisait sentir par degrés son influence salutaire. L'impôt venait d'être circonscrit dans un système de répartition uniforme et invariable; ce n'était plus, comme naguère, un champ sans limite, ouvert aux déprédations de toutes les cupidités subalternes. Des ateliers nombreux s'organisaient, et les arts mécaniques de l'Europe y trouvaient une application immédiate. Les habitans, appelés eux-mêmes à prendre part aux fonctions civiles et administratives, voyaient d'un œil charmé ce nouvel ordre de choses se développer et s'agrandir. La confiance était dans tous les cœurs; le ciel si beau de l'Égypte semblait briller d'un éclat plus pur:
« *Le ciel le plus serein est odieux,*
» s'écrie M. de Chateaubriand, *si l'on*
» *est enchaîné sur la terre!* (1) » Mais

---

(1) *Itinéraire de Paris à Jérusalem*, tom. III, pag. 66.

les traces du despotisme s'effaçaient rapidement sous les premiers pas d'une liberté tutélaire, et la civilisation de l'Égypte était commencée.

Cette colonie naissante devait assurer à ses fondateurs des avantages incalculables. La France y trouvait un débouché constant et facile aux produits de ses manufactures, en même temps qu'elle enrichissait son commerce d'importation des denrées précieuses que le sol du Nil accorde, presque sans culture, aux vœux du laboureur. On pouvait ajouter à ces ressources indigènes les marchandises de l'Arabie, de la Perse, et des contrées intérieures de l'Afrique. L'Égypte eût ainsi dédommagé la France de ses pertes récentes dans l'Inde et dans les Antilles. L'un des projets qui, dès les premiers jours de la conquête, avait appelé la sollicitude du chef de l'armée, était le rétablissement du fameux canal de communication entre la mer Rouge et la Méditerranée. Ce canal qui, sous les Pharaons, les rois Perses et les Lagides, avait été l'objet de tant d'hésitations et de craintes (1), devenait d'une exécution facile à l'aide des procédés hydrauliques aujourd'hui familiers à l'Europe. Le commerce de l'Inde eût bientôt abandonné la route du cap de Bonne-Espérance, et l'Égypte, devenue, comme au-

---

(1) Tous les auteurs anciens, à l'exception de Pline, s'accordent à dire que ce canal a été autrefois achevé et mis en état de navigation à une certaine époque; mais leurs avis se partagent lorsqu'il s'agit de déterminer cette époque. Nous savons par Aristote, que les Pharaons et Darius en abandonnèrent l'entreprise, parce que le niveau de la mer Rouge ayant été reconnu plus haut que les terres du Delta, on avait craint de submerger le pays. Hérodote dit pourtant que ce même Darius acheva les travaux. Diodore, en rapportant les mêmes circonstances avancées par Aristote, ajoute que le canal fut rétabli et mis en vigueur par Ptolémée-Philadelphe. Les historiens arabes assurent qu'il fut navigable sous le calife Omar. Quoi qu'il en soit, l'isthme de Soueys offre encore, en plusieurs endroits, les vestiges de ce célèbre canal; et M. le Père, qui fut chargé, durant l'expédition, de recueillir tous les faits propres à constater la possibilité de le rétablir, avait déjà achevé les opérations préliminaires qui devaient garantir le succès de l'entreprise.

trefois, l'unique entrepôt des richesses de l'Asie, eût vu renaître pour elle les jours prospères des premiers successeurs d'Alexandre.

Le gouvernement français, en offrant à la Porte des compensations qui eussent aisément balancé l'ombre de puissance qu'elle avait conservée dans ce pays, pouvait se maintenir en paix avec le Grand-Seigneur, et la régénération d'un peuple entier devait être le fruit de cette alliance utile et probable.

Mais l'Angleterre qui, du milieu des flots, a l'œil incessamment ouvert sur les affaires du continent; l'Angleterre, intéressée à maintenir l'équilibre des pouvoirs politiques, se tenait alors attentive à tous les mouvemens de l'Europe. Dans les derniers momens qui précédèrent l'expédition d'Égypte, le traité de Campo-Formio venait de suspendre glorieusement la lutte inégale et difficile que la France soutenait seule contre une coalition formidable : cette paix, conquise à trente lieues de Vienne, par la valeur de l'Armée d'Italie, devenait à la fois le complément et la ratification des traités déjà conclus avec la Prusse, l'Espagne, la Sardaigne, le royaume des Deux-Siciles et les États du Saint-Siége. Demeurée seule étrangère à la pacification générale, l'Angleterre avait à peine aperçu les préparatifs d'une expédition maritime, que déjà ses vaisseaux croisaient dans la Méditerranée, et devançant l'escadre française, touchaient aux ports d'Alexandrie.

Il ne m'appartient point d'examiner la validité des raisons politiques qui déterminèrent le cabinet de Saint-James à cette déplorable opposition dont les conséquences ont été si funestes à l'Égypte. Les Français avaient dit, dans un noble enthousiasme : « Nous briserons » les fers d'un peuple opprimé. » Les Anglais ajoutèrent : « Nous replacerons ce » peuple sous le joug de ses oppresseurs. » Je ne sais pas jusqu'à quel point des rivalités nationales peuvent autoriser des hommes éclairés et philosophes à faire ainsi cause commune avec la barbarie contre la civilisation. C'est ici le secret des cours. De semblables questions ressortent du tribunal de la politique, et les fonctions de l'homme de lettres doivent s'arrêter là où commencent celles du diplomate. Mais l'Histoire a aussi son tribunal : c'est elle qui juge en dernier ressort les querelles des nations. Un seul mot pourra caractériser dans l'avenir ce choc de deux Puissances ennemies d'où il n'est résulté pour l'Égypte qu'une secousse violente et inutile : « L'Égypte, dira la postérité, avait » autrefois civilisé le monde : la France » eût à son tour civilisé l'Égypte, si » l'Angleterre ne l'eût empêché. » (1)

---

(1) Pour moi, j'ai cru faire un rapprochement utile en plaçant à la tête d'un *Journal de l'Expédition Anglaise*, cette esquisse rapide du but et des résultats de la conquête des Français : c'est maintenant aux historiens à tirer les conséquences de ce parallèle.

Cette apparition des Français dans une contrée qui avait servi de théâtre à la renommée des plus grands capitaines, n'en laisse pas moins des souvenirs impérissables. Le chef qui dirigea l'expédition, *lui imprima*, dit M. Fourier, *le caractère de son propre génie*. Il voulut associer à ses trophées militaires les trophées plus paisibles de la littérature et des sciences. Pour la première fois, dans une même entreprise, les arts et la valeur disputèrent de gloire et réunirent leurs triomphes. Au nom des Desaix et des Kléber s'allièrent les noms des Monge et des Berthollet. L'armée, par des traits inouis de bravoure et de grandeur d'âme, força ses ennemis mêmes à l'admiration. «Com- » battre l'armée si justement célèbre de » l'Orient, dit M. Walls (1), devint notre » espérance favorite.» L'Égypte et la Pa-

___

(1) Voyez Page 2. — Je dois ici rendre justice à l'impartialité de M. Walls, et à l'esprit de modération qui règne généralement dans ses récits. Son ouvrage a cela d'important, qu'il donne sur les opérations de l'armée bri-

lestine ont retenu la mémoire des fameuses journées des Pyramides, du Mont-Thabor et d'Héliopolis; le bruit en a retenti jusqu'en Europe. Ce fut surtout dans cette dernière bataille que les armes françaises brillèrent d'un éclat immortel: réalisant l'expression de Kléber, les soldats *répondirent par une victoire* à la violation d'un traité.

J'emprunterai à M. Fourier le récit de cet événement remarquable, et jusqu'alors insolite dans les transactions militaires des peuples policés : « Celle
» des puissances alliées (1), dit-il, qui
» avait le plus participé à la convention
» de l'Arich, et au nom de qui on l'avait
» proposée, obtenue et stipulée, mit à
» l'exécution un obstacle imprévu, en
» adressant aux troupes françaises la
» proposition injurieuse de demeurer

---

tannique des renseignemens précieux et qu'on chercherait vainement ailleurs; réuni aux relations déjà publiées en France, il complète l'histoire de l'expédition.

(1) L'Angleterre.

» prisonnières en Égypte : elle cherchait
» dans la violation de ses promesses un
» avantage qu'elle n'aurait pu attendre
» de ses armes. Les troupes Ottomanes
» avaient été mises en possession du Saïd
» et de toutes les places, depuis les ports
» de la mer Rouge, jusqu'à Damiette. On
» avait retiré l'artillerie de la citadelle
» du Caire : cette capitale devait être li-
» vrée deux jours après ; déjà les appro-
» visionnemens et les munitions étaient
» transportés à Alexandrie. Cette armée,
» qui, peu de jours auparavant, disposait
» de plusieurs provinces riches et fertiles,
» était alors privée des moyens de sou-
» tenir la guerre ; elle ne possédait plus
» en Égypte que le terrain où elle était
» rangée en bataille. Mais une circons-
» tance aussi extraordinaire avait élevé
» son courage, elle n'avait qu'un but et
» qu'un intérêt, et celui qui la comman-
» dait avait fait passer dans tous les cœurs
» l'indignation généreuse dont il était
» animé. Toute l'Europe a connu les

» suites mémorables des combats qui
» suivirent cette rupture ; la victoire,
» plus fidèle que les traités, vint couvrir
» de son égide ceux à qui on ne laissait
» plus que le désert pour refuge. L'armée
» Ottomane, attaquée par les Français
» près des ruines d'Héliopolis, fut dis-
» persée et anéantie. Le principal mi-
» nistre de la Porte traversa presque
» seul, dans sa fuite précipitée, ces mêmes
» pays où il avait pénétré avec des forces
» considérables ; il perdit trois camps,
» son artillerie, ses approvisionnemens
» de guerre. On reprit les forts qui lui
» avaient été remis ; on réprima les ré-
» voltes qu'il avait excitées en même
» temps dans toutes les villes; ses troupes
» furent expulsées du Saïd et de Da-
» miette. » (1)

Mais bientôt Kléber fut assassiné ; une armée anglaise débarqua; Desaix lui-même n'était plus en Égypte. Privés des

(1) Préface Historique de la *Description de l'Égypte*, par M. Fourier, tom. I, pag. cxj.

chefs qui les avaient rendus invincibles, et comme désenchantés d'un rêve brillant, les Français ne virent plus autour d'eux que des ennemis ou des déserts. Leur gloire même fut un moment compromise par les lenteurs d'un général inhabile. Ce concours imprévu de circonstances vint terminer avant le temps une guerre qui devait doter les arts d'une nouvelle patrie. L'appareil de la civilisation repassa une seconde fois les flots de la Méditerranée, et l'Égypte fut rendue, comme une proie, à l'avidité des beys et des Osmanlis.

Un grand nombre de chrétiens qui avaient embrassé avec enthousiasme la cause de l'armée française, et qui l'avaient défendue au péril de leurs jours, vinrent chercher un asile au milieu de la nation généreuse à laquelle ils avaient tout sacrifié. Arrivés en France, ils ont continué à servir la patrie adoptive, ou par leur épée ou par leurs talens (1). Plusieurs

---

(1) Ceux des Égyptiens qui sont venus à Paris, s'y

d'entre eux portent aujourd'hui sur leur poitrine le signe de l'honneur et le témoignage de la bravoure. Leur sang, qui s'était mêlé avec celui des Français dans les champs du Delta, du Saïd ou de la Palestine, coula encore, sous les mêmes drapeaux, dans les guerres d'Espagne, d'Allemagne et de Russie. Bizarre combinaison des choses humaines! Des hommes nés sur les plages du Nil sont transportés par les chances du sort jusqu'aux

---

sont rendus utiles par leurs connaissances dans la langue arabe. Michel Sabbagh, qui fut long-temps attaché à la Bibliothèque du Roi, qu'il a enrichie d'un grand nombre de manuscrits copiés de sa main, a composé lui-même plusieurs morceaux de littérature arabe. Don Raphaël et Ellious Bocthor ont tous deux professé l'arabe vulgaire à l'école spéciale des langues orientales : ce dernier, qu'une mort prématurée a enlevé aux muses de l'Orient, a laissé un dictionnaire arabe et français encore inédit, et plusieurs beaux modèles de calligraphie. Je citerai en outre M. Gabriel Taouil, qui occupe aujourd'hui la chaire de langue arabe au collége royal de Marseille, et qui depuis plus de seize années exerce ses fonctions avec un zèle qui fait également honneur à son savoir et à son dévoûment.

bords de la Moskowa : partis du pied des Pyramides, ils se trouvèrent un jour campés devant le Kremlin.

L'Égypte a sincèrement regretté les Français. Après le départ de ses libérateurs, elle fut de nouveau livrée à ce conflit de pouvoirs, à cette guerre de factions, qui l'avait si long-temps déchirée. Ceux des beys qui avaient survécu à l'expédition des Français, se séparant brusquement de l'armée ottomane, et rassemblant leurs Mamlouks, se retirèrent dans la Haute-Égypte, où ils prirent une attitude menaçante. On dit même que des rivalités long-temps comprimées éclatèrent alors entre les troupes du Capitan-Pacha et celles du Grand-Vizir. Mais ce dernier retourna bientôt à Constantinople. Pendant plusieurs années l'autorité flotta incertaine : les Mamlouks tentèrent à diverses reprises de reconquérir leur puissance; quelques combats se livrèrent; une alternative rapide de triomphes et de revers menaçait de nourrir encore longtemps le cours de ces querelles intestines, lorsqu'un homme sorti des rangs albanais, et qui avait fait ses premières armes contre les troupes françaises, ayant saisi d'une main forte les rênes du pouvoir, se fit proclamer Pacha du Caire. C'était Mohammed-Aly.

Mohammed-Aly est devenu le bienfaiteur de l'Égypte : elle lui dut alors son repos ; elle lui doit aujourd'hui sa prospérité. De grands travaux publics et des établissemens utiles ont signalé son administration. C'est le premier prince musulman qui ait donné à l'Égypte l'honorable exemple d'un gouvernement presque aussi modéré que ceux d'Europe, et sa place est peut-être déjà marquée dans l'histoire à côté du second Ptolémée.

Mohammed-Aly a fait élever un mur d'enceinte autour d'Alexandrie ; il a fortifié le château d'Aboukir ; il a fait construire, sur une étendue de trois lieues, une digue de deux mètres de large, qui, séparant les eaux du lac Maadieh des eaux de la Méditerranée, empêchera de nouvelles inondations. Ce lac et celui de Maréotis se trouvant ainsi isolés de la mer, le soleil, dont l'action est si puissante en Égypte, en opérera le dessèchement en moins de quelques années : un territoire considérable sera rendu à l'agriculture, et une province entière ajoutée au Delta.

Mais le plus important, comme le plus utile, des travaux de Mohammed-Aly, c'est le canal de Foueh, qui porte les eaux du Nil jusqu'au pied de la colonne de Pompée ; plus de cent mille hommes y ont travaillé pendant deux ans. Ce canal, long de douze lieues, alimente aujourd'hui les réservoirs d'Alexandrie et offre le spectacle d'une navigation continuelle entre cette ville et l'intérieur de la contrée. Ses rives, encore désertes, seront bientôt peuplées par des cultivateurs : le voisinage des eaux est en Égypte la première cause de la population, comme il est le premier garant de la fécondité du sol.

L'agriculture a été puissamment encouragée. On a essayé de naturaliser plusieurs productions exotiques, et des plantations nombreuses ont été ordonnées sur divers points de l'Égypte. Déjà l'olivier et le mûrier ombragent de leur double verdure les roses du Fayoum. Le jardin de Chobra, où Mohammed-Aly a établi sa maison de plaisance, offre un échantillon varié des fleurs et des arbustes de l'Europe.

On voit chaque jour les Arabes du désert, renonçant à leur vie errante, venir demander à Mohammed-Aly des terres à cultiver (1). Tel est d'ordinaire l'ascendant d'un gouvernement équitable : ces tribus nomades qui jusqu'alors avaient été jalouses de leur indépendance, parce

---

(1) Voyez l'*Égypte sous Méhemmed-Ali*, par M. Thédénat-Duvent, consul français à Alexandrie, pag. 190.

qu'elles se méfiaient des promesses de la servitude, charmées tout-à-coup, et comme amollies par l'aspect du bonheur des villes, quittent spontanément leurs solitudes et viennent se ranger d'elles-mêmes sous l'empire des lois. Elles échangent ainsi l'instabilité d'une tente contre le paisible et durable repos de la cabane. Naguère sans demeures fixes et presque sans patrie, ces hommes connaissent enfin les charmes du foyer domestique, et les douceurs d'une habitation héréditaire. Rendus à la société, les uns deviennent laboureurs, et leur industrie ajoute à la prospérité d'un pays qu'ils ne savaient que ravager ; les autres, demeurés fidèles à leurs habitudes belliqueuses, s'honorent de marcher sous les drapeaux de Mohammed-Aly : le même fer qui avait servi à égorger des caravanes, est désormais consacré à la défense légitime du territoire, ou à des guerres avouées par les statuts des nations.

La bienveillance avec laquelle il accueille les voyageurs de toutes les nations, a attaché au nom de Mohammed-Aly une célébrité européenne. C'est à cette heureuse influence d'un gouvernement éclairé, qu'on doit toutes les découvertes récentes qui ont révélé l'existence d'un grand nombre de monumens, dans les oasis, les déserts de la mer Rouge et la Nubie. De belles collections d'antiquités, de superbes monolithes, des manuscrits sur papyrus, des bas-reliefs hiéroglyphiques ont été transportés en Europe, et décorent aujourd'hui les divers musées des peuples savans.

Mais le vestige le plus précieux que l'Europe ait jamais conquis sur les débris de l'antique sagesse, c'est sans contredit le zodiaque de Dendérah (1).

L'acquisition qui en a été faite par le

---

(1) Il existe quatre zodiaques égyptiens qui ont été, tous quatre, découverts par les savans de l'expédition française; savoir: deux à Esné, qui commencent par le signe de la Vierge, et deux à Dendérah (l'ancienne *Tentyra*), qui commencent par le Lion. C'est le plus

gouvernement français sera considérée, dans tous les temps, comme un des actes les plus mémorables du règne de Sa Majesté. Placé sur le même trône d'où les bienfaits de Louis XIV allaient jusque chez l'étranger récompenser le talent et honorer le savoir, Louis XVIII n'a point oublié que c'est en protégeant les arts que ce grand prince créa son siècle et le rendit tout entier tributaire de sa gloire. Au nom de l'Égypte se rattachaient d'ailleurs de touchans souvenirs : si ce pays fut jadis témoin des malheurs et de la captivité de Saint-Louis, il le fut aussi de sa grandeur d'âme et de son héroïque résignation.

Le zodiaque de Tentyra est maintenant au Louvre : le Louvre et Tentyra ! quelle alliance extraordinaire entre des noms que séparaient tant de siècles ! combien le voyageur qui viendra visiter ce sanctuaire des beaux-arts, sera sur-

---

petit de ces derniers que M. le Lorrain a transporté à Paris.

pris d'y rencontrer, au milieu des chefs-d'œuvre modernes, ce reste vénérable de l'antique civilisation, ce débris sauvé du naufrage de tant d'empires ! A l'aspect de cette pierre éloquente, l'une des premières archives de l'esprit humain, quelle est l'âme aride qui ne s'élève à de hautes pensées ? Cette pierre décora jadis la voûte d'un temple ; elle est encore noircie de la fumée des flambeaux qui éclairèrent d'imposantes cérémonies : frappé de ce souvenir, je me transporte en idée au milieu des anciens Égyptiens ; j'assiste, dans le temple même de Tentyra, à l'une de ces pompes religieuses où le peuple assemblé vient recueillir des leçons de morale et de sagesse. L'Hiérophante explique devant moi, comme autrefois devant Pythagore, les lois de l'harmonie céleste ; il me montre, comme à Hécatée, les statues des trois cent quarante-cinq pontifes qui, depuis le règne de Ménès, s'étaient succédé sans interruption ; il me raconte, comme à Germanicus, les actions guerrières de Ramessès. Remontant ensuite des annales des hommes aux annales des dieux, il m'entraîne avec lui hors du cercle des temps historiques ; il m'entretient de la naissance mystérieuse du dieu Phta, des combats d'Osiris et de Typhon, du long veuvage et des bienfaits d'Isis, de l'éducation d'Horus, des préceptes du sage Thoth, l'inventeur des arts. Attentif à ces récits merveilleux, mon esprit s'abandonne involontairement à leur prestige; je me ressouviens alors des chronologies fabuleuses de Manéthon et de Laërce; bientôt mon imagination exaltée les commente et les accrédite ; elle refoule au-delà des temps calculés le berceau de l'espèce humaine : on m'a énuméré les règnes des dieux, mais ces dieux ont régné sur des hommes..... N'entends-je pas retentir encore autour de moi ces paroles mémorables : » Solon! Solon! vous autres Grecs, » vous n'êtes encore que des enfans ! »

J. E. AGOUB.

JOURNAL

DE

L'EXPÉDITION ANGLAISE

EN ÉGYPTE.

§. I.

GIBRALTAR.

Le 24 octobre 1800, d'après les ordres reçus d'Angleterre, les armées commandées par sir Ralph Abercromby et par sir James Pulteney, furent séparées. Sir Ralph Abercromby retint la plus grande partie des troupes sous son commandement; et le reste, composé de corps levés pour un temps limité, fut confié à sir James Pulteney, avec l'ordre de se porter immédiatement au secours du Portugal, alors menacé par les préparatifs qui se faisaient simultanément en France et en Espagne.

Ces dispositions nous firent présumer que l'armée de sir Ralph Abercromby était destinée à une expédition lointaine; et par les arrangemens pris pour la composition de la garnison de Gibraltar, il devint évident que cette armée devait porter la guerre hors de l'Europe ; car le 44ᵉ régiment, bien que très-faible, reçut l'ordre de faire partie du corps de sir Ralph et fut remplacé, pour le service de la place, par le 66ᵉ, dont les soldats n'étaient pas enrôlés pour le service général.

Parmi la foule de conjectures que l'on pouvait former sur notre destination, celle qui portait le théâtre de la guerre en Égypte paraissait la plus probable : tous nos regards se fixaient sur cette contrée, vers laquelle s'élançaient nos vœux les plus ardens. Combattre l'armée si justement célèbre de l'Orient, devint dès-lors notre espérance favorite ; et nous étions pleins d'assurance sur le succès de l'entreprise, car jamais expédition ne fut plus judicieusement préparée, jamais armée anglaise ne fut mieux composée, et jamais des officiers n'eurent une confiance plus entière dans les généraux qui devaient les commander.

L'honorable J. H. Hutchinson, *Major-Général.*
Coote. . . . . *idem.*
Cradock. . . . . *idem.*
Moore. . . . . *idem.*
Le comte de Cuvan. . . . . . *idem.*

L'honorable J. Hope. . . . *Brigadier-Général.*
  Stuart. . . . . *idem.*
  Doyle. . . . . *idem.*
  Oakes. . . . . *idem.*
  Lawson . . . . *idem.*

furent attachés aux troupes de sir Ralph Abercromby, auquel on laissa entièrement le choix de ses officiers.

Les majors-généraux Morshead et Manners, et les brigadiers-généraux l'honorable T. Maitland et Tisher furent placés sous le commandement de sir James Pulteney.

Minorque fut désigné pour le premier point de réunion de l'armée, et la flotte reçut ordre de faire voile par division vers cette île.

Avant d'entrer dans les détails de notre expédition, j'ai pensé que le lecteur trouverait peut-être ici avec plaisir une courte description de la ville de Gibraltar, d'où l'armée devait partir.

Le rocher de Gibraltar s'élève à 1,300 pieds au-dessus du niveau de la mer et tient à l'Espagne par un isthme dont le sol est très-bas et s'élargit progressivement en avançant vers les lignes espagnoles. Ces lignes s'étendent dans toute la largeur de l'isthme et sont flanquées de deux forts, dont le principal porte le nom de fort Saint-Philippe. Elles sont armées d'un grand nombre de pièces de canon, dont la garde est confiée à des troupes logées dans de misérables baraques. L'espace qui sépare les lignes du pied du rocher est désigné sous le nom de terrain neutre ; le gouverneur de Gibraltar y possède un petit champ, qui lui fournit la quantité de foin nécessaire à la nourriture de ses chevaux.

La ville de Gibraltar est bâtie au pied du rocher, vis-à-vis Algésiras. De ce côté, qui est le point le plus attaquable, elle est couverte par des ouvrages de fortification dont les remparts sont baignés par la mer. C'est sur ce front que se trouve le bastion du Roi, dont le feu, le 13 septembre 1782, détruisit les batteries flottantes. Le lieutenant-général sir Robert Boyd y fut enterré, suivant sa demande. Il est placé dans un tombeau qu'il s'y fit ériger pendant sa vie. Sur le sommet du rocher se trouve la tour des signaux, qui jouit d'une vue très-étendue. Le gouverneur O'hara en a fait élever une nouvelle, à l'extrémité de la partie méridionale, position plus avantageuse par rapport au détroit.

Du côté de la ville, le rocher forme une pente uniforme ; mais de l'autre il est extrêmement escarpé. Cependant on est parvenu à tailler de ce côté des marches qui conduisent du sommet jusqu'à la mer, et auxquelles leur position a fait donner le nom d'escalier de la Méditerranée.

Les différentes galeries et les lignes connues sous le nom de lignes du Roi, de la Reine et du Prince, la muraille de Saint-Georges, etc., sont des ouvrages tracés avec un rare talent, construits avec un travail immense, et qui ont considérablement ajouté à la force de Gibraltar. Cependant on m'a assuré que, dans un siége, les galeries ne pouvaient être d'un usage bien utile, car l'épaisse fumée et l'horrible fracas qui résultent du tir des bouches à feu dans ces batteries souterraines en rendent le séjour insupportable aux artilleurs. Ces objections contre l'emploi de ces ouvrages me semblent plausibles, et je laisse aux officiers mieux informés que moi à décider jusqu'à quel point elles peuvent être fondées.

La ville, dont les rues sont pavées, possède plusieurs belles maisons, parmi lesquelles on distingue celle du gouverneur, qu'on appelle le *Couvent*. Celles du lieutenant-gouverneur, du chef des ingénieurs, du commissaire, du général Wemys, de M. Cadosa et de plusieurs autres particuliers, sont également remarquables. La rue principale conduit de la *Porte du Midi* à la *Porte d'Eau* ; toutes les autres sont extrêmement courtes et étroites. La muraille de Charles V, qui commence à la *Porte du Midi*, et qui s'étend au pied du rocher jusqu'à l'ancienne tour des signaux, renferme ce qu'on nomme la ville.

Une route fort belle, bordée d'arbres et parallèlement à laquelle se prolonge l'aqueduc, conduit de la *Porte du Midi* à la partie de Gibraltar qu'on nomme *Midi*, et où se trouvent des baraques, ainsi qu'un vaste hôpital pour la marine. Ces constructions et plusieurs autres bâtimens élevés dans cet endroit forment un ensemble qu'on pourrait appeler une seconde ville. Lors de notre séjour à Gibraltar, la garnison et les habitans éprouvaient une grande disette d'eau : l'aridité de la saison précédente et la consommation faite par les bâtimens de l'expédition, auxquels on avait permis de s'approvisionner dans cet endroit, étaient les causes de cette pénible privation. La ville ne possède pour toute ressource que des citernes, que la pluie remplit en filtrant à travers une couche de sable rouge et léger dont elles sont toutes recouvertes. Cependant on a creusé trois ou quatre puits dans le rocher, afin de pouvoir se procurer cet objet de première nécessité, que les habitans sont forcés d'aller chercher sur le terrain neutre; mais l'eau y est mauvaise et saumâtre, surtout dans le temps des grandes marées. Elle est si désagréable, et il est en même temps si difficile de s'en procurer d'autre, que les particuliers donnent quelquefois aux soldats jusqu'à cinq réaux (1) pour en acheter un petit baril de meilleure qualité.

Mais si l'eau manque à Gibraltar, le vin, par compensation, y est en telle abondance et à si bon compte, que dans aucune autre partie du monde on ne voit autant de scènes d'ivresse. C'est vraiment un spectacle dégoûtant que celui qu'y offrent à chaque pas des bandes entières de soldats et de matelots vautrés au milieu des rues, dans l'état le plus dégradant. On ne punit les soldats de la garnison, pour cause d'ivrognerie, que lorsqu'ils sont de service. Tout homme commandé pour un travail reçoit une gratification de huit sous, qu'il dépense aussitôt pour se procurer une espèce de mauvais vin qu'on nomme *black-strap*. Les boutiques où se vend cette pernicieuse boisson, fourmillent dans la ville, et forment une de ses principales sources de richesse.

L'existence des officiers y est excessivement triste, surtout en temps de guerre. Renfermés dans une véritable prison, dont ils ne peuvent sortir, il ne leur reste d'autres distractions que celles qu'ils peuvent tirer de leur propre société. Cependant la bibliothèque de la gar-

---

(1) Le réal dont il s'agit ici est le nouveau réal, qui vaut 0,52.

nison mérite d'être citée ; c'est un établissement extrêmement utile pour ceux qui ont le désir de s'instruire. Une commission d'officiers est chargée du choix des ouvrages à acheter, elle n'en reçoit que d'un mérite reconnu, et se procure les meilleurs journaux anglais, et tout ce qui paraît d'intéressant en librairie.

En arrivant à Gibraltar, chaque officier abandonne pour cet objet une semaine de solde ; cette première mise le met au nombre des souscripteurs, dont il peut continuer à faire partie en payant quatre dollars par an (1). Moyennant cette légère rétribution, la bibliothèque est toujours bien pourvue de livres nouveaux. Dans ce moment on construit un nouveau bâtiment où elle sera disposée d'une manière plus convenable. Les frais nécessaires à l'exécution de ce projet ont été assurés par une souscription particulière, faite il y a quelques années.

En temps de paix, les distractions sont plus nombreuses ; car il est alors permis à la garnison de communiquer avec la partie de l'Espagne qui avoisine la ville, où les troupes se procurent en abondance et à bon compte tout ce qui leur est nécessaire. Mais la guerre, en détruisant toutes les relations amicales, les prive de

---

(1) Le dollar vaut un peu plus de 5 francs.

ces avantages, et la côte de Barbarie devient alors leur unique ressource : encore est-elle bien précaire ; car, lorsque la peste y exerce ses ravages, ce qui arrive souvent, on prend les mesures les plus rigoureuses pour éviter qu'elle ne s'introduise dans la garnison, dont elle causerait infailliblement la ruine. Pour se prémunir contre cet horrible fléau, on a établi sur le terrain neutre un lazaret où l'on fait faire quarantaine à tous les voyageurs venant des contrées dont l'état sanitaire est suspect. Aussi, lorsque la garnison est repoussée d'un côté par la guerre, de l'autre par la peste, ainsi que cela eut lieu pendant mon séjour à Gibraltar, elle se trouve réduite à ne se nourrir que de salaisons, sans pouvoir même se procurer aucune espèce de légumes, qui sont très-rares et très-chers.

Dans l'été, la chaleur est excessive, et la réverbération des rayons du soleil contre le rocher est insupportable et très-dangereuse pour les yeux. Dans l'hiver, il fait souvent un froid très-rigoureux, et les pluies abondantes qui tombent pendant cette saison y occasionnent une humidité tellement grande, que l'on est forcé de faire du feu pendant deux ou trois mois de l'année : cependant, malgré ces inconvéniens, le climat de Gibraltar n'est nullement insalubre.

Lors de notre passage à Gibraltar, le lieutenant-général O'Hara, qui est mort depuis, et qui a été remplacé par S. A. R. le duc de Kent, était gouverneur, et le lieutenant-général sir Thomas Trigge, lieutenant-gouverneur de la place. La maison du gouverneur est une habitation spacieuse et agréable; elle servait de monastère lorsque les Espagnols possédaient la place, et porte encore aujourd'hui le nom de couvent : elle jouit de l'avantage d'un excellent jardin.

Le dimanche 2 novembre, à la pointe du jour, la division dont je faisais partie mit à la voile ; mais à peine avions-nous quitté notre mouillage, que le vent nous manqua, et que les courans nous entraînèrent sur les batteries espagnoles qui bordent toute la côte entre Algésiras et le cap Cabrita. Nous avions hissé toutes nos voiles, et nous faisions tous nos efforts pour nous éloigner du rivage, vers lequel nous continuâmes malgré nous à être portés avec une grande rapidité ; de sorte que nous en fûmes bientôt assez près pour voir distinctement les soldats dans leurs batteries. Le bâtiment où j'étais fut poussé immédiatement au-dessous d'une d'elles : il était simplement armé en flûte et chargé de troupes. Dans ce péril extrême, nous nous attendions d'un instant à l'autre à essuyer le feu de cette batterie, lorsqu'une brise légère s'éleva tout-à-coup, comme par un bienfait de la Providence, et nous donna le moyen de regagner la haute mer. J'ignore quel motif put empêcher les ennemis de tirer sur nos bâtimens, qui se trouvaient ainsi complètement en leur pouvoir. Peut-être l'extrême vénération que les Espagnols ont pour le jour du Seigneur nous fut-il favorable. Mais enfin, que ce soit à la bigoterie ou à l'apathie de ce peuple qu'il faille attribuer ce respect si extraordinaire, il n'en est pas moins bien réel que, quelle qu'en fût la cause, nous lui sommes redevables d'une grande reconnaissance.

La ville d'Algésiras, située presqu'en face de Gibraltar, est le refuge de canonnières et de corsaires qui sont très-inquiétans et souvent très-dangereux. Retirés sous la protection des nombreuses batteries qui bordent la côte, ils guettent une occasion favorable, et lorsqu'ils voient un bâtiment sans moyens de défense, ils s'élancent et saisissent leur proie. Chaque canonnière est armée d'une longue pièce de 24 : elles ont la précaution de se placer hors de la portée de nos batteries, et de là forcent les bâtimens marchands à se rendre et à céder à leur supériorité peu glorieuse. Pendant notre station dans la baie, nous fûmes témoins de deux ou trois exemples de ce genre.

Après une heureuse et agréable traversée de sept jours, pendant laquelle nous côtoyâmes presque toujours les rives escarpées de l'Espagne, nous entrâmes, le 9, à onze heures, dans le port de Mahon. Sur notre route, nous aperçûmes au loin les îles de Formentera, Majorque et Cabrera.

A notre arrivée, nous trouvâmes des détachemens des régimens qui nous avaient précédés. Le reste de l'armée composant la troisième division, sous l'escorte de l'Ajax, était attendu d'un instant à l'autre. Sir Ralph Abercromby, sans s'arrêter dans cette île, avait poussé jusqu'à Malte, en ordonnant que le reste de ses forces vînt l'y rejoindre, en partant par divisions et dans le même ordre que de Gibraltar. Nous conclûmes alors que tous les arrangemens et préparatifs nécessaires à l'expédition devaient se faire à Malte; nos conjectures sur sa destination furent alors éclaircies, et il fut évident qu'elle avait pour but la délivrance de l'Egypte.

§. II.

MINORQUE.

L'île de Minorque a subi de fréquentes vicissitudes dans le dernier siècle. Elle resta sous la domination des Espagnols jusqu'en 1708, époque où elle fut prise par les Anglais, qui en conservèrent la possession par le traité d'Utrecht en 1713. En 1756, elle nous fut enlevée par les Français, commandés par le maréchal de Richelieu ; mais elle nous fut rendue à la paix de 1763. Nous en restâmes paisibles possesseurs jusqu'en 1783. Elle nous fut alors reprise de nouveau par les Français et les Espagnols, sous le commandement du duc de Crillon, malgré la glorieuse et belle défense du fort Saint-Philippe, regardé comme le boulevart de l'île. Les Espagnols la gardèrent jusqu'en 1798. Cette année elle fut soumise par les troupes conduites par sir Charles Stuart, qui débarquèrent le 7 novembre dans la baie d'Addaya. Les Espagnols se retirèrent à Citadella, où le 25 novembre ils signèrent la capitulation définitive, qui nous assura la possession de l'île entière. Enfin le dernier traité de paix l'a remise au pouvoir des Espagnols.

L'air de Minorque est humide, le sol sec,

sablonneux, et dans plusieurs endroits stérile. Dans l'hiver, et particulièrement aux équinoxes d'automne, il y règne des orages fréquens, et la pluie y tombe avec une violence extraordinaire : l'aspect général du pays ne présente qu'un rocher irrégulier, couvert çà et là d'une faible portion de terre végétale et d'une infinité de pierres de différentes espèces. Toutes les murailles ne sont, comme dans beaucoup de provinces d'Espagne, qu'un assemblage de grosses pierres superposées les unes sur les autres sans aucun ciment.

L'île abonde en gibier, tel que perdrix, bécasses, etc. Les côtes en sont très-poissonneuses, et les légumes croissent en profusion sur son terrain rocailleux. Les fruits, et particulièrement les raisins, y sont excellens et en grande quantité. Le miel de Minorque a de tout temps été renommé pour sa délicatesse, sa finesse et son goût délicieux. Au centre de l'île s'élève le mont Toro, sur le sommet duquel est un couvent; dans les mois les plus brûlans de l'été, les moines qui l'habitent y respirent un air frais et pur. On y jouit d'une perspective très-étendue et de la vue de tout le pays. Les moines sont très-affables envers les étrangers qui viennent les visiter, et que la belle position de leur couvent attire toujours en grand nombre.

On évalue à 27,000 âmes la population de Minorque. Les habitans ne sont pas tous d'origine espagnole : ils descendent des diverses nations qui ont tour-à-tour occupé l'île.

Ciudadella ou Citadella, qu'on regarde généralement comme la capitale de l'île, sert de résidence à l'évêque ; mais elle avait perdu de sa supériorité sur les autres villes, depuis que nous étions maîtres du pays, car le siége de notre gouvernement a toujours été établi à Mahon. Cette dernière place tire son nom de celui du Carthaginois Magon. Le port, qui porte aussi le nom de Mahon, est sûr, vaste et commode.

Mahon est une jolie petite ville, remarquable par son extrême propreté ; presque toutes les maisons en sont bien bâties. Les églises, quoique d'une architecture lourde et barbare, sont des édifices vastes et imposans, dont l'intérieur est décoré avec une grande richesse. Les rues sont généralement étroites et mal pavées.

Après la paix de 1783 les Espagnols rasèrent et firent sauter le fort Saint-Philippe. Sir Charles Stuart a fait commencer sur ses ruines la construction d'un autre fort qui doit porter le nom de Saint-Georges. On aurait pu l'établir dans une position plus avantageuse, car celle où il se trouve est commandée de plusieurs côtés ; mais on a jugé convenable de profiter de l'emplacement du fort Saint-Philippe dont les casemates ont, en grande partie, échappé à la destruction et se trouvent encore dans un état qui n'exige pas de grandes réparations ; de sorte qu'en profitant de ces constructions, on a pu éviter des dépenses considérables. Ce nouveau fort, lors de notre passage, était bien loin d'être terminé. Vis-à-vis le port se trouve le cap Mola, où l'on convient généralement qu'il eût été plus favorable de bâtir une forteresse : on y avait autrefois commencé plusieurs ouvrages qui n'ont jamais été achevés.

Près du cap Mola s'élève le mont Stuart, situé à l'entrée du port ; il est défendu par une petite tour ronde dont les murs sont à l'épreuve du boulet, et sur le sommet de laquelle se trouve une pièce de canon d'un gros calibre, tirant à barbette et montée sur un affût qui lui permet de faire feu dans toutes les directions. Cette tour renferme un puits ; elle est occupée par une garde composée de douze hommes et un sergent, qui sont toujours approvisionnés pour dix jours ; on y monte par une échelle qu'on retire ensuite, de sorte qu'il devient alors très-difficile à l'ennemi d'y pénétrer. C'est un excellent moyen de défense, et toutes les anses, toutes les baies où l'on pourrait tenter d'effectuer une descente, sont fortifiées par une tour semblable à celle que je viens de décrire.

Sur la rive opposée, et presque en face du fort George, est le lazaret. Il est entouré de murs élevés et renferme d'excellentes baraques capables de contenir 2500 hommes. On a construit un second lazaret, plus spécialement destiné aux quarantaines, dans une petite île située au milieu du port.

Près de cette petite île il en existe une plus grande, dans laquelle on a élevé un vaste hôpital pour la marine. On y a établi un poste pour empêcher qu'on ne vienne y débarquer, sans permission, des liqueurs ou d'autres articles prohibés.

A l'extrémité du port, vis-à-vis Mahon, se trouvent l'arsenal de la marine et le chantier pour le radoubement des vaisseaux ; établissemens de la plus haute importance, car ils étaient les seuls de ce genre que nous possédassions dans la Méditerranée. Le lieutenant-général Sir Charles Stuart était gouverneur, et le lieutenant-général Fox lieutenant-gouverneur de l'île, à l'époque où nous y abordâmes. Pendant leur séjour dans cet endroit, les troupes furent comblées de soins et d'attentions par le lieutenant-général Fox ; jamais officier ne se montra plus empressé pour le bien du service, et ne réussit plus efficacement dans l'exécution de ses desseins. D'après ses ordres, le chirurgien de la garnison visitait tous les bâtimens qui arrivaient avec des troupes, et on accordait aux soldats toutes les douceurs que le pays pouvait leur procurer.

Le lieutenant-gouverneur paraît ne pas avoir été moins zélé dans l'administration intérieure de l'île, car tous les habitans civils et militaires rendent justice à sa conduite. Entre autres ouvrages utiles, il a fait établir, du port Mahon à Citadella, une belle route afin de faciliter entre ces deux endroits une communication, qui jusqu'alors était presque impraticable.

La mer fut tellement orageuse pendant quelques jours, qu'il ne nous fut pas possible de mettre à la voile; la pluie tomba sans cesse et par torrens. Notre flotte, rassemblée et serrée en masse, aurait éprouvé des avaries considérables sans l'excellence du port de Mahon. Un seul de nos transports, l'*Orphée*, fut jeté contre un rocher et légèrement endommagé.

Le 21 novembre, après un séjour agréable et salutaire de quinze jours dans l'île, nous quittâmes les rivages hospitaliers de Minorque, et nous voguâmes vers Malte, le rendez-vous général de l'armée. Nous n'eûmes que peu de vent, et notre traversée fut assez ennuyeuse ; mais le temps fut constamment beau et le ciel pur et serein. Le 26, nous eûmes la Sardaigne en vue. Le roi de ce pays, chassé par les Français de tous ses autres états, s'était réfugié dans cette île où il habitait un couvent. Bien que montagneux, le sol de la Sardaigne est très-fertile et produirait des récoltes abondantes s'il était convenablement cultivé. L'île, dans sa plus grande longueur prise du nord au sud, a 150 milles, et sa circonférence en a 450. Le 28, nous découvrîmes le cap Bon, sur la côte d'Afrique ; le jour suivant, nous côtoyâmes la petite île de Patalaria, qui appartient au roi des Deux-Siciles ; elle est située à demi-distance de la Sicile et de l'Afrique. Le centre de cette île est très-élevé au-dessus du niveau de la mer ; elle est inhabitée, et on la dit très-fertile. Le 30, nous vîmes la Sicile, et le vent nous ayant manqué, nous demeurâmes toute la journée devant l'île de Goze.

§. III.

MALTE.

Vues générales de l'île.

Après plusieurs alternatives de craintes et d'espérances, le 1ᵉʳ décembre au matin, nous pûmes enfin pénétrer dans l'étroit, mais superbe port de Malte. Je prie d'avance les lecteurs de m'excuser sur les détails étendus que je vais donner sur cette petite île, célèbre dans l'histoire, mais dont la véritable valeur était peu appréciée en Angleterre. Avant l'événement qui la plaça sous notre domination, nous étions loin de connaître la prééminence que ses ports sûrs et commodes, son immense population et ses fortifications, que je regarde comme inexpugnables, lui assurent, si ce n'est sur toutes les îles de l'univers, du moins sur toutes celles de la Méditerranée.

Les ports de Malte sont très-spacieux et peuvent contenir quatre ou cinq cents vaisseaux de haut-bord, auxquels ils offrent l'abri le plus sûr. Le port Mahon est bien loin de réunir autant d'avantages; mais il est vrai que sa position, par rapport à l'Angleterre, le rend plus convenable pour le service de notre marine.

Le port de Marsa-Muscat, bien que commode, est uniquement destiné aux bâtimens en quarantaine. On y remarque un beau lazaret bâti dans une petite île, jointe à Malte par un pont, et le fort Manuel, qui y fut élevé en 1726 par le grand-maître de ce nom. Les fortifications en sont bien construites, et le tracé en est régulier. Au milieu de la place d'armes, on voit la statue en bronze du grand-maître Manuel de Vilhêna. Après l'évacuation de la Valette et de ses dépendances, on renferma les troupes françaises dans ce fort, jusqu'au moment où l'on put se procurer les moyens nécessaires pour les transporter en France.

La population de l'île, avant la destruction de l'ordre des chevaliers en 1798, était estimée à cent mille âmes, nombre qui, d'après le peu d'étendue du territoire, paraît presque incroyable. Depuis cette époque, la guerre a moissonné une grande partie des habitans; beaucoup d'entre eux ont émigré, et l'armée française, commandée par Bonaparte, en embarqua un grand nombre avec elle lorsqu'elle fit voile pour l'Egypte.

Les différens ouvrages de fortification dont l'île est couverte, sont en trop grand nombre pour être tous décrits dans un ouvrage tel que celui-ci : il suffit de dire que les forts Saint-

Elme et Ricasoli, qui défendent l'entrée du grand port ainsi que la Valette, ne le cèdent en force ni en beauté à aucune autre place de l'Europe.

Dans le moyen âge, Malte fut conquise par les Français sur les Sarrazins; elle devint ensuite un fief du royaume de Sicile, et fut rendue à Louis XII lors de la conquête de Naples. Les chevaliers de Saint-Jean de Jérusalem ayant été chassés en 1523 de l'île de Rhodes, la reçurent de l'empereur Charles-Quint, avec la condition qu'ils prêteraient hommage au roi de Sicile.

L'expédition française destinée à la conquête de l'Egypte parut devant Malte le 10 juin 1798. Bonaparte fit immédiatement demander au grand-maître l'entrée du port et la permission de prendre de l'eau dans l'île. Cette demande, qui n'était qu'un prétexte, fut rejetée, et le refus devint le signal du débarquement qui s'opéra aussitôt sur différens points. Sans perdre un seul instant, les Français marchèrent droit contre la ville. On aurait pu s'opposer, et probablement avec succès, à cette entreprise téméraire; mais, dans leur admiration pour l'intrépidité des assaillans, les Maltais parurent oublier qu'ils avaient des ennemis devant eux; et cette place, que la nature et l'art avaient rendue si forte, dont la défense mémorable avait, en 1565, immortalisé le nom de Jean de la Valette, fut perdue par un moment d'hésitation. Le débarquement s'étant ainsi paisiblement opéré, et les Français ayant pu s'avancer impunément jusqu'au pied des remparts, il devenait vraisemblable que toute résistance serait désormais inutile ; cependant le grand-maître voulut encore montrer quelques dispositions hostiles ; mais elles furent prises de manière à ne produire que de faibles résultats, et ne furent probablement que ce qu'on peut appeler un pacte entre la honte et la lâcheté. Au reste, ce simulacre de défense ne fut pas de longue durée : en vingt-quatre heures la remise de la place et de tous les forts, de la marine, consistant en deux vaisseaux de 64, une frégate et quatre galères, d'une nombreuse artillerie, des magasins, des trésors, et de toutes les propriétés appartenant à l'ordre, fut arrêtée et signée à bord de l'*Orient*, le 13 juin, à minuit.

Ainsi passa sous la domination des Français cette île célèbre, dont la possession fut toujours avec raison regardée comme très-importante par toutes les nations anciennes et modernes.

Par ce coup habile, Bonaparte ayant effectué cette précieuse conquête, détruit l'existence réelle et politique de l'ordre, augmenté et approvisionné sa flotte, ne perdit pas un seul instant, et fit aussitôt rembarquer ses troupes, après avoir laissé dans l'île une forte garnison, sous les ordres du général Vaudois.

Les Français restèrent paisibles possesseurs de Malte jusqu'à la fin de 1799. A cette époque, les Maltais, exaspérés par les vexations continuelles et les mesures impolitiques de leurs nouveaux maîtres, se soulevèrent spontanément et en masse contre eux, massacrèrent la garnison de Citta-Vecchia, et renfermèrent le reste des Français dans la ville de la Valette et dans ses dépendances.

La garnison française étant ainsi rigoureusement bloquée par terre, une flotte anglaise, commandée par le capitaine Martin, vint encore lui couper toute communication du côté de la mer. Elle demeura dans cette position jusqu'au mois de mars. Deux régimens anglais, le 30° et le 89°, arrivèrent alors de Messine, et furent bientôt suivis par le 35°, fort de deux bataillons, et le 48°, qui furent amenés de Minorque par le major-général Pigott. L'ennemi se trouva alors réduit à la plus grande détresse par le manque de vivres; mais il continua à résister, malgré la famine, le plus redoutable des ennemis. Enfin, se voyant dans l'impossibilité d'être secouru, n'ayant plus de pain que pour trois faibles distributions, le brave et opiniâtre général Vaudois se rendit le 3 septembre aux Anglais, commandés par le major-général Pigott.

Un corps de neuf cents Napolitains vint se joindre aux Maltais pendant le blocus : il était composé d'hommes robustes, mais mal commandés et mal équipés.

§. IV.

MALTE.

Cité de la Valette.

La Valette, siége du gouvernement, est une ville régulière et bien bâtie. Les rues principales sont larges, tirées au cordeau, bien pavées et garnies de bons trottoirs. Les maisons sont en pierres de taille, dont l'île possède de nombreuses carrières. La grande quantité d'édifices et d'hôtels superbes qui, jadis, appartenaient aux chevaliers de l'ordre, rendent la Valette bien supérieure à toutes les villes de la même grandeur. Les deux palais du grand-maître, qui sont contigus, sont d'une belle architecture; les appartemens doivent en avoir été magnifiques, et conservent encore des traces de leur antique splendeur, malgré les dégradations nombreuses qui y ont été commises, et quoiqu'on ait enlevé ou détruit la plus grande partie des riches ameublemens qui les décoraient. La chambre du conseil est entourée de tapisseries des Gobelins, et les autres salles sont ornées de tableaux représentant les actions et les exploits des chevaliers pendant le fameux siége des Turcs. L'arsenal est situé vis-à-vis le palais, avec lequel il communique. Nous le trouvâmes en très-bon état lorsque nous prîmes possession de la ville. Il contient des rateliers pour dix-huit mille armes à feu, et possède en outre une grande quantité de différentes espèces d'épées, de lances et d'autres armes anciennes, qui y sont déposées avec beaucoup de soin et de goût.

Les églises sont en grand nombre et fort belles. Néanmoins, celle de Saint-Jean, le patron de l'ordre, l'emporte sur toutes les autres. Les voûtes sont ornées de belles sculptures et d'assez bonnes peintures. Le maître-autel, construit en marbre très-beau, est un morceau remarquable; mais le pavé, surtout, en est admirable : c'est ce qui existe de plus riche en ce genre. Il est totalement formé par des pierres sépulcrales des chevaliers; ces pierres sont composées de morceaux du marbre le plus rare, de porphyre et d'autres matériaux d'un grand prix, assemblés avec beaucoup d'art, une dépense incroyable, et représentant, dans une espèce de mosaïque, les armes et les insignes des personnages dont elles sont destinées à rappeler la mémoire. Les héritiers des grands-maîtres, des commandeurs, etc., se sont toujours fait une gloire de se surpasser les uns les autres en magnificence dans la construction de ces monumens et des autres édifices.

L'eau qui, dans un climat aussi chaud que celui-ci, est un bien précieux, se trouve partout en abondance à la Valette, et l'on voit à peine une rue qui ne possède au moins une fontaine.

Les ouvrages qui entourent la ville et les places contiguës, telles que Floriana, la Cotonière, Vittoriosa, offrent peut-être le plus vaste tracé qui existe; cependant ils tombaient alors en ruine dans plusieurs endroits, et particulièrement à Floriana. On attribuait cet état de dégradation au peu de soin que les Français avaient pris de ces fortifications, et à la mauvaise administration du dernier grand-maître, Hompesch, qui était détesté par tous les Maltais, et généralement accusé d'avoir causé la ruine de l'ordre. Les remparts étaient dégarnis de canons, les Français en ayant emmené en Égypte plus de cent, qu'ils avaient choisis parmi les plus beaux et les plus forts ; cependant l'arsenal en renfermait encore un grand nombre, qu'on aurait pu mettre en batterie sans beaucoup de peine.

Peut-être lira-t-on avec quelque intérêt les détails suivans sur la fondation et sur l'état actuel de la Valette.

Le 18 mai 1565, la flotte turque, portant quarante mille hommes, parut devant Malte, et le 24 du même mois cette armée formidable put ouvrir le feu de ses batteries contre le fort Saint-Elme, qui fut enlevé le 25 juin, malgré les efforts presque incroyables des chevaliers qui y étaient en garnison, et qui tous furent ou tués ou blessés.

Cet échec ne découragea pas l'intrépide La Valette : il continua à résister et à repousser les attaques réitérées de ses nombreux ennemis avec une valeur et une constance qui ont rendu son nom à jamais célèbre. Enfin, le 8 septembre de la même année, les Turcs furent forcés de lever le siége, après avoir laissé 30,000 hommes devant les murs de la ville.

Tant de courage et d'opiniâtreté de la part d'une poignée de chevaliers paraît presqu'inconcevable quand on considère la multitude de leurs assaillans. Aussi l'ardeur de leurs implacables ennemis en fut tellement ralentie, que depuis cette époque l'ordre se vit à l'abri des invasions des Musulmans.

Avant ce siége, les chevaliers résidaient principalement à Borgo, situé à l'est du grand port. Mais La Valette ayant reconnu les désavantages de cette position, conçut le projet de bâtir la ville qui porte aujourd'hui son nom, et dont la première pierre fut posée en 1566, immédiatement après la fin du siége glorieux dont il venait de supporter les fatigues. Il mourut en 1568, avant de voir la fin de son entreprise, qui fut terminée dans le mois de mai 1571, par son successeur De Mont. Le 18 de ce mois, l'ordre abandonna Borgo et s'établit dans la nouvelle cité. Les rois de France, d'Espagne, de Portugal, ainsi que le Pape, contribuèrent par des sommes très-considérables à l'érection de La Valette.

La ville de La Valette est située à 35° 54' de latitude ; elle a trois portes : la porte Royale du côté de Citta-Vecchia et de l'intérieur de l'île ; la porte Marsa-Muscat, qui conduit au port de ce nom ; et la porte de la Marine, qui sert d'entrée à la ville du côté de l'est et du port principal. La rue la plus importante est la rue Royale, qui s'étend depuis la porte Royale jusqu'au château de Saint-Elme ; toutes les autres se coupent à angles droits ; on leur a donné en général peu de largeur, afin qu'on y fût à l'abri des rayons du soleil. Comme la ville est en partie assise sur une colline, pour l'agrément des piétons on a placé dans les montées des marches peu élevées et commodes de chaque côté des rues.

Toutes les maisons sont terminées par des terrasses, d'où les eaux provenant de la pluie s'écoulent, au moyen de tuyaux, dans des citernes pratiquées à cet effet. De cette manière, chaque famille possède dans sa demeure, et en grande abondance, de l'eau d'une excellente qualité ; on a en outre placé dans tous les quartiers de la ville des fontaines et des réservoirs publics, qu'alimente un aqueduc construit à grands frais par le grand-maître Wignacourt. Cet aqueduc commence à Dier-Chandal, situé dans la partie méridionale de l'île, et a plus de trois lieues de longueur.

Les maisons et tous les édifices sont bâtis avec une pierre blanche, tirée des carrières de l'île. Cette pierre est d'une nature très-tendre, ce qui permet de la tailler facilement et de l'employer dans toutes les constructions. C'est à cette propriété qu'il faut sans doute attribuer la profusion d'ornemens dont tous les édifices sont chargés, ainsi que le fini admirable et la régularité des revêtemens des ouvrages de fortifications.

La ville possède une bibliothèque publique qui est bien composée, tant pour le choix que pour le nombre des ouvrages. Elle appartient à l'ordre, et elle était sans cesse augmentée par les bibliothèques particulières des chevaliers qui mouraient, et dont les livres servaient de droit à l'accroissement de la collection générale. Parmi ces livres, on vendait ceux dont on avait déjà des exemplaires, et le produit de cette vente servait à l'acquisition d'ouvrages nouveaux. Cette bibliothèque renferme en outre beaucoup d'objets de curiosité, de belles statues, des tableaux et différens articles remarquables d'histoire naturelle. On ne peut emporter aucun ouvrage hors de la bibliothèque ; mais on y a disposé des siéges et des tables à l'usage de ceux qui la fréquentent.

Dans les dernières années de l'existence de l'ordre, on avait construit un très-beau bâtiment dans lequel on devait transporter la bibliothèque ; mais ce projet n'a pas été mis à exécution, et le nouvel édifice est actuellement converti en une vaste salle de réunion et un café.

La Valette possède un opéra. La salle est petite, mais agréable, bien qu'elle ait maintenant besoin de nombreuses réparations. L'Italie et la Sicile y fournissent une assez bonne troupe de chanteurs ; les militaires trouvent une distraction fort agréable dans ce spectacle. Les officiers de l'expédition s'y portaient en foule tous les soirs. Le prix d'entrée est d'un schelling (24 sous). Des prostituées de tous les âges, depuis la fraîche beauté de seize ans jusqu'à la vieille édentée de soixante, fourmillent dans toutes les rues de la ville; mais elles sont d'un commerce très-dangereux; il est rare d'en trouver qui soient exemptes de maladies invétérées et fort redoutables.

L'île abonde en provisions de toute espèce; et bien qu'elle fût inondée de nos troupes, les vivres y restèrent à un prix assez raisonnable et aucune disette ne s'y fit sentir. On tire de la Sicile les bestiaux nécessaires, et Malte et Goze fournissent en grande quantité des fruits et des légumes excellens. On y jouit encore d'un avantage que je n'ai jamais trouvé dans aucune île située à cette latitude : c'est d'avoir à très-bas prix une grande abondance de glace, que l'on tire du mont Etna ; elle est de la plus belle qualité, et arrive en si grande quantité qu'on s'en sert habituellement pour rafraîchir les boissons. On peut demander dans un café de La Valette une glace avec tout autant de confiance que chez un glacier de *Bond-Street* (1).

Le commerce était dans une grande activité pendant notre séjour. Les marchands anglais, de Naples, de Livourne, de Palerme, étaient venus s'établir à la Valette, devenue alors l'entrepôt du commerce anglais dans la Méditerranée. De cet endroit ils introduisaient en fraude nos marchandises dans l'Italie, d'où on trouvait ensuite moyen de les répandre dans le reste de l'Europe.

Nulle part les maisons religieuses et les couvens ne sont en aussi grand nombre. On rencontre à chaque pas des prêtres et des moines, qui exercent encore maintenant un pouvoir sans bornes sur l'esprit superstitieux du peuple.

Bien que la ville de la Valette soit bâtie avec beaucoup de soin et de régularité, cependant il est évident qu'on s'est principalement attaché à la construction des fortifications, qui sont en effet d'une beauté et d'une perfection sans égales (2). Les successeurs du grand-maître de la Valette, jaloux de suivre son

---

(1) Rue de Londres.
(2) Après la reddition de Malte, Bonaparte visitant les fortifications de la Valette avec le général Cafarelli, commandant le génie de l'armée, en admirait la force et la beauté. « Ah! dit Cafarelli, en s'adressant à Bonaparte, il

exemple, ont tous voulu augmenter la force de la place, et ils ont tellement accru le nombre des ouvrages, que plusieurs sont inutiles, et dans un siége nécessiteraient une garnison trop nombreuse pour les défendre.

On voyage dans l'île au moyen de voitures sans ressorts, qui contiennent deux ou quatre personnes ; elles sont attelées d'une seule mule conduite par un homme qui la suit à pied dans toutes ses allures, dont la plus ordinaire est le galop. Ces voitures sont très-incommodes, très-dures, et lorsqu'elles trottent sur le pavé rocailleux des routes du pays, elles secouent les malheureux voyageurs de manière à leur rompre les os.

Civita, ou Citta-Vecchia, résidence de l'évêque, est à environ six milles de la Valette. C'est une ville bâtie sur une colline, et entourée de fortifications.

On ne saurait assez y admirer la cathédrale de Saint-Paul, le saint protecteur de cette île, sur laquelle, dit-on, il fit jadis naufrage.

L'imposante régularité de son architecture, son vaste dôme orné de peintures fraîches et

---

faut convenir que nous sommes bien heureux qu'il y ait eu du monde dans la place pour nous en ouvrir les portes. » (Note du traducteur, extraite *de la Campagne d'Egypte*, de Miot.)

éclatantes, frappent d'étonnement l'imagination du spectateur le plus froid. Jamais je n'ai vu une aussi grande variété de marbres que dans l'intérieur de cette église : le lapis-lazuli, le vert et le jaune antique s'offrent de tous côtés aux regards; et la manière ingénieuse dont les différentes espèces de pierres sont combinées entre elles, produit un effet admirable.

Dans la ville, et dans l'endroit appelé Rabatto, se trouve la grotte de Saint-Paul. On descend dans ce lieu révéré en traversant une multitude de chapelles, et on arrive enfin à une petite pièce creusée dans une carrière de pierres tendres et blanches. Au centre se trouve une statue en marbre, du saint; mais elle est bien inférieure à une autre placée dans une des chapelles adjacentes : cette dernière a été exécutée à Rome, par Melchior Caffa, sculpteur, né à Malte. Les personnes du peuple ne quittent jamais la grotte, sans avoir rempli leurs poches de morceaux de pierres de Saint-Paul, auxquelles ils attribuent toutes les vertus imaginables, et dont ils prétendent que la masse ne peut diminuer, quelle que soit la quantité qu'on en enlève.

A l'extrémité de Rabatto se trouvent les catacombes. Ce sont des excavations divisées en une infinité de passages, dont la plupart sont fermés, car sans cette précaution on pourrait aisément s'égarer et périr dans ce labyrinthe souterrain. Pendant les guerres et les révolutions fréquentes auxquelles l'île a été en proie, les habitans ont trouvé une retraite assurée dans ces catacombes. On y montre encore des objets qui servirent aux réfugiés, tels qu'une petite chapelle, deux moulins pour moudre le bled, une petite statue, qu'on dit être celle de Saint-Pierre, et un enfoncement près de l'entrée, dans lequel se plaçait un homme en faction, qui veillait sur ce qui se passait au-dehors, et avertissait de l'approche de l'ennemi.

Entre la Valette et Citta-Vecchia on voit *Sant-Antonio*, qui servait de maison de plaisance aux grands-maîtres. Cette habitation est vraiment un prodige dans ce pays, où la culture la plus soignée ne peut rien produire d'agréable à la vue. A *Sant-Antonio*, la végétation est pleine de vigueur ; la terre, abondamment pourvue d'eau, y est couverte de ces orangers et de ces citronniers dont les fruits sont si justement renommés dans toute l'Europe. Les jardins de cette habitation seraient regardés comme beaux et agréables dans toutes les parties du monde.

Outre *Sant-Antonio*, les grands-maîtres avaient encore une résidence champêtre et délicieuse, appelée Boschetta, distante d'un mille et demi de Citta-Vecchia. Le terrain qui l'environne est beaucoup plus étendu, et le château beaucoup plus vaste et plus beau qu'à *Sant-Antonio*; mais cette habitation est actuellement déserte et presque en ruines, et le voyageur s'afflige de voir la dévastation d'un séjour si désirable et si rare dans ce pays, brûlé sans cesse par les ardeurs du soleil. On découvre avec admiration, des fenêtres du château, toute l'île de Malte et la mer environnante; mais on ne peut s'empêcher d'éprouver un sentiment pénible, quand on ramène ses regards sur les jardins ravagés, qui n'offrent plus que des murs grisâtres, partageant en différentes parties un sol pierreux et desséché, sur lequel on peut à peine découvrir un seul arbre.

En allant de la Valette à Citta-Vecchia, l'état de culture où se trouvent les terres offre une preuve frappante de ce que peuvent la persévérance et l'industrie des hommes; car bien que l'île ne soit en apparence qu'un rocher aride, on est parvenu à le féconder à force de soins et de travail. Pour créer ce sol artificiel, car c'est réellement le nom qu'il faut lui donner, on met en pièces la surface du rocher;

les fragmens les plus forts servent à la construction des murs qui entourent les différentes propriétés ; les plus petits et les plus tendres sont divisés en parties plus tenues, et réduits ensuite en une poudre avec laquelle on mêle une petite quantité de terre qu'on recueille sur la surface de l'île. Ce mélange devient susceptible d'un degré de fertilité inconcevable ; il produit en abondance du bled, diverses espèces de légumes, des cotons blancs et des cotons gris, etc., et récompense ainsi amplement les fatigues et les travaux de ses ingénieux créateurs. Si par leur industrie les Hollandais sont parvenus à soustraire leurs belles campagnes aux flots de l'Océan, par leurs efforts continuels les Maltais, non moins habiles, ont métamorphosé un rocher nu et stérile en une terre riche et féconde.

Le langage de la moyenne classe de l'île est la langue franque, mélange d'italien et d'arabe; mais le peuple y parle l'arabe, qui, jusqu'à ce jour, y a conservé toute sa pureté. La monnaie en usage se compose de couronnes, demi-couronnes et de quart de couronnes qui sont des pièces d'argent ; les pièces de huit sous, de quatre sous et de deux sous sont en cuivre. Toutes ces pièces étaient autrefois frappées à l'effigie du grand-maître.

Les îles voisines de Gore et de Cumino dépendent de Malte; la première, très-peuplée et très-fertile, possède un fort d'une belle construction.

Lorsque le temps est clair, de Malte on découvre la Sicile et le sommet fumant de l'Etna. Une multitude de bâtimens, nommés *Speronaras*, circulent continuellement entre les deux îles. C'est au moyen de ces bâtimens que Malte tire de la Sicile tous les objets dont elle a besoin. Ces navires sont longs, étroits, ont un petit pont à l'avant et à l'arrière, portent deux mâts, et contiennent dix ou douze rameurs.

§. V.

Détails historiques sur l'Ordre de Malte.

Cet ordre célèbre fut fondé en l'an 1099, par un Français nommé Gérard, sous le titre des *Hospitaliers de Saint-Jean de Jérusalem*; il avait pour but de secourir et d'aider les pauvres, les malades et les blessés.

En 1118, l'ordre prit une forme militaire, et Raymond-Dupuy en fut le premier grand-maître.

En 1291, les chevaliers furent expulsés d'Acre, leur dernière place dans la Palestine. Ils se réfugièrent en Chypre, où ils furent reçus par Henri II, roi de l'île, qui leur donna la ville de Limisso. Ils y demeurèrent jusqu'en 1310, époque à laquelle ils s'emparèrent de vive force de la ville de Rhodes. Depuis ce temps ils furent connus sous le nom de *Chevaliers de Rhodes.*

Malgré tous les efforts que les Turcs firent pour ressaisir l'île de Rhodes, elle demeura au pouvoir des chevaliers jusqu'au 1ᵉʳ janvier 1523. Le grand-maître Villiers, de l'île Adam, après la défense la plus glorieuse et la plus opiniâtre, fut, dans cette année, contraint de la livrer à la Porte, et il l'abandonna avec tous les chevaliers qui avaient échappé à la mort, et avec quatre mille des habitans. Ce fut alors que Charles-Quint leur donna l'île de Malte, qu'ils conservèrent jusqu'en 1798, après avoir, comme nous l'avons déjà dit, résisté à tous les efforts des Turcs.

L'ordre était composé d'un grand-maître et de mille chevaliers nés dans les différens états catholiques de l'Europe. Ils étaient partagés en neuf langues, savoir : trois de France, deux d'Espagne, deux d'Allemagne, une de Portugal et une d'Italie. Chacune de ces différentes langues était subdivisée en commanderies, d'où l'ordre recevait les revenus annuels. Le grand-maître jouissait d'un traitement de trente mille francs par an; ce traitement, et ceux des différens chevaliers, joints aux fortunes particulières des membres de l'ordre, répandaient dans cette petite île une prodigieuse quantité de numéraire. C'est à cette cause qu'il faut attribuer la magnificence des édifices publics et particuliers, celle des églises et des fortifications, ainsi que l'étonnante et presque inconcevable population de Malte.

Des mille chevaliers qui composaient l'ordre, cinq cents étaient obligés d'habiter Malte; les autres étaient employés dans les différens services de terre et de mer des puissances dont ils étaient les sujets, mais n'en étaient pas moins forcés de venir résider à leur tour dans l'île. Pour être reçu chevalier, il fallait prouver sept cents ans de noblesse, et avoir fait plusieurs campagnes contre les Turcs. On devait, en outre faire vœu de chasteté, et jurer haine et guerre éternelle aux Turcs et aux autres infidèles. Tels étaient les premiers statuts des chevaliers; mais depuis longtemps ils avaient cessé d'être en vigueur; aussi l'ordre penchait-il évidemment vers sa ruine. Sa marine, qui méritait à peine ce nom, était devenue insignifiante; l'ardeur militaire des chevaliers était éteinte, et bien qu'ils n'eussent fait aucun traité officiel avec les Turcs, leur animosité contre eux se réduisait au serment de leur réception.

Pendant notre séjour à Malte, plusieurs des régimens de l'expédition furent baraqués dans la ville de la Valette, et ceux qu'on n'avait pu établir à terre furent débarqués de temps à autre pour être exercés aux manœuvres. Le général en chef, avant de mettre à la voile, passa une inspection détaillée de chaque corps.

A notre départ, on laissa en garnison à Malte deux bataillons du 40° régiment, qui n'avaient pas été levés pour le service général, et ils furent remplacés par le 30° et le 89°; cependant les quatre compagnies de flanqueurs du 40° ayant volontairement demandé à faire partie de l'expédition, on accueillit leur demande, et le colonel Spenser reçut le commandement de ces braves.

On doit aussi citer la belle conduite des soldats du 48° régiment, qui, sans aucune sollicitation de la part de leurs officiers, s'offrirent d'eux-mêmes pour faire la campagne d'Egypte; mais sir Ralph Arbercromby fut obligé de les remercier, en regrettant que la faiblesse de la garnison ne lui permît pas de profiter de cet acte de dévoûment (1).

---

(1) Plus tard le 48° fut embarqué, et il était sur le point

Il fut arrêté que la flotte ferait voile en deux divisions pour le golfe de Macri dans la Caramanie, sur la partie méridionale des côtes de l'Asie mineure.

Ce nouveau point de réunion fut donné à l'armée avant de marcher définitivement vers les rivages de l'Egypte, afin de terminer quelques préparatifs qui n'avaient pu être convenablement faits à Malte ; on avait, en outre, l'espérance d'y être rejoint par une flotte turque, ou de recevoir quelques secours du gouvernement ottoman.

Notre séjour à Malte fut une source inattendue de richesses pour les habitans de l'île, qui se rappelleront toujours avec un sentiment de reconnaissance la générosité et la bonne conduite des troupes anglaises (1). Le premier

---

de faire voile pour l'Egypte, lorsque l'el Carmen arriva à Malte avec la nouvelle de la reddition d'Alexandrie.

(1) L'auteur a remarqué plus haut que les habitans, opprimés par les Français, se révoltèrent contre eux et massacrèrent tous ceux qui se trouvèrent à Citta-Vecchia. Il fait ici le plus grand éloge de la conduite des troupes anglaises. Il faut juger les deux armées d'après la différence des positions, des troupes étroitement bloquées dans une île, et ne pouvant tirer aucun secours du dehors, sont nécessairement oppressives, et celle du général Vaubois était alors dans ce cas. D'ailleurs le fanatisme, qui armait contre nous une grande partie de l'Italie, animait aussi les Maltais, et

bataillon du 27ᵉ régiment, et trois compagnies du second, vu leur mauvais état de santé, furent laissés à Malte, avec ordre de rejoindre l'armée aussitôt que possible.

On leva un corps de pionniers maltais destiné à suivre l'expédition; il fut attaché à l'état-major. Le commandement en chef de l'île fut donné au major-général Pigott, qui eut sous ses ordres le major-général Villettes et le brigadier-général Moncrief. Le capitaine Ball, de la marine royale, fut nommé gouverneur civil, emploi jusqu'alors inconnu dans l'île.

Pendant que nous étions à Malte on y amena le célèbre Tallien, qui ne put échapper à la vigilance de nos croiseurs, et qui fut pris dans sa traversée d'Egypte en France.

---

les rendait injustes et barbares à notre égard. Mais ceux qui ont fait partie de l'expédition d'Egypte, se souviennent que lorsque l'armée débarqua à Malte avec Bonaparte, le plus grand ordre y régna toujours; que nous y fûmes dans un accord parfait avec les habitans, et qu'ils nous invitèrent souvent à partager avec eux des fêtes et des plaisirs que notre présence et notre appareil guerrier n'interrompirent pas un seul instant. (N.)

§. VI.

Départ de Malte. — Station dans l'Asie mineure. — Mœurs des Grecs.

Nous attendions à chaque instant le signal du départ, qui fut donné à plusieurs reprises, mais que l'inconstance des vents força de contremander chaque fois.

Enfin, le 20 décembre nous déployâmes nos voiles et nous partîmes avec un bon vent du sud-ouest. Cependant le port est si étroit, que ce ne fut pas sans peine que nous pûmes faire filer successivement nos bâtimens, car nous avions encombré le port de nos vaisseaux, autant que l'île de nos troupes.

Ce fut le dernier rivage ami que nous côtoyâmes. Notre division était composée de trente-huit vaisseaux, presque tous de haut-bord, qu'on avait préparés de manière à recevoir des troupes. Ces bâtimens ont beaucoup d'avantage sur les transports ordinaires, en ce qu'ils sont meilleurs voiliers et contiennent plus de monde.

Le 26 et le 27, nous fûmes en vue de Candie. Nous n'avions que peu de vent. Nous pûmes voir distinctement le célèbre mont Ida et son sommet entièrement couvert de neige.

Le 28, à la pointe du jour, nous découvrîmes les petites îles de Caso et de Scarpantho.

La dernière, qui s'appelait autrefois Carpathe, a environ vingt-deux milles de longueur et huit milles de largeur. Elle est très-montagneuse et abonde en bestiaux et en gibier.

Elle possède plusieurs carrières et des mines de fer ; mais elle offre peu de bons mouillages. Elle est au pouvoir des Turcs, et les habitans sont Grecs. La seule ville qui existe dans l'île en porte le nom ; elle est située sur la partie orientale.

A deux heures nous passâmes devant la célèbre île de Rhodes ; mais bien que nous n'en fussions pas à une grande distance, cependant, comme le temps était brumeux, nous ne pûmes la distinguer que faiblement. La ville principale, qui porte le nom de l'île, est encore très-belle, quoiqu'elle soit bien déchue de son ancienne splendeur ; elle possède un bon port, dont l'entrée est étroite et placée entre deux rochers surmontés chacun d'une tour qui en défend les approches. C'est probablement là qu'était la fameuse statue colossale qu'on regardait comme une des sept merveilles du monde. Elle avait soixante coudées de hauteur, et des vaisseaux passaient entre ses jambes avec toutes leurs voiles déployées. Sa tête représentait le soleil; elle tenait une petite maison dans une main, et un sceptre dans l'autre: elle fut renversée par un tremblement de terre; et lorsque les Sarrasins s'emparèrent de l'île, en 665, ils la mirent en pièces et emportèrent l'immense quantité de bronze qu'ils en retirèrent.

L'air y est salubre, le sol assez fertile, mais mal cultivé, ainsi qu'on doit naturellement l'attendre de la part de ses nouveaux et indolens possesseurs. Le Grand-Seigneur y possède un arsenal de marine très-bien monté, et dirigé par un ingénieur de la marine anglaise.

Vers quatre heures le vent s'éleva avec violence, la mer devint houleuse, le ciel se couvrit d'épais nuages, et tout annonça une tempête prochaine. La nuit fut très-orageuse, et nous ne pûmes, sans courir de grands périls, naviguer au milieu des nombreuses îles dont nous étions entourés. Ce temps dura jusqu'au jour, et nous fûmes sans cesse balottés d'une manière insupportable par le roulis de nos bâtimens.

Le 29 décembre, le temps fut brumeux dans la matinée, et l'aspect de l'horizon ne nous offrait pas l'espérance de voir bientôt la fin de la tempête dont nous étions assaillis depuis la veille. La flotte était dans une situation très-dangereuse, car au milieu du brouillard épais dont nous étions enveloppés, nous pouvions à peine entrevoir l'île de Rhodes, et même nous distinguer les uns les autres. Cependant, à environ une heure, notre inquiétude fut un peu dissipée par la vue d'un rivage que nous supposâmes, avec raison, être la pointe occidentale du golfe de Macri. A deux heures nous entrâmes dans la baie de Marmorice, n'ayant pour tout guide que le vaisseau qui conduisait la tête de la flotte, et que nous suivions à la file. Cette foule de bâtimens engagés dans le passage étroit et bordé de hautes montagnes qui conduit à la baie de Marmorice; l'aspect d'un ciel sombre et orageux, que de longs et fréquens éclairs rendaient encore plus effrayant, imprimaient à cette scène quelque chose de terrible et de majestueux qui frappait fortement l'âme du spectateur.

Cette baie, dont la vue est à-la-fois singulière et magnifique, est assez spacieuse pour contenir toute la marine de l'Angleterre. L'entrée, ainsi que je l'ai déjà dit, est étroite, et se trouve placée entre deux chaînes de montagnes qui s'étendent le long du rivage. En pénétrant dans le bassin, les regards se promènent avec admiration sur une vaste nappe d'eau toujours paisible et qui a près de vingt milles de circonférence. Les hautes montagnes qui la bordent sont rangées en forme d'amphithéâtre. Plusieurs d'entre elles sont recouvertes d'épaisses forêts qui descendent jusqu'au rivage de la mer, et dont les arbres offrent la plus riche variété de feuillage que l'on puisse imaginer. D'un côté d'énormes rochers nus, stériles, escarpés, projetant leurs ombres gigantesques sur la surface des eaux, ajoutent à la variété et à la sauvage grandeur de ce paysage ; tandis que, de l'autre, l'œil se repose avec délices sur des collines verdoyantes au-delà desquelles des montagnes d'une hauteur prodigieuse et dont les flancs sont en partie stériles, et en partie couverts de masses informes d'arbres, élèvent, dans une imposante confusion, leurs cîmes orgueilleuses les unes au-dessus des autres.

Ce serait en vain qu'on chercherait à décrire cet assemblage immense de forêts, de montagnes et de rochers, chaque position différente offre aux regards charmés de nouvelles teintes et de nouvelles perspectives ; mais c'est surtout dans une belle soirée que ce tableau devient sublime et enchanteur : lorsque les rayons du soleil couchant répandent leurs riches et brillantes couleurs sur l'horizon, le paysage environnant se déploie avec une magnificence également au-dessus de tout ce que l'imagination la plus vive peut concevoir, et de tout ce que le pinceau le plus habile peut enfanter.

La ville de Marmorice est située au fond de la baie, presqu'en face de son entrée. Les maisons sont construites en pierres grises, et presque toutes bâties sur un rocher de la même couleur, dont le pied est baigné par la mer; de sorte qu'il est difficile de distinguer la ville, qui se confond avec les collines adjacentes. Au reste, elle ne consiste qu'en quelques misérables cabanes assemblées sans ordre, et qui donnent d'avance aux voyageurs une idée de la misère de la population, presque entièrement composée de Grecs. On y voit aussi les restes d'un vieux château fort, dont les remparts sont armés de deux ou trois pièces de canon hors de service. A notre aspect, les habitans renfermèrent leurs femmes dans cette forteresse; mais ils les mirent en liberté aussitôt qu'ils aperçurent que nous arrivions avec des intentions pacifiques et amicales.

Les Grecs timides et opprimés de Marmorice sont gouvernés par un aga, qui les tyrannise avec impunité. A l'extrémité de la ville s'élève une jolie mosquée avec un minaret, du haut duquel un iman appelle à haute voix les mahométans à la prière, devoir qu'ils sont très-ponctuels à remplir. Près de la mosquée se trouve une fontaine abondante, dans laquelle les Turcs font leurs ablutions avant de pénétrer dans l'intérieur du temple. Peu de peuples sont aussi fortement attachés à leur religion et aussi exacts à en remplir les exercices, que les musulmans. Souvent je les ai vus au milieu des champs, des rues et de la boue, s'agenouiller sur un petit tapis, et, le visage tourné vers l'orient ou l'occident, suivant que le soleil se lève ou se couche, se prosterner à plusieurs reprises et offrir ainsi leurs pieux et fervens hommages au grand prophète.

Le 1er janvier 1801, la seconde division de la flotte arriva dans la soirée ; elle était partie de Malte un jour après nous et avait eu une traversée orageuse.

Le *Minotaure*, le *Northumberland*, la frégate la *Pénélope* quittèrent dans la matinée la baie de Mamorice pour aller croiser devant Alexandrie, afin d'empêcher qu'il ne pénétrât aucun secours dans cette place. Ces vaisseaux devaient aller relever le *Swiftsure*, monté par l'amiral sir Richard Bikerton, et le *Tigre*, commandé par sir Sydney Smith, qui avaient ordre de nous rejoindre.

Plusieurs régimens se trouvant incommodés par suite d'un long séjour à bord et par l'usage continuel de viandes salées, le commandant en chef ordonna de débarquer et de faire camper sur le rivage tous les hommes malades. Cette sage mesure eut tout le succès que l'on pouvait en attendre, et nos soldats furent bientôt rétablis. Le changement de nourriture contribua aussi beaucoup à cet heureux résultat. On envoya des bâtimens à Rhodes, à Macri et dans toutes les villes voisines, pour y chercher des bestiaux, des légumes, de sorte qu'il fut possible de faire à l'armée des distributions de viandes fraîches.

C'est un usage reçu dans la marine de ne donner aux troupes de terre que trois quarts de ration. Cette quantité d'alimens a été jugée suffisante pour des hommes qui travaillent peu et qui ne doivent passer qu'un court espace de temps à la mer; mais dans une circonstance telle que la nôtre, où les soldats, embarqués sur des transports dont l'équipage est très-faible, sont obligés de travailler autant que les matelots et forcés de demeurer à bord pendant plusieurs mois, cette ration devient trop faible, et il est juste de leur faire les mêmes distributions qu'aux marins. Sir Ralph Abercromby prenant en considération la position où se trouvaient ses troupes, réclama pour elles près de l'amiral Keith, qui fit aussitôt mettre les soldats sur le même pied que les matelots.

Notre séjour dans la baie de Marmorice paraissait devoir être long, et on annonçait comme certain qu'il durerait quatre ou cinq semaines ; heureusement que le temps fut très-beau, l'air calme et le ciel serein. Les matinées étaient froides et humides ; mais lorsque le soleil s'élevait au-dessus de l'horizon, la température devenait extrêmement agréable.

Le 12 janvier, le 12ᵉ et le 26ᵉ régimens de dragons légers arrivèrent de Lisbonne, mais malheureusement sans leurs chevaux. Les officiers étaient seuls montés. Cette circonstance était d'autant plus défavorable, que les chevaux que nous avions reçus de l'intérieur du pays, au nombre de quatre ou cinq cents, étaient si faibles et si mauvais, qu'on ne pouvait les faire servir à la remonte de notre cavalerie. Il est impossible de se faire une idée du misérable et bizarre assemblage qu'offraient les chevaux qu'on nous avait fournis : ils étaient de toutes les couleurs, de toutes les tailles, et leurs dos ainsi que leurs pieds étaient dans le plus mauvais état. D'après cette circonstance et plusieurs autres, il ne devenait que trop évident que nous ne devions pas fonder de grandes espérances sur les secours de nos tardifs alliés les Turcs, et qu'ils ne viendraient seconder l'expédition que lorsqu'on n'aurait plus besoin d'eux.

Le rivage offrait une plaine assez spacieuse pour que deux brigades pussent y manœuvrer ensemble. On débarquait chaque jour les régimens, qu'on exerçait aux manœuvres et principalement aux formations des carrés vides et pleins ; cette disposition est en effet regardée comme la plus avantageuse pour repousser les attaques de la cavalerie, arme qui formait la principale force de notre ennemi, et dont nous étions presque totalement dénués.

Le pays, quoique montagneux, serait susceptible de devenir très-fertile, et s'il était convenablement cultivé, récompenserait avec usure le travail des habitans. Mais que peut-on attendre d'hommes indolens, qui ne songent jamais qu'au moment présent et qui ne vivent que pour eux? Les bois et les montagnes abondent en gibier. On y trouve aussi un grand nombre d'ours et de loups, et surtout de jackals, qui pendant la nuit errent en troupes immenses et cherchent leur proie en poussant des cris avec le même ensemble qu'une meute de chiens bien dressés. Chaque nuit, ils arrivaient régulièrement jusqu'à nos tentes.

On voit à l'est de l'entrée de la baie, sur le sommet d'une montagne très-élevée, les restes d'une ancienne forteresse qu'on dit avoir été construite par les chevaliers de Rhodes après leur expulsion de l'île de ce nom, en 1523. Ils demeurèrent dans cet endroit jusqu'à ce que la munificence de Charles-Quint les eut mis en possession de l'île de Malte.

Le 21 janvier, à neuf heures du matin, la brigade du major-général Coote, et la réserve, furent embarquées sur toutes les chaloupes de la flotte, qu'on avait rassemblées à cet effet, et qui, après s'être réunies autour de quelques vaisseaux désignés, s'avancèrent en ligne vers le rivage, où elles s'amarrèrent. Les troupes débarquèrent promptement et se formèrent aussitôt en bataille, en faisant front du côté opposé à la mer. Elles se rembarquèrent ensuite, et les chaloupes retournèrent vers les vaisseaux. Cette manœuvre fut fréquemment répétée, afin d'accoutumer les soldats à descendre dans les chaloupes, de leur apprendre à s'y placer et à se former en bataille aussitôt qu'ils auraient mis pied à terre. Elle offrait, en outre, l'avantage de faire connaître d'une manière exacte le nombre d'hommes que les chaloupes de la flotte pouvaient contenir. La sagesse de cette mesure n'avait pas besoin d'être discutée, et l'expérience en a fait reconnaître l'utilité.

Les habitans des villes et villages circonvoisins, familiarisés avec nous et attirés par la curiosité ou l'appât du gain, commencèrent alors à descendre en foule de leurs montagnes. Des provisions de toutes espèces arrivèrent en abondance, et on se les procurait à assez bon compte, quoique le peuple du pays cherchât à nous rançonner autant que possible. Ils mettaient surtout un prix exorbitant à leurs chevaux, dont on acheta un grand nombre. Tous ces chevaux étaient entiers, petits, mais fortement membrés et propres à faire un bon service. Ils sont généralement de poil gris, et c'est, dans ces contrées, la couleur que l'on estime le plus

Tous les Turcs sont coiffés de turbans; ils portent d'amples vestes, des pantalons très-courts, des pantoufles et une ceinture à laquelle ils suspendent toujours un long poignard et une paire de pistolets. Ils sont, en général, braves, bien faits et très-vigoureux. Leur teint porte l'empreinte d'un soleil brûlant; leurs cheveux sont rasés, et ils mettent sur leur crâne une petite coiffe qui est cachée sous le turban. Il n'est permis qu'aux seuls descendans de Mahomet, qui sont en très-grand nombre, de porter des étoffes de couleur verte, et ils se distinguent tous par un turban de cette couleur. On n'aperçoit que peu de femmes, et elles sont tellement voilées et cachées dans leurs longues robes, qu'il est impossible de décou-

Fantassin et Cavalier turcs.

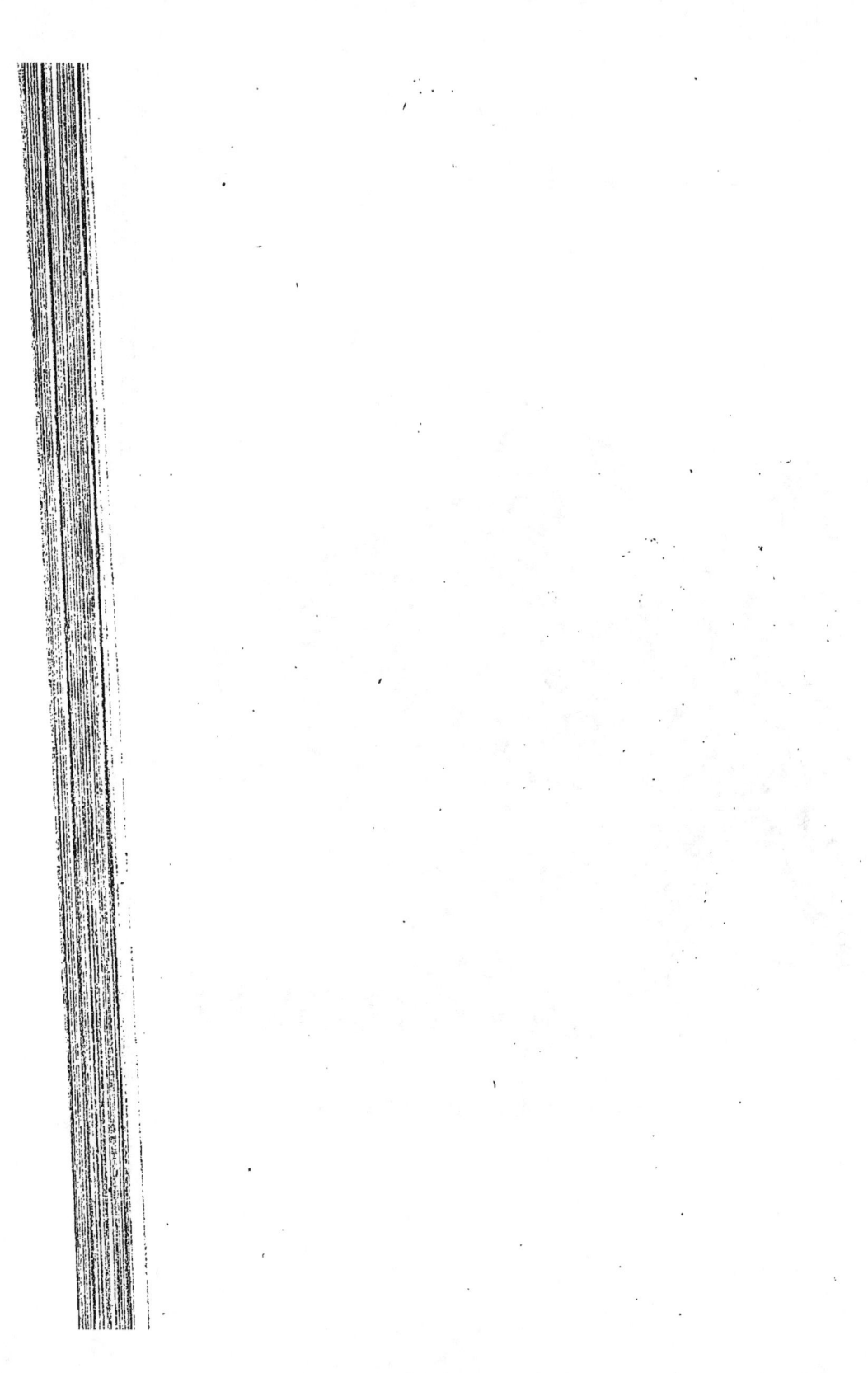

vrir autre chose que leurs yeux, qui sont tellement laids, qu'ils font perdre le désir d'en voir davantage.

Deux bâtimens de guerre turcs, commandés par le capitan bey, le second officier de la marine ottomane, arrivèrent ce jour-là dans la baie. Ces bâtimens sont d'une belle construction et peints avec beaucoup de soin; mais ils semblent mal calculés pour la guerre.

Le temps pluvieux qui s'éleva, et un vent glacial qui s'engouffrait entre les montagnes, rendirent notre camp sur le rivage humide et malsain; en conséquence les malades reçurent l'ordre de se rembarquer promptement.

Le 23 janvier, le major-général Moore revint de Jaffa, où il avait été envoyé pour connaître les desseins du grand-visir, et pour arrêter, de concert avec lui, les mesures relatives à la campagne qu'on allait entreprendre. Le résultat de sa mission était tel que nous devions l'attendre, c'est-à-dire qu'il ne fallait fonder aucune espérance de succès sur la coopération de Sa Hautesse. Quels secours, en effet, pouvions-nous tirer de troupes désorganisées, composées d'un assemblage d'hommes de toutes les nations, sans aucune discipline, dont le chef n'a presqu'aucune autorité; qui ne possédaient aucun approvisionnement, et qui, par dessus tout, étaient en proie au fléau dévastateur de la peste ?

On peut, avec justesse, comparer un camp turc à un marché confus ; chaque individu, quel que soit son rang, officier ou soldat, plante sa tente où bon lui semble. Il n'y règne aucune police, on n'y donne aucun ordre relatif à la propreté. On trouve à chaque pas des chameaux et des chevaux morts, entassés avec des immondices de toutes espèces. On n'y établit aucune garde, aucune védette, même en présence de l'ennemi ; on n'y remplit aucun service militaire, et chacun cherche des vivres et du fourrage pour son compte sans s'inquiéter des autres (1).

Il est impossible d'évaluer la force d'une armée turque. Toute l'autorité du grand-visir n'a pu les contraindre à se laisser dénombrer, et plusieurs révoltes furent le résultat de ses efforts pour y parvenir. Dans les temps de prospérité et de succès, l'armée augmente en nombre, en raison des chances de pillage ; mais éprouve-t-elle un revers, le général se voit entièrement abandonné, et chacun cherche son salut dans la fuite.

---

(1) *Voyez* à l'Appendice, n°. II, les détails sur la composition des armées turques.

Le brigadier général Kœhler, qui avait longtemps demeuré près du visir, était parfaitement familiarisé avec les manières et les coutumes de nos alliés, et connaissait tous leurs projets ; il mourut victime des ravages que la peste exerçait alors parmi eux.

Les généraux français, Julien et Verdier, furent pris par nos croiseurs d'Alexandrie, en voulant passer d'Egypte en France.

Me voyant si près de Macri, qui était la première destination de notre flotte, et ayant beaucoup entendu parler des antiquités qu'on y trouvait, je me déterminai, le 29 janvier, à profiter de l'occasion, et, après en avoir obtenu la permission, je m'embarquai sur un bâtiment de transport avec les majors Hall et Forster. Après une traversée de douze heures, nous entrâmes dans la baie, qui, bien que très-spacieuse, n'est cependant pas aussi belle et d'un aspect aussi pittoresque que celle de Marmorice.

Nous y vîmes le vaisseau du capitan-bey, de quatre-vingt-six canons, et qu'on nommait le *Tousi Bachri*, ou *Paon de la mer*. Nous nous présentâmes devant Son Excellence, qui nous reçut avec la plus grande civilité, et qui nous promit des chevaux et un guide pour nous conduire à la première ville grecque. Après être resté quelque temps près du visir, et avoir pris le café avec lui, nous retournâmes sur notre bord. Dans la soirée nous descendîmes sur le rivage, où nous fûmes charmés du caractère sociable et plein de cordialité des habitans, qui nous forcèrent de prendre le café avec eux. Nous examinâmes ensuite les restes d'un amphithéâtre dont plusieurs parties sont encore assez bien conservées. L'arène en est cultivée, et aujourd'hui métamorphosée en un champ de maïs.

Le 30 janvier, à huit heures du matin, nous descendîmes à terre, accompagnés par le drogman ou interprète du Bey. Nous arrivâmes à onze heures à la ville de Macri, d'où, après nous être procuré, ou plutôt après avoir enlevé des chevaux et un guide, au moyen de l'influence toute-puissante du janissaire qui nous escortait, nous nous dirigeâmes sur le village grec de Kaya. Nous y arrivâmes à une heure, après avoir traversé une petite ville turque, située au milieu d'une vaste plaine couverte d'arbres fruitiers, et qui paraît avoir été élevée dans l'intention de contenir dans le devoir les Grecs du voisinage.

Le village de Kaya est situé sur le pênchant d'une colline, du côté de la plaine où se trouve la ville turque. Il est composé d'environ trois cents maisons, bâties à quelque distance les unes des autres, et par conséquent dispersées sur une grande étendue de terrain. Nous y fûmes reçus avec la plus grande hospitalité. Rien n'était plus frappant que le contraste qui existait entre les manières de ce peuple réduit à l'esclavage, et celles de leurs despotiques voisins.

Nous ne quittâmes le village que dans la soirée ; tous les joyeux habitans, hommes, femmes, enfans, étaient rassemblés devant leurs misérables cabanes. Les jeunes gens dansaient au son du *lera*. Cet instrument ressemble au violon ; mais il a seulement trois cordes, et produit des sons plus aigres. On en joue également avec un archet, et le plus souvent on s'accompagne de la voix.

Il paraît que Milton avait connu cet instrument en Italie, où on le nomme *ribecca*.

When the jocund rebeck sound
To many a youth and many a maid
Dancing in the checker'd shade (1).

L'Allegro.

---

(1) Quand le son joyeux du rebeck se fait entendre aux troupes de jeunes gens et de jeunes filles dansant sous l'ombrage.

Ces malheureux Grecs semblaient ne pas s'occuper de leur triste sort, et l'expression du bonheur était répandue sur tous leurs traits; mais nous ne pouvions considérer leurs plaisirs sans une sorte d'affliction, en songeant à la manière cruelle dont ils étaient opprimés par les Turcs.

Les femmes sont généralement grandes, bien faites, et l'élégant et léger habillement des Grecs ajoute encore à leurs grâces naturelles. Elles n'ont point adopté la ridicule coutume des femmes turques de se voiler le visage; elles semblent, au contraire, se faire un plaisir de faire admirer leur beauté, qui serait réellement séduisante, si elles ne se défiguraient pas, en quelque sorte, par la grande quantité de petites médailles dont elles se couvrent. Après avoir fait un repas meilleur que celui auquel nous devions nous attendre, nous quittâmes Kaya, enchantés d'avoir fait cette incursion.

Le 31 janvier, nous retournâmes, le matin, de bonne heure, à Macri, et nous nous mîmes à errer au milieu des ruines qui entourent la ville. Elles consistent généralement en tombeaux et monumens construits avec un marbre très-dur, et dont l'emploi, suivant toute apparence, a dû coûter beaucoup de travail et d'argent. D'après l'étendue, la quantité, la grandeur et la magnificence de ces ruines, on doit conclure que Macri fut jadis une ville très-considérable et d'une grande importance.

A juger du nombre des habitans qu'elle dut autrefois contenir, par celui des spectateurs que l'amphithéâtre pouvait recevoir, on peut, sans exagération, l'évaluer à vingt ou vingt-cinq mille âmes. La grande quantité d'inscriptions grecques encore visibles, les dimensions des pierres et la construction des édifices prouvent clairement l'antiquité de cette ville. On voit, dans les anciennes géographies, que la ville de Telmessus fut placée dans cet endroit; et les habitans de Macri, bien que plongés dans l'ignorance la plus grossière, conservent encore le souvenir de ce nom.

Nous visitâmes aussi les restes d'un ancien fort placé sur le sommet d'un rocher presque inaccessible et situé à l'est de la ville. Ce fort n'est pas d'une aussi haute antiquité que celle des autres ruines. Il offre des traces incontestables d'une construction beaucoup plus moderne, et a probablement été l'ouvrage des Génois.

Le 1er février nous descendîmes encore une fois à terre, afin de comparer avec les monumens les esquisses que nous en avions tracées. Nous fîmes ensuite le tour de l'amphithéâtre, dont je dessinai une vue.

Depuis notre arrivée à Macri, j'eus de fréquentes occasions de confirmer l'observation que j'avais faite relativement à la scrupuleuse exactitude des Turcs dans leurs devoirs religieux. Rien ne pourrait leur faire enfreindre le jeûne rigoureux qu'ils s'imposent dans cette saison, qu'ils nomment le Rhamadan et qui correspond à notre carême. Ils ne peuvent prendre une goutte d'eau, ni même une seule prise de tabac, depuis le lever jusqu'au coucher du soleil, et ils sont obligés de se rendre à la prière cinq fois par jour.

A l'est de la ville se trouve une vaste plaine, presque inhabitée, dont le terrain, très-fertile, est mal cultivé.

Dans la soirée nous voguâmes vers une petite île sablonneuse, située vers la gauche de l'entrée de la baie. Elle est entièrement couverte des débris d'une ville qui fut jadis très-peuplée; on n'y voit plus maintenant un seul habitant. Nous n'y trouvâmes rien de remarquable, mais nous acquîmes la conviction que la ville avait été construite par les Génois.

Dans la soirée du 3 février, nous montâmes de nouveau à bord du vaisseau du capitan-bey, pour prier Son Excellence de nous procurer les moyens de retourner à Marmorice, car nous craignîmes de prolonger davantage notre séjour à Macri, et que pendant ce temps l'armée ne marchât vers sa destination. Nous arrivâmes au bâtiment turc précisément au moment du coucher du soleil, et en montant sur le tillac nous aperçûmes de toutes parts les matelots agenouillés sur de petits tapis, la figure tournée vers l'occident, et absorbés dans de ferventes prières. Le jeûne finissait à cet instant, et en descendant dans l'entrepont, nous les vîmes occupés à manger avec autant d'ardeur qu'ils venaient de l'être à prier. Ils étaient divisés en bandes de trois ou quatre, rangés autour d'un même plat, dans lequel ils puisaient avec leurs doigts. Ce repas ne dura que le temps nécessaire pour apaiser leur faim ; ils s'accroupirent ensuite d'un air satisfait, et chaque homme prit sa tasse de café et fuma sa pipe.

Le vaisseau était très-proprement tenu. Les canons des batteries basses étaient du calibre de 42. Au centre du bâtiment était une salle très-propre, servant de café. Des hommes y étaient très-occupés à faire du café, qu'ils vendaient aux marins. Après avoir parcouru toutes les parties du vaisseau, nous entrâmes dans la grande chambre, où le capitaine et tous les lieutenans vivent ensemble. Ils étaient également occupés à manger ; ce qu'ils faisaient de la même manière et au moins avec autant de voracité que les matelots. C'était pour nous un spectacle dégoûtant que de voir quelquefois cinq ou six mains pleines de graisse se porter au même instant dans le même plat. Aussitôt qu'ils eurent terminé leur repas, ce qui ne fut pas long, car on n'y perdit aucun instant à boire ni à causer, tous les convives s'assirent les jambes croisées sur leurs tapis, et on apporta alors les pipes et le café, dont les Turcs ne s'abstiennent jamais. Nous ne pûmes nous dispenser de prendre part à cette partie de leur collation.

Le capitan-bey, qui jusqu'alors avait été occupé à son repas, nous fit avertir qu'il était prêt à nous recevoir ; en conséquence nous entrâmes dans la chambre de Son Excellence, que nous trouvâmes assise sur un tapis et livrée à tout le charme de l'indolence. On nous présenta des pipes, et nous exposâmes ensuite notre demande, qui fut reçue avec affabilité. Nous reçûmes la promesse d'une polacre ou d'un autre bâtiment de transport pour le lendemain. Nous restâmes près d'une demi-heure avec le capitan-bey, qui s'efforça de prononcer quelques mots en italien ; et après avoir bu le café et le sorbet (1), nous prîmes congé de Son Excellence.

Le capitan bey est un homme d'environ soixante ans, et quoique d'un visage rebarbatif, il est néanmoins très-affable, surtout envers les Anglais, pour lesquels il a une grande estime. Il ne parle point d'autre langage que celui de sa nation et le grec moderne. Il s'est élevé de lui-même, du rang de simple matelot, à celui qu'il occupe actuellement.

Le 5 février, le drogman du capitan-bey, Grec qui parlait très-bien le français, vint nous informer qu'une felouque avait ordre de nous transporter à Marmorice, lorsque nous jugerions à-propos d'y retourner. Pressés de rejoindre l'armée, que nous supposions devoir être sur le point de partir, nous ne perdîmes pas un seul instant, et avant le coucher du soleil nous étions embarqués dans notre petit bâtiment, qui n'était qu'une simple chaloupe sans pont et sans aucune espèce d'abri. Nous

---

(1) Le sorbet est un breuvage semblable à la limonade, mais renfermant moins d'acide, plus de sucre, et parfumé avec une grande quantité de musc. On en fait aussi avec du jus d'orange de Séville et du sirop de tamarin très-épais. Cette dernière méthode est particulièrement en usage chez les grands personnages.

déployâmes notre voile, et poussés par un bon vent, nous quittâmes la baie.

Nous passâmes une nuit très-désagréable ; à peine avions-nous assez de place pour étendre nos jambes. La felouque était montée par douze Turcs, du voisinage desquels nous nous serions volontiers passés, car ils étaient extrêmement sales et couverts de vermine. Après une journée d'une chaleur excessive, pendant laquelle les rayons d'un soleil brûlant tombaient verticalement sur nos têtes, nous arrivâmes, vers quatre heures du soir, dans la baie de Marmorice.

Après notre retour, le temps devint excessivement humide et insalubre; nos soldats tombaient malades, et le nombre des hommes hors de service augmentait de vingt à trente par semaine dans presque toutes les brigades. Notre départ était donc ce qu'il y avait de plus désirable, et la prolongation de notre séjour dans une semblable situation ne pouvait être que préjudiciable au succès de l'entreprise.

Le 9 février, le temps fut sombre et orageux dans toute la matinée. D'épais nuages s'accumulaient sans cesse sur les montagnes environnantes, dont les sommets disparurent bientôt à nos yeux. Vers onze heures, le tonnerre gronda avec un bruit effroyable, et fut accompagné d'une grêle d'une grosseur extraordinaire. Les morceaux en étaient beaucoup plus forts que des œufs de pigeon, et ils étaient chassés avec une telle force, que plusieurs de nos tentes furent renversées ; la pluie tombait en même temps par torrens, et le vent du sud-est soufflait avec fureur.

Notre situation pendant cet orage n'était rien moins qu'agréable: nos tentes étaient étendues sur la terre; nous étions trempés jusqu'aux os, et nous avions de l'eau jusqu'au-dessus des chevilles, car le rivage était entièrement inondé par les ruisseaux qui se précipitaient du haut des montagnes voisines. La pluie dura avec la même violence pendant toute la journée, et la nuit qui suivit fut la plus orageuse de toutes celles que j'aie passées sur la terre. Les éclairs se succédaient sans interruption au milieu des épaisses ténèbres qui nous enveloppaient, et leurs flammes éblouissantes ne faisaient que redoubler les horreurs de cette épouvantable tempête.

Au point du jour, le ciel commença à s'éclaircir ; les nuages se dissipèrent lentement, et nous pûmes alors reconnaître les ravages que la tempête avait exercés parmi nos vaisseaux. Plusieurs bâtimens avaient été enlevés de leurs ancres, et s'étaient considérablement endommagés en s'entre-choquant les uns contre les autres. Le long du camp, le rivage était couvert de chaloupes de toutes les grandeurs, dont les amarrages avaient été rompus; heureusement personne n'avait péri. Combien cet orage nous eût été funeste en pleine mer, puisque ses résultats furent si désastreux dans une baie aussi bien abritée que celle de Marmorice !

Avant le mauvais temps, deux régimens étaient chaque jour employés à couper du bois pour faire des gabions et des fascines, dont un grand nombre furent confectionnés par des artificiers choisis dans différens corps. Les soldats et les marins abattaient aussi une grande quantité de bois de chauffage pour approvisionner la flotte.

Un chouisch bachi ou grand officier de la Porte, arriva à Marmorice pour y accélérer l'arrivée des secours accordés par le Grand-Seigneur, et ordonner le départ des canonnières turques qui se trouvaient à Rhodes; mais sa présence ne produisit pas un grand effet: cependant les canonnières finirent par nous rejoindre.

Ce bachi était accompagné d'un général au service de la Turquie, nommé Campbell. C'était un Ecossais de naissance; il prétendait avoir été contraint d'abandonner sa patrie à l'âge de dix-huit ans, par suite d'un duel dans lequel il avait tué son adversaire. Réfugié en Turquie, il y devint renégat, prit du service dans l'armée du Grand-Seigneur, et, de grade en grade, parvint à celui dont il était revêtu. Il avait été autrefois maître général de l'artillerie et un des grands favoris du sultan; mais il ne nous expliqua pas par quel motif il n'était plus en faveur. Envoyé à Marmorice, à cause de sa connaissance de la langue anglaise, il espérait que cette mission pourrait lui faire regagner la confiance de Sa Hautesse. Quelques jours après, il s'embarqua sur un sloop de guerre anglais, et fit voile vers Jaffa, où il devait rejoindre le grand visir.

Le 17 février, il y eut réunion de tous les officiers-généraux de l'armée à bord du Kent. Sir Ralph Abercromby leur fit connaître ses projets et leur donna ses dernières instructions.

On présuma dès-lors qu'Aboukir serait notre point de débarquement, et que nous marcherions d'abord sur Alexandrie. On donna les ordres les plus positifs pour économiser l'eau, dont on craignait de manquer dans le pays que nous allions occuper (1).

---

(1) *Voyez* à l'Appendice, n°. III, les instructions données à cet égard à tous les chefs de corps.

Nous reçûmes la fâcheuse nouvelle de l'entrée à Alexandrie de deux frégates françaises, *l'Égyptienne* et *la Justice*. On ajoutait qu'elles étaient chargées d'une grande quantité de munitions, dont l'armée française éprouvait une extrême pénurie, et qu'elles portaient, en outre, un secours de huit cents artilleurs. Il était très-fâcheux pour nous que ces bâtimens eussent pu tromper la vigilance de nos croiseurs et arriver ainsi malgré eux à leur destination.

Dans la matinée du 20 février, tout fut embarqué, et on n'aperçut plus une seule tente sur le rivage. Notre départ de la baie n'était plus retardé que par les vents, qui nous étaient absolument contraires. Les chevaux furent placés à bord des bâtimens venus dernièrement de Smyrne, et que la frégate *la Greyhound* avait escortés. La baie de Marmorice offrait dans ce moment un assemblage curieux de vaisseaux, de polacres, de chebecs, de felouques, etc.

§. VII.

Navigation vers l'Égypte.

Le 22 février, à six heures du matin, le signal de lever l'ancre fut donné à bord du vaisseau du lord Keith, et il fut bientôt suivi de celui de se mettre en marche. En conséquence, les bâtimens de la flotte commencèrent à sortir successivement de la baie, et bientôt le contre-amiral sir Richard Bickerton, qui était resté en arrière pour voir défiler tous les navires, informa, également par un signal, que la baie était entièrement évacuée. La flotte, poussée par un bon vent du nord, déploya aussitôt ses voiles. C'était un imposant spectacle que celui d'une réunion aussi nombreuse et aussi redoutable de vaisseaux voguant ensemble et paraissant vouloir se dépasser les uns les autres pour atteindre, le premier, les rivages où nous devions combattre.

Le 25, à-peu-près vers le milieu de notre traversée, le vent changea subitement et devint très-violent; il continua à augmenter jusqu'au 27, et ce soir-là il souffla avec fureur. Les vagues se soulevaient comme de hautes montagnes et faisaient éprouver à nos vaisseaux des secousses qui les fatiguaient beaucoup. Le roulis était trop fort pour de petits bâtimens tels que les canonnières, les felouques, etc.; de sorte que cette partie de notre flotte fut forcée de nous abandonner et de se réfugier, comme elle le put, vers l'île de Chypre.

Nous avions été remarquablement malheureux, sous le rapport du temps, depuis notre départ de la baie de Marmorice ; cette contrariété nous paraissait d'autant plus désagréable, que nous touchions au terme de notre voyage. Cependant le vent se calma beaucoup le lendemain matin ; mais toute la journée fut employée à rassembler les bâtimens de la flotte, que la tempête, qui s'était élevée, avait, ainsi qu'on doit naturellement l'imaginer, séparés et dispersés de tous côtés.

Dans la soirée du 1er. mars, on distingua à peu de distance un rivage dont la surface s'élevait à peine au-dessus du niveau de la mer; ce qui nous fit présumer que c'était celui d'Alexandrie ou d'Aboukir. Craignant de dépasser le point de notre destination, nous restâmes toute la nuit en panne. Le lendemain matin, nous voguâmes de nouveau vers la terre, et à dix heures environ, nous jetâmes l'ancre dans la célèbre baie d'Aboukir. Le temps était superbe, et on donna aussitôt le signal de se préparer à descendre à terre. Les troupes étaient remplies d'ardeur et montraient la plus vive impatience pour se jeter dans les chaloupes ; mais tout-à-coup le vent augmenta, et, poussant droit au rivage, occasionna un tel *ressac*, qu'il était absolument impossible d'y aborder. Il fallut donc contremander le débarquement. On ne pouvait éprouver un contre-temps plus fâcheux, et le dépit vint remplacer dans le cœur du soldat l'enthousiasme qui l'avait animé.

La frégate française *la Régénérée* arriva le 1er mars dans le port d'Alexandrie avec deux cents hommes de la 55e demi-brigade, six cents canonniers et une grande quantité de munitions. Le brick *le Lodi* entra aussi le même jour dans ce port, en annonçant un renfort de cinq mille hommes porté par la flotte de l'amiral Gantheaume.

La baie d'Aboukir, sans remonter plus loin qu'au temps des croisades, fut souvent le rendez-vous d'un grand nombre d'armemens formidables; mais la destruction de la flotte française par l'amiral Nelson l'a sur-tout rendue célèbre.

Cette baie est très-spacieuse, mais en même temps si peu profonde, que même les transports n'osent pas approcher à plus de quatre ou cinq milles des côtes. Et dans le moment dont nous parlons ici, nos vaisseaux de ligne en étaient éloignés de neuf ou dix milles. C'est néanmoins une très-bonne rade. Après notre arrivée nos marins y trouvèrent une des ancres de *l'Orient*, une autre beaucoup plus ancienne, et trois autres pattes d'ancre.

Le Foudroyant, commandé par lord Keith, donna sur un débris de vaisseau, qu'on supposa être l'*Orient*, coulé à fond dans la bataille du Nil.

Le rivage qui entoure la baie est très-peu élevé au-dessus du niveau de la mer; il n'offre que quelques monticules sablonneuses, et çà et là quelques dattiers. A l'extrémité de la péninsule d'Aboukir est un fort bien bâti, ayant au centre une tour, sur le sommet de laquelle la garnison paraissait très-occupée à faire des signaux. A un demi mille de cet endroit, se trouve une petite île où les Français avaient établi une batterie de mortiers lors de la mémorable affaire du 1ᵉʳ août 1798. Cette île est maintenant connue, sous le nom d'île Nelson.

Immédiatement après notre arrivée dans ces parages, nous reçûmes la nouvelle bien triste et bien inattendue de la mort du major M. Kerras, chef des ingénieurs attachés à l'expédition. Venu quelques jours avant la flotte, il avait voulu descendre sur la péninsule pour examiner et rectifier les plans qu'il en avait apportés; il revenait sur le sloop de guerre *le Peterel*, lorsqu'il fut poursuivi par une *djerme* française; une balle perdue l'atteignit au front et le renversa sans vie. Le major Fletcher, qui était avec lui, fut fait prisonnier. Quels que fussent nos regrets pour le major M. Kerras, considéré comme homme estimable, ils furent encore augmentés en réfléchissant combien ses talens eussent été utiles à l'expédition. C'était un ingénieur excellent, actif, entreprenant et infatigable lorsqu'il s'agissait du bien du service, de sorte que sa mort n'était pas moins affligeante pour l'armée que pour ses amis.

Le vent était toujours violent et contraire; la mer tellement houleuse, que plusieurs de nos bâtimens furent enlevés de leurs ancres. Notre position était extrêmement fâcheuse; placés en face du point où nous devions débarquer, nous ne pouvions y parvenir à cause du mauvais temps. Dans cet intervalle, les Français, instruits de nos desseins, pouvaient aisément rassembler leurs troupes dispersées et faire toutes les dispositions nécessaires pour nous repousser; chaque instant de délai de notre part ajoutait ainsi à leurs moyens de défense (1).

---

(1) La côte était dégarnie de troupes et les forts mal approvisionnés. Plusieurs avis avaient été donnés au général Menou sur les préparatifs que faisaient les Anglais; il les avait tous repoussés et vivait dans la plus grande sécurité, lorsque, le 4 mars 1801, un courrier du général Friant arriva au Caire avec la nouvelle de l'apparition de la flotte anglaise.

Dans de semblables circonstances, Bonaparte et Kléber avaient tracé à leur successeur la marche à suivre. Réunissant

Trois compagnies du second bataillon du vingt-septième régiment, qui avaient été laissées

---

toutes leurs forces, ils s'étaient rapidement portés sur l'ennemi. Aussi l'armée, qui s'attendait à marcher sur Aboukir, fut-elle très-étonnée des dispositions que prit le général Menou. Il ordonna au général Reynier de partir sur-le-champ pour Belbeïs, avec deux demi-brigades et l'artillerie de sa division ; au général Morand d'aller promptement à Damiette avec cinq cents hommes de la division Rampon qui, précédemment, avaient été appelés au Caire ; et au général Bron de conduire à Aboukir le 22e régiment de chasseurs, fort seulement de deux cent trente chevaux. Le reste de la cavalerie dut attendre des ordres à Boulac. La division du général Lanusse ne partit que le 14 ; et même la 88e, la plus forte demi-brigade de cette division, fut rappelée au Caire le jour de son départ.

Toutes ces mesures étonnèrent les officiers-généraux, qui représentèrent au général Menou la nécessité de rassembler promptement l'armée vers Aboukir. Ils lui observèrent que le visir ne marcherait pas avant d'être certain du succès des Anglais ; qu'on aurait le temps de les battre et de se porter ensuite vers Salahieh avant qu'il pût y paraître ; que dans le cas même où le visir, par des mouvemens plus rapides, aurait obtenu de légers succès, ses troupes seraient aisément dissipées, lorsqu'elles apprendraient la défaite de leurs alliés ; qu'enfin, en divisant l'armée on l'exposait à des revers, etc. Le général Menou fut sourd à tous ces avis, et ne recevant le lendemain et les jours suivans aucune nouvelle du débarquement, il se persuada qu'il avait fait d'excellentes dispositions.

(*Note du traducteur*, extraite des ouvrages du général Reynier et de Martin.)

à Malte, arrivèrent à bord du *Romulus*, conduites par le lieutenant-colonel H. Smith.

Enfin, le 6, le temps devint calme; cependant la mer était encore tellement agitée, qu'on ne pouvait espérer d'effectuer le débarquement Sir Sidney Smith, toujours empressé de déployer son courage, s'approcha de terre avec deux chaloupes armées pour attaquer une canonnière française qui était venue s'embosser devant l'entrée du lac de Maadie ou d'Aboukir. Cette canonnière fut promptement abandonnée, et sir Sidney ayant fait jeter les canons à la mer et démanteler le bâtiment, revint avec un Français, caporal d'artillerie, et un Arabe, qu'il avait fait prisonniers. Le caporal dit à sir Ralph Abercromby que les forces françaises rassemblées pour s'opposer à notre débarquement, pouvaient s'élever à deux ou trois mille hommes. Le 7, le temps continua à s'améliorer et la mer à se calmer. En conséquence, il fut décidé qu'on tenterait le débarquement le lendemain de bonne heure, et on donna tous les ordres relatifs à cette opération. La première division qui devait descendre à terre se composait, 1° de la réserve commandée par le major-général Moore et le général Oakes; 2° de la brigade des gardes du major-général Ludlow; 3° d'une partie de la première brigade formée du second bataillon du Royal, et des premier et second bataillons du 54ᵉ régiment, sous les ordres du major-général Coote; et de dix pièces de canon avec le nombre nécessaire de canonniers.

§. VIII.

Débarquement et premiers combats en Egypte.

Le 8 mars, à deux heures, une fusée tirée à bord du vaisseau amiral servit de signal pour rassembler toutes les chaloupes de débarquement autour des vaisseaux désignés. A environ trois heures et demie, les chaloupes remplies de troupes se portèrent vers le rendez-vous. Trois bâtimens armés y étaient placés sur une ligne parallèle au rivage, et hors de la portée du boulet; les chaloupes devaient venir se ranger à leurs côtés et y attendre le signal du départ.

Les chaloupes étaient à fond plat, et chacune contenait environ cinquante hommes, outre les matelots employés à ramer. Les soldats reçurent l'ordre de s'asseoir à fond de cale et de tenir leurs fusils entre leurs genoux. Toutes les chaloupes de la flotte étaient employées à transporter des troupes ou à remorquer les embarcations; elles pouvaient ensemble porter près de cinq mille hommes. On en avait désigné six mille pour le débarquement; mais il en resta environ mille, qui ne purent trouver place dans les embarcations.

Le moment était critique; le plus grand silence régnait dans toute la flotte, et on n'entendait que le bruit sourd et confus que produisaient les rames des chaloupes qui se dirigeaient vers le rendez-vous.

Elles continuèrent à circuler ainsi jusqu'à environ huit heures; tous les arrangemens étant alors terminés, et les embarcations s'étant formées sur une même ligne, le bâtiment du centre, sur lequel était l'honorable capitaine de marine Cochrane, qui dirigeait en chef ce mouvement, donna le signal de se porter en avant; toutes les rames frappèrent aussitôt la surface de la mer et poussèrent avec rapidité nos troupes vers le rivage.

Afin de protéger notre approche, aussitôt que nos chaloupes les eurent dépassées, les bombardières, *le Tartare* et *la Furie*, dirigèrent leur feu sur les ouvrages des Français. Deux canonnières et trois bâtimens en firent autant, mais ne produisirent que peu d'effet. Nous continuâmes à avancer, sans être troublés. On n'apercevait pas un seul ennemi, ni sur le rivage, ni sur les hauteurs environnantes; mais lorsque nous fûmes à la portée du canon, ils commencèrent tout-à-coup, sur notre ligne, un feu terrible et nourri, avec les batteries du fort d'Aboukir, et seize pièces de canon qu'ils avaient établies sur une colline. Une multitude de bombes et d'obus tombaient de toutes parts autour de nous, et faisaient jaillir les eaux de la mer dans nos chaloupes. Cependant ces obstacles n'étaient encore rien en comparaison de ceux qui nous attendaient; en approchant du rivage, nous fûmes assaillis par une tempête de mitrailles et de projectiles, telle qu'on n'en vit peut-être jamais de semblable, dirigée sur un espace si peu étendu. Les décharges se succédaient avec une si grande rapidité, que les balles tombaient sur la surface de la mer comme de la grêle dans un violent orage.

Jamais position ne fut plus critique ; nos soldats étaient tellement entassés les uns sur les autres, qu'ils ne pouvaient remuer, et se voyaient ainsi exposés à un feu meurtrier, sans qu'il leur fût possible de riposter aux coups de l'ennemi ou de s'en garantir. Deux bâtimens furent coulés à fond près de celui où j'étais embarqué. Une chaloupe, portant un détachement des gardes de Coldstream, fut percée au centre par une bombe qui, éclatant au même instant, tua et blessa un grand nombre de soldats; les autres disparurent avec le bâtiment. On parvint à en tirer quelques-uns des flots; mais ils étaient dans un tel état, qu'ils ne durent pas être bien reconnaissans du service qu'on leur avait rendu. La perte d'un bâtiment entraînait nécessairement celle des hommes qui y étaient embarqués, car les soldats, embarrassés par leur fourniment, chargés de provisions pour trois jours, ayant soixante cartouches dans leur giberne, en s'efforçant de nager, ne faisaient que lutter pendant quelques instans contre la mort.

Cependant rien ne put arrêter des guerriers aussi braves; de toutes parts menacés par la mort, qui s'offrait à eux sous la forme la plus effrayante, leur courage n'en fut point ébranlé. Bravant un feu meurtrier, que rendait encore plus terrible l'impossibilité où nous étions de nous défendre et de riposter, par un seul coup, à ceux dont l'ennemi nous accablait, nous continuâmes à nous avancer avec une assurance qui était le gage certain de la victoire.

Il était près de neuf heures lorsque les premières chaloupes abordèrent. Nous perdîmes dans ce moment beaucoup de monde: plusieurs de nos soldats reçurent la mort dans les bâtimens; et d'autres, au moment où ils descendaient sur le rivage, furent tués à coup de baïonnette par l'ennemi, qui s'était approché jusqu'au bord de la mer pour nous recevoir. Les régimens se formèrent en bataille aussitôt qu'ils eurent mis pied à terre, et à l'instant même ils se portèrent en avant.

Les quatre compagnies de flanqueurs, placés à notre extrême droite, et le 23ᵉ régiment, sur lequel elles s'appuyaient, escaladèrent avec la plus grande intrépidité une colline qui s'élevait presqu'à pic du côté de la mer, et dont le terrain sablonneux s'éboulait sous leurs pieds (1). Un corps de troupes françaises, la brave 61ᵉ demi-brigade, qui était en position sur le sommet, frappée de terreur par cet acte de courage, se retira en désordre en abandonnant deux pièces de canon. A la gauche, où commandaient les majors-généraux Coote et Lud-

---

(1) La hauteur des puits est un mamelon de sable mouvant, d'une pente rapide, sur-tout du côté de la mer; ce point est le seul où des troupes qui débarquent puissent trouver une position militaire avantageuse. Après la bataille d'Aboukir, Bonaparte avait ordonné la construction d'un fort sur cette hauteur; mais on négligea de s'en occuper pour des fortifications moins importantes, quoique le gouvernement l'eût recommandé au général Menou. Le fort aurait rendu le débarquement très-difficile.

(*Note du traducteur*, extraite de l'ouvrage du général Reynier.)

low, un détachement de cavalerie française, fort d'à-peu-près deux cents hommes, chargea une partie du régiment des gardes et du régiment royal, qui venait de débarquer; mais ayant reçu un prompt secours, ces corps repoussèrent les Français, qui essuyèrent une perte considérable.

Ce combat sur le rivage dura environ vingt minutes; l'ennemi battit alors en retraite sur tous les points, et nous nous emparâmes des hauteurs, où les marins, sous la conduite de Sidney Smith, montèrent avec leur ardeur ordinaire quelques pièces de campagne.

Les Français se retirèrent le long du lac d'Aboukir, qu'ils avaient nommé lac Maadieh; ils laissèrent dans le château d'Aboukir une partie de la 55ᵉ demi-brigade, et prirent ensuite position dans la plaine, à un mille du rivage, en appuyant leur droite au lac et leur gauche à la mer. Cette aile gauche était soutenue par deux pièces de canon et tout ce qui leur restait de cavalerie.

Les forces qui s'opposèrent à notre débarquement étaient commandées par le général Friant et se composaient de deux bataillons et des grenadiers de la 61ᵉ demi-brigade, de deux bataillons de la 75ᵉ, d'un de la 51ᵉ, du 18ᵉ et du 20ᵉ de dragons, et d'environ cent vingt canonniers, formant en tout deux mille cinq cents hommes et seize pièces de canon (1). La perte des Français dut être au moins de quatre cents hommes tués, pris ou blessés, six pièces de canon et un obusier. Le général Martinet, qui avait été capitaine de vaisseau dans la flotte française qui combattit à la bataille du Nil, et qui, depuis cette affaire, commandait la légion nautique, fut tué sur le champ de bataille. Nous perdîmes six cent cinquante-deux hommes, tant tués que blessés, sans y comprendre les marins qui périrent dans les bateaux et dans la partie de l'expédition conduite par sir Sidney Smith (2).

A peine étions-nous débarqués et avions-nous surmonté la résistance qu'on nous opposait, que le général en chef descendit sur le rivage; jusqu'alors le major-général Coote s'était trouvé le plus ancien des généraux à terre.

Nous nous mîmes en bataille devant l'ennemi, et la canonnade dura dans cette position jusqu'à onze heures; nous nous aperçûmes alors

---

(1) Il y a erreur dans cette évaluation : le général Friant n'avait que quinze cent cinquante hommes d'infanterie, cent quatre-vingts cavaliers et dix pièces de canon. *Voyez* l'Appendice, n°. IV. (*Note du traducteur.*)

(2) *Voyez* les dépêches du 16 mars, de sir Ralph Abercromby, à l'Appendice n°. V.

que les Français commençaient un mouvement rétrograde le long du lac, ils marchaient en bon ordre, et s'arrêtèrent pendant quelques instans au poste de Mandara, petite redoute élevée sur une hauteur dans l'endroit le plus étroit de la péninsule, et à-peu-près à quatre milles du point où nous avions abordé.

Aussitôt après la retraite de l'ennemi, nos chaloupes armées pénétrèrent dans le lac de Maadieh ou d'Aboukir. On prit toutes les mesures nécessaires pour faire servir les bateaux de la flotte à l'approvisionnement de l'armée, et à cet effet on établit un dépôt de munitions sur le rivage.

La seconde division ayant débarqué, vint nous rejoindre, ce qui occasionna un changement de position; nous nous portâmes en avant, chaque brigade marchant en colonne par régiment, et nous fîmes halte à l'entrée de la nuit.

L'armée fut alors formée sur quatre lignes, s'étendant depuis la mer, située à sa gauche, jusqu'au lac d'Aboukir, situé à sa droite. La réserve et les gardes formaient la première ligne, la brigade du général Coote la seconde, celle du major-général Cradock la troisième, et celle du major-général comte de Cavan, la quatrième. Les troupes des corps des brigadiers-généraux Stuart et Doyle, qui avaient pu débarquer dans la journée, prirent position devant le château d'Aboukir, qui avait refusé de se rendre. Environ soixante cavaliers montés, et deux cents autres non-montés, descendirent aussi sur le rivage dans la soirée. Les hommes montés firent aussitôt le service des vedettes et des avant-postes, le reste demeura devant Aboukir.

Le 9 mars, le vent s'étant élevé avec violence, il fut impossible de débarquer ni munitions, ni approvisionnemens. Mais malgré les préjugés généralement répandus dans l'armée, nous parvînmes à nous procurer une eau potable, en faisant dans le sable des trous de trois ou quatre pieds de profondeur. Nous fûmes également convaincus qu'il pleut quelquefois en Egypte, car nous fûmes assaillis par une très-forte ondée.

On n'avait pu envoyer à terre ni tentes, ni équipages de camp; mais les soldats parvinrent à s'abriter convenablement en se faisant des baraques avec des branches de dattier, arbre qui se trouve en grande quantité dans la péninsule. Notre général en chef n'eut pas d'autre moyen pour bivouaquer.

Les troupes des brigades des généraux Stuart et Doyle, restées devant le fort d'Aboukir, vinrent nous rejoindre. On ne laissa, pour soumettre cette place, que le second régiment de la Reine et quatre cents dragons non montés. Ce corps d'observation fut placé sous les ordres du comte Dalhousie. L'armée fit un mouvement en avant et s'avança d'environ un mille vers Alexandrie.

Le 10 mars, le vent ayant tombé et le temps étant magnifique, nous eûmes la satisfaction de voir débarquer le reste de l'armée et la plus grande partie de nos chevaux. Une immense quantité de provisions, de munitions, de fourrages, etc., arrivèrent également au moyen du lac d'Aboukir, auquel s'appuyait la position que nous avions prise. Dans la soirée du 9, sept compagnies du second bataillon du 27e régiment arrivèrent de Lisbonne, et le 10 elles rejoignirent l'armée.

Le lac d'Aboukir ne date que d'une époque très-récente ; il fut formé par une irruption de la mer, arrivée en 1778. Une digue en pierre, dont on aperçoit encore une grande partie, était le seul obstacle qu'on avait opposé aux flots pour préserver la plaine, qui se trouve maintenant ensevelie sous les eaux. Cette digue fut enlevée dans une violente tempête, et la mer débordant avec impétuosité, détruisit plusieurs villages et forma l'immense inondation qu'on voit aujourd'hui. Le Kalisch, ou canal d'Alexandrie, se trouve placé entre ce lac et celui de Maréotis, qui, n'ayant aucune communication avec la mer, se trouve maintenant presque entièrement à sec.

Le lac d'Aboukir est navigable pour des chaloupes et de petits bâtimens. Il abonde en poissons de toutes sortes, et particulièrement en mulets, qui fournirent à l'armée une nourriture abondante et agréable. Les Arabes, enchantés de trouver un si bon prix de cette marchandise, en apportaient à profusion dans notre camp.

Les avantages que nous retirâmes de notre position près de ce lac furent immenses, et nous sommes, en quelque sorte, redevables du succès de l'entreprise aux ressources qu'il nous offrit sous tous les rapports. Les provisions, les munitions, les canons, etc., nous étaient amenés avec la plus grande facilité par des bâtimens de la flotte : sans cette ressource, nos moyens de transport eussent été si faibles, que le moment d'agir aurait été probablement passé lorsque l'armée se serait trouvée suffisamment approvisionnée; car deux ou trois cents misérables mulets ou chevaux n'auraient pu être d'un bien puissant secours sur le terrain sablonneux de la péninsule.

Le lac nous rendit encore un service important, en offrant un mouillage à nos chaloupes canonnières. Ces bâtimens purent ainsi protéger notre flanc gauche; et il est inconcevable que les Français, depuis longtemps maîtres du pays, n'en aient pas tiré un grand parti, en y plaçant des bâtimens armés, qui nous eussent beaucoup incommodés lors de notre débarquement et dans tous les mouvemens que nous fîmes ensuite.

Le 11, le lieutenant Guittera, le chirurgien Smith et treize hommes de la légion corse, s'étant approchés de la redoute de Mandara, furent enveloppés par un détachement de cavalerie ennemie et faits prisonniers.

Le 12 mars, à sept heures du matin, toutes les troupes sortirent de leurs positions et marchèrent en deux colonnes. La réserve et la brigade des gardes restèrent en place près de la redoute de Mandara, jusqu'à ce que le corps de l'armée fût arrivé à leur hauteur.

La cavalerie française, qui depuis le 10 avait été renforcée par environ trois cents hommes du 22ᵉ régiment de chasseurs à cheval, avait pris position devant une vieille tour ruinée à un mille et demi de Mandara. A-peu-près à un mille, nos avant-postes rencontrèrent les vedettes ennemies, et une vive escarmouche s'engagea entre ces troupes. Néanmoins l'armée continua d'avancer sans rencontrer d'opposition réelle; car les troupes de l'ennemi, principalement composées de cavalerie, se repliaient à notre approche après avoir échangé quelques balles.

A une heure et demie nous arrivâmes sur le champ de bataille, et notre armée se forma en deux lignes, qui s'étendaient du lac à la mer. Les Français étaient en bataille vis-à-vis de nous; leurs troupes occupaient une forte position sur une chaîne de collines, et leur aile gauche s'appuyait à un vieux fort ruiné. A peine avions-nous fait halte, qu'ils commencèrent le feu avec deux pièces de canon, qui nous tuèrent deux hommes du 3ᵉ régiment des gardes et en blessèrent deux autres. Nous ne tardâmes pas à riposter à ce salut, et il est probable que nous leur occasionnâmes quelques pertes, car leurs pièces se turent aussitôt. Les avant-postes et les vedettes continuèrent à escarmoucher jusqu'au soir, sans se faire grand mal de part et d'autre. Dans cette affaire, notre perte fut peu considérable, en comparaison de l'étendue et de l'importance du terrain que nous gagnâmes; elle se réduisit à deux soldats et un lieutenant (1) tués, et à quatre hommes et quatre chevaux

---

(1) Le lieutenant Woodgate, du 26ᵉ light dragoons (dragons légers.)

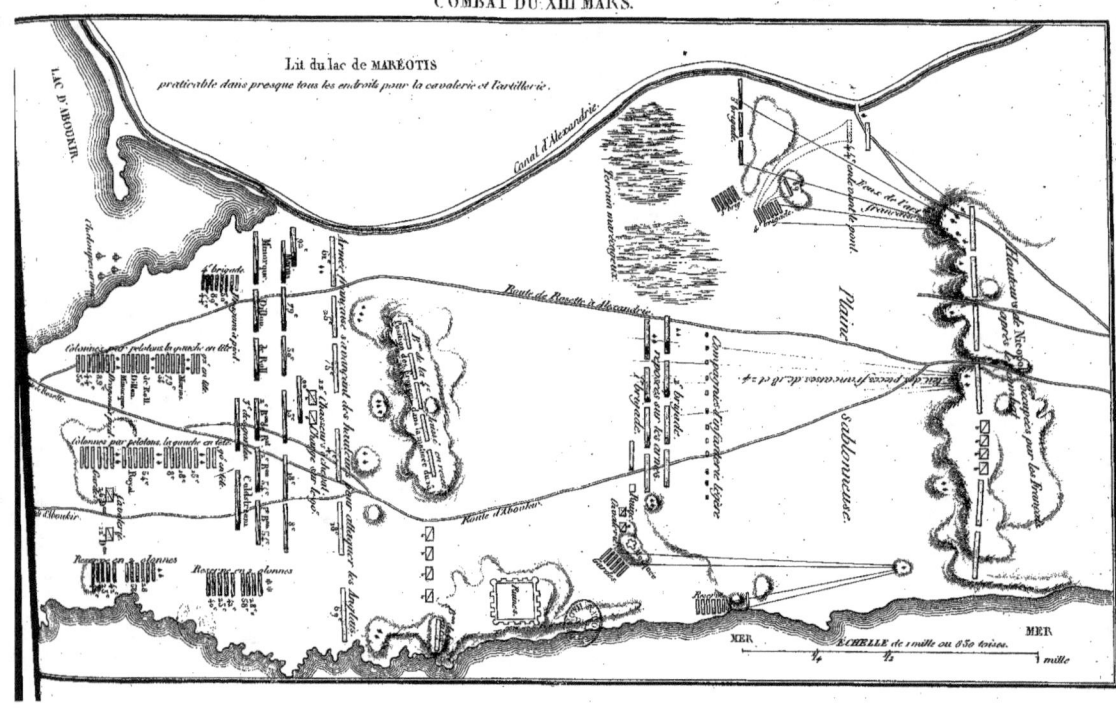

blessés. La perte des Français ne dut pas être moindre. Le colonel Latour Maubourg, du 20° régiment de dragons, fut grièvement blessé à la figure par un éclat d'obus.

Nos troupes passèrent la nuit sous les armes. Les 90° et 92° régimens firent le service des avant-postes.

Il fut arrêté qu'on débusquerait le lendemain l'ennemi de la position qu'il occupait, et on donna les ordres nécessaires pour que l'armée pût attaquer à la pointe du jour.

Par suite de quelques circonstances imprévues, l'ordre d'attaquer à cinq heures du matin ne put être mis en exécution, et il était six heures et demie lorsque l'armée commença à se mettre en mouvement. Elle était formée en colonnes de marche, la gauche en tête, et dans l'ordre suivant :

En tête, la brigade du major-général Cradock, ayant pour avant-garde le 90° régiment des gardes.

La brigade du major-général lord Cavan, ayant pour avant-garde le 92° régiment, marchait à gauche le long du lac, à hauteur de la tête de la colonne du général Cradock, et suivait une direction parallèle à celle de cette colonne.

La brigade du major-général Coote suivait

celle du général Cradock, et devait la soutenir, si la chose devenait nécessaire.

La réserve marchait en deux colonnes le long des rivages de la mer, et à hauteur de la tête de la brigade du général Coote.

Les gardes étaient en ligne avec la seconde colonne de la réserve.

Les brigades des brigadiers-généraux Stuart et Doyle, ainsi que les cavaliers non-montés, marchaient le long du lac et derrière la brigade de lord Cavan.

Ce mouvement avait pour but de tourner la droite de l'ennemi.

Lorsque nous arrivâmes à portée, l'artillerie française, nombreuse et parfaitement bien servie, fit sur nous un feu très-meurtrier. Les projectiles enfilant nos colonnes et ricochant de division en division, produisaient un affreux ravage dans nos rangs. Aussitôt nos régimens se déployèrent avec la plus grande précision, à l'exception de la réserve et de la brigade du major-général Doyle, qui continuèrent pendant toute la journée à marcher le long de la mer en conservant l'ordre profond.

Dans cet instant l'ennemi espérant profiter des mouvemens nécessaires pour notre passage à l'ordre en bataille, descendit de ses hauteurs pour nous attaquer. Un corps considérable de cavalerie, le 22ᵉ de chasseurs, exécuta avec intrépidité une charge impétueuse sur le 90ᵉ régiment, qui, avec le sang-froid et le courage de vieux vétérans, reçut, sans se rompre, les cavaliers français sur la pointe des baïonnettes; ces derniers, forcés de battre en retraite, essuyèrent, en faisant leur demi-tour, une décharge de mousqueterie qui en étendit un grand nombre sur le champ de bataille.

Les attaques des Français sur tous les autres points de la ligne n'eurent pas plus de succès; elles échouèrent partout. Le 8ᵉ et le 18ᵉ à la droite, et le 13ᵉ au centre de la brigade du major-général Cradock, les reçurent avec un feu si vif et si meurtrier, qu'ils furent forcés de se replier avec précipitation. Le 92ᵉ, qui avait en tête la 66ᵉ demi-brigade, et qui se trouvait en même temps exposé au feu de deux pièces qui tiraient à mitrailles, marcha sans se rompre sur ces pièces, et par un feu bien dirigé et bien nourri força l'ennemi à lui abandonner ces bouches à feu. Le régiment de Dillon, qui marchait le long du canal d'Alexandrie, se conduisit avec une grande intrépidité et repoussa un corps de troupes françaises, après lui avoir fait éprouver une grande perte.

Nous ne pouvions avancer que lentement, et nous étions forcés de faire halte à chaque instant pour attendre notre artillerie, qui, vu le manque de chevaux, était tirée à force de bras et ne pouvait se mouvoir qu'avec beaucoup de travail et de fatigue sur le terrain sablonneux où nous combattions. Pendant ce temps les troupes ennemies se ralliaient et leur artillerie légère se mettant en batterie, nous faisait essuyer un feu meurtrier. Aussitôt que nous nous ébranlions de nouveau, cette artillerie battait en retraite au grand galop et prenait une nouvelle position, d'où elle commençait à tirer sur nous.

Cet engagement dura ainsi jusqu'à onze heures et demie ; alors les Français étonnés de notre courage, que rien ne pouvait ébranler, et vivement pressés par notre feu, continuèrent à se retirer de postes en postes jusques sous les murs d'Alexandrie. Là, ils prirent position sur les collines, et nous nous arrêtâmes dans une longue plaine, située au pied de ces hauteurs.

Les soldats reçurent l'ordre de se reposer sous les armes, et nous restâmes ainsi incertains si on tenterait de forcer cette nouvelle position, extrêmement forte par sa nature et défendue par une artillerie redoutable.

Notre armée, pleine d'ardeur et enflammée par les succès qu'elle venait d'obtenir, montrait la plus vive impatience de marcher en avant ; mais sir Ralph Abercromby reconnaissant que les hauteurs étaient commandées par les forts Cafarelli et Cretin, et qu'il serait par conséquent impossible de les garder, après les avoir prises, jugea inutile de tenter une attaque, qui aurait fait répandre beaucoup de sang, sans qu'on pût en espérer aucun résultat avantageux.

L'ennemi ne supposant pas qu'il pût être forcé, fit venir, des ouvrages adjacens, plusieurs pièces de canon de gros calibre qui nous firent essuyer un feu continuel, auquel nous restâmes exposés sans aucun moyen de riposter. Des files entières étaient à chaque instant enlevées, et les vides que ce feu meurtrier occasionnait dans nos rangs étaient aussitôt remplis.

Vers deux heures et demie les brigades du major-général Cavan et des brigadiers-généraux Stuart et Doyle, établies sur une colline voisine du canal, tentèrent une attaque sur la droite de l'ennemi, et le 44° régiment chargea avec la plus grande intrépidité un corps de troupes françaises placé avec un obusier pour défendre un pont sur le canal : l'ennemi fut promptement délogé ; mais de toutes les collines il fit ensuite sur nos troupes un feu si terrible, qu'elles furent contraintes de se retirer.

Le feu d'environ trente pièces de canon fut dirigé sur cette poignée d'hommes, et le terrain sur lequel ils se trouvaient était tellement sillonné par les boulets, qu'il ressemblait à un champ fraîchement labouré.

Le général en chef décida que l'armée prendrait position sur une partie des collines que l'ennemi avait occupées pendant la nuit précédente, et dont nous l'avions chassé dans la matinée ; en conséquence nos troupes évacuèrent la plaine vers quatre heures et se retirèrent sur ces positions. Les brigades des généraux Coote et Cradock formèrent l'arrière-garde.

Notre perte, dans cette affaire, fut très-considérable, et monta à treize cents hommes tués ou blessés. Les derniers, sur-tout, étaient dignes de compassion, car presque tous étaient atteints par des boulets, et devaient rester nécessairement estropiés et être désormais perdus pour l'Etat. On évalua la perte des Français à sept cents hommes (1). Le général de division Lanusse fut légèrement blessé. Quatre pièces de canon et un obusier restèrent en notre pouvoir.

Nos forces se montaient à quatorze mille

---

(1) Le rapport français porte à 500 hommes la perte du général Friant.

hommes, et celles de l'ennemi à sept mille (1). Mais malgré notre supériorité numérique, nous éprouvions de grands désavantages par notre faiblesse en cavalerie et en artillerie ; et sur ces deux points, l'armée française l'emportait sur la nôtre d'une manière incontestable. Nous ne possédions pas deux cent cinquante cavaliers montés, et leurs chevaux étaient en si mauvais état, qu'ils étaient presqu'incapables de faire le service. Les Français, au contraire, avaient six cents hommes de cavalerie supérieurement montés. En artillerie, ils possédaient quarante pièces de canon, dont la majeure partie était servie par de l'artillerie à cheval ; tandis que le peu de bouches à feu que nous avions étaient traînées, avec la plus grande lenteur et la plus grande difficulté, par nos marins et nos soldats.

Le 14 mars, notre armée occupait la position suivante : La première ligne, composée de la réserve, était un peu en avant sur la droite et s'appuyait à la mer. Les gardes et la brigade

---

(1) Cette évaluation est exagérée : l'armée française, à cette époque, se composait de

3,850 hommes d'infanterie,

520 cavaliers,

21 pièces d'artillerie.

Voyez l'Appendice, n°. VI.

7*

du major-général Coote étaient sur une colline au centre. A la gauche, la brigade du major-général Cradock était formée dans la plaine, à environ deux milles en avant de la position que nous avions occupée pendant la nuit précédente.

La seconde ligne était ainsi composée : à la droite, la brigade du brigadier-général Stuart; au centre, la brigade du brigadier-général Doyle; et à la gauche, la brigade du major-général Cavan. Les cavaliers montés de la réserve étaient placés dans un ravin traversé par la route d'Aboukir, entre la réserve et la brigade des gardes, mais un peu en arrière de ces corps. On acheva, ce jour-là, d'investir le fort d'Aboukir, devant lequel on mit en batterie cinq pièces de 24 et quelques mortiers.

Plusieurs chevaux magnifiques envoyés par le Grand-Seigneur, arrivèrent au camp; sir Ralph Abercromby en offrit un à chacun des officiers-généraux.

Un grand nombre de travailleurs furent employés à élever des ouvrages et à fortifier notre position. Des pièces de canon de gros calibre et une grande quantité de munitions furent débarquées et placées dans les dépôts établis en tête du lac d'Aboukir, à-peu-près à un mille en arrière de nos lignes.

Dans la nuit du 15, l'état eut à regretter la mort du colonel Brice, des gardes de Goldstream. Il était de service pour les rondes de la nuit, et s'étant trompé de chemin, il tomba dans les avant-postes français, où il fut tué par une vedette. Cette perte fut vivement sentie par toute l'armée, mais surtout par les officiers de son régiment, dont il était extrêmement aimé.

Les équipages de camp arrivèrent enfin, mais en petite quantité. Plusieurs corps ne reçurent des tentes qu'à raison d'une pour trente-neuf soldats, bien qu'elles ne soient faites que pour contenir quinze hommes.

Les Arabes, satisfaits de nos dispositions amicales à leur égard, arrivèrent de l'intérieur du pays avec des provisions abondantes et des chevaux. M. Baldwin, autrefois consul anglais à Alexandrie, fut nommé surveillant de ce marché, qui, sans ses efforts, se serait passé avec beaucoup de désordre.

Le 17 mars, le château d'Aboukir, réduit à un monceau de ruines, se rendit à nos troupes (1). Les soldats de la garnison furent faits prisonniers de guerre; mais les officiers

---

(1) *Voyez* à l'Appendice, n°. VII, les articles de la capitulation de ce fort.

conservèrent leurs épées. L'artillerie qu'on trouva dans le fort était remarquablement belle ; presque toutes les pièces étaient en bronze et avaient été transportées en Egypte par les Français. Parmi les bouches à feu dont nous nous étions emparés dans les combats que nous venions de livrer, plusieurs étaient de fabrication turque. Aussitôt après la reddition du fort, le lord Dalhousie rejoignit l'armée avec le régiment de la Reine, qui fut remplacé par le bataillon des marins.

Le 18 mars, vers trois heures du soir, on aperçut un petit corps de cavalerie et d'infanterie françaises qui poussait une reconnaissance le long du canal d'Alexandrie, entre notre gauche et le village de Bedah. Plusieurs Arabes, qui conduisaient des provisions à notre camp, furent tués ou pris par ce corps; en un instant, le peu de cavalerie que nous avions monta à cheval, et se porta au grand galop à la rencontre des Français, qui s'arrêtèrent pour nous recevoir.

Nos cavaliers chargèrent à fond sur ceux de l'ennemi et firent plusieurs prisonniers; mais l'infanterie française, masquée par le revêtement d'une vieille redoute, fit sur eux un feu meurtrier qui les prit en flanc. La cavalerie française, faisant alors volte-face, revint sur nos troupes et fit à son tour quelques prisonniers. Une compagnie du régiment de Minorque accourut pour soutenir notre cavalerie, mais ne put arriver assez à temps pour la secourir efficacement.

Cette malheureuse escarmouche nous coûta trente-trois hommes et quarante-deux chevaux, tués, blessés ou pris. Le colonel Archdall, du 12° de dragons, qui dirigeait l'affaire, y perdit un bras.

Le 19 mars, cinq cents Turcs rejoignirent l'armée. Ils furent débarqués par le vaisseau du capitan-bey et par deux autres bâtimens, qui abordèrent ensemble dans la baie d'Aboukir. On attendait encore, d'un instant à l'autre, cinq ou six mille Turcs, qui devaient arriver avec le capitan-pacha. Ceux qui étaient déjà à terre campèrent près du dépôt; sur chacune de leur tente flottait un petit drapeau, qui offrait toutes les couleurs de l'arc-en-ciel.

Le 92° régiment, qui avait essuyé de grandes pertes à l'affaire du 13, et qui se trouvait réduit à un petit nombre de combattans, reçut l'ordre de tenir garnison à Aboukir, et le bataillon des marins vint le remplacer dans la brigade du major-général Coote.

On faisait différens rapports contradictoires sur les mouvemens du général Menou depuis notre débarquement. Selon les uns, il avait quitté le Caire le 16, et selon d'autres, il était déjà arrivé à Demanhour avec huit mille hommes. On ajouta peu de confiance à ces bruits, et d'ailleurs on ne pouvait raisonnablement craindre qu'il vînt nous attaquer dans notre position, que nous avions fortifiée par deux redoutes qui offraient déjà de grands moyens de défense, quoiqu'elles ne fussent pas entièrement terminées. L'une était placée à notre droite, en avant des ruines du vieux fort de Kasr-Kiasera, ou château de César; elle était armée avec deux pièces de canon de vingt-quatre. L'autre était à notre gauche, près du canal, et n'avait qu'une seule pièce de douze. Le long de la ligne, on avait construit de distance en distance de petits redans, où l'on avait mis en batterie une ou deux bouches à feu.

§. IX.

Bataille d'Alexandrie, du 21 mars.

Le 21, à trois heures et demie, nos troupes étaient sous les armes, lorsque nous entendîmes un feu nourri de mousqueterie qui partait du redan le plus avancé vers notre aile gauche et près du canal. On crut d'abord que ce n'était

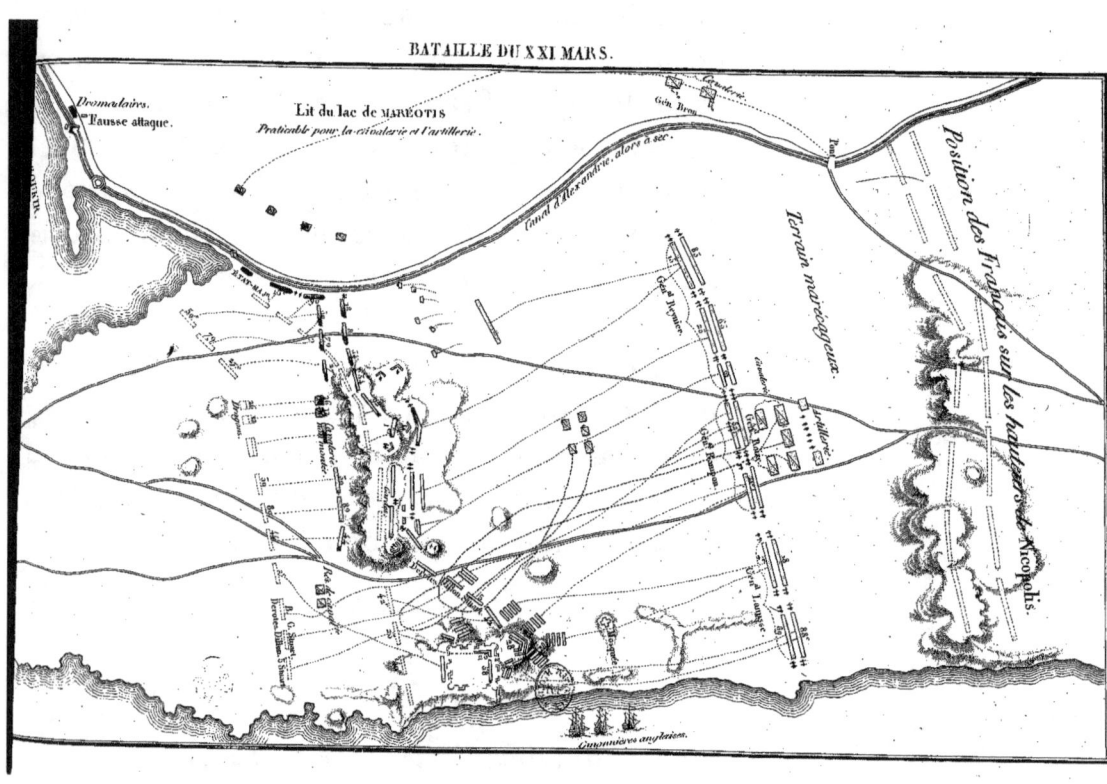

qu'une ruse de la part de l'ennemi, qui cherchait ainsi à fatiguer nos troupes et à éprouver leur vigilance; car nous ignorions encore la jonction de toutes les forces des Français à Alexandrie. Cependant, comme la fusillade se prolongeait, et qu'il s'y mêlait de temps en temps des coups de canon, le brigadier-général Stuart se mit en marche avec sa brigade pour soutenir le point attaqué; mais il s'arrêta en entendant un feu très-vif d'artillerie et de mousqueterie qui commença tout-à-coup sur notre droite.

Dans la fausse attaque qu'il avait faite sur notre gauche, l'ennemi pénétra avec nos sentinelles avancées dans un de nos redans; il tourna aussitôt contre nous la pièce de canon de 12 qui y était en batterie, et il nous avait déjà envoyé un boulet, lorsqu'une redoute placée en arrière dirigea son feu sur ce point, que les Français abandonnèrent promptement, en emmenant avec eux trois officiers, un sergent, et une trentaine d'hommes de la cinquième brigade. Ils laissèrent un officier et quatre soldats tués dans le redan et emportèrent leurs blessés.

Les Français s'imaginant avoir attiré notre attention vers notre gauche, s'étaient rapidement portés en avant avec toutes leurs forces, en chassant aisément nos avant-postes devant eux.

Leur dessein était de tourner et de culbuter, par une attaque subite et vigoureuse, notre réserve, qui par sa position en avant était presque séparée du reste de l'armée. Ce résultat obtenu, leur première opération eût été d'enfoncer notre centre avec toutes leurs forces réunies; et pendant que la fausse attaque devait attirer notre attention vers notre aile gauche, leur cavalerie, sur laquelle ils comptaient beaucoup, devait profiter d'une occasion favorable, et, par une charge impétueuse, nous culbuter dans le lac et terminer le combat par ce coup décisif.

A cet effet, la division du général Lanusse, qui formait l'aile gauche des Français, s'avança avec intrépidité contre notre droite; la brigade du général Sylly marcha droit à la redoute; tandis qu'un autre corps, commandé par le général Valentin, se porta le long du rivage pour pénétrer entre la mer et le vieux fort ruiné.

La brigade du général Sylly s'empara d'un petit redan dans lequel il y avait un canon; mais accablée par le feu meurtrier de la redoute, elle fut contrainte de se retirer. La brigade qui suivait le rivage de la mer, fut arrêtée par le vieux fort, que défendait les 23ᵉ et 58ᵉ régimens et les quatre compagnies de flanqueurs du 40°. La 69° demi-brigade, s'opiniâtrant à vouloir forcer le passage entre la redoute et le vieux fort, fut prise d'enfilade par une pièce de 24 chargée à mitraille, et presque entièrement anéantie. Le reste de ce corps refusa alors de continuer l'attaque ; cependant le général Lanusse, après les plus grands efforts, parvint à en rallier les soldats et à les ramener de nouveau à la charge ; mais ce brave officier, ayant eu la cuisse emportée par un boulet de canon, le plus grand désordre se mit parmi ses troupes, qui se dispersèrent bientôt dans tous les sens.

Le corps du général Sylly ne pouvant franchir le fossé de la redoute, tenta de la tourner ; mais il fut repoussé avec une grande perte par le 28° régiment, qui occupait cet ouvrage.

Pendant que ces opérations se passaient à la droite de notre ligne, la division du général Rampon fit sur notre centre une attaque qui s'étendit vers la gauche jusqu'au 92° régiment. Les Français cherchèrent à déborder la gauche de la brigade des gardes ; mais le 3° régiment des gardes et le royal les accueillirent avec un feu si vif et si meurtrier, qu'ils furent forcés de se retirer après avoir essuyé une grande perte.

La division du général Destaing, engagée dans le ravin, laissant la redoute à sa gauche, voulut s'emparer du vieux fort; mais elle fut reçue avec une telle vigueur par le 42ᵉ régiment, qu'elle se hâta de battre en retraite. Un bataillon de la 21ᵉ demi-brigade s'étant trop avancé, fut entouré, forcé de mettre bas les armes et de se rendre aux 42ᵉ et 58ᵉ régimens.

Se voyant ainsi partout repoussée avec la même opiniâtreté, et jugeant désormais impossible de nous entamer sur aucun point de notre ligne, l'infanterie française prit enfin le parti de se retirer, et se réfugia, dans toutes les directions, derrière les collines.

Dans cette occurrence, le général en chef Menou, trompé dans son attente, se détermina à tenter un coup désespéré pour nous chasser de nos positions. Il commanda donc au général Roize d'exécuter une charge avec toute sa cavalerie, et ordonna au général Reynier de soutenir cette attaque avec les divisions Lanusse, Rampon, Friant et la 85ᵉ demi-brigade. Le général Roize, convaincu en même temps de l'inutilité et des dangers d'une telle entreprise, se fit répéter deux fois cet ordre funeste, et ce n'est qu'après une troisième signification, donnée de la manière la plus positive, qu'il se détermina à obéir.

En conséquence, le 3ᵉ et le 14ᵉ de dragons, [co]nduits par le général Boussart, s'élancent [en] avant avec toute la fureur d'hommes qui [se] voient évidemment sacrifiés ; ils percent à [tr]avers le 42ᵉ régiment, et parviennent jusqu'aux [te]ntes de notre camp, où ils trouvent enfin des [o]bstacles insurmontables. Les chevaux, embar[r]assés dans les cordes, s'abattent, sont presque [t]ous tués ou pris, et la plupart des cavaliers [s]ont forcés de chercher leur salut en fuyant [à] pied (1). Dans cette situation, le régiment [d]e Minorque, accouru pour soutenir le 42ᵉ, [s]e met en bataille dans l'intervalle entre la [r]edoute et les gardes. La seconde ligne de la cavalerie française, composée des 15ᵉ, 18ᵉ et 20ᵉ de dragons, et ayant à sa tête le général Royze, fait une nouvelle charge désespérée sur nos deux régimens. Comme il eût été impossible de soutenir le choc de cette cavalerie, les régimens anglais s'ouvrirent avec le plus grand sang-froid pour la laisser passer,

---

(1) Une circonstance aussi favorable qu'inattendue pour nous contribua aussi beaucoup à mettre en désordre la cavalerie française. Le terrain en arrière du 42ᵉ était rempli de trous d'environ trois ou quatre pieds de profondeur. Ces excavations avaient été faites par le 28ᵉ régiment, qui avait bivouaqué dans cet endroit avant le débarquement des équipages de camp. Les dragons français rencontrant ce terrain dans leurs charges, furent obligés de se rompre, et dès-lors le désordre se mit dans leurs rangs. (*Note de l'auteur.*)

et faisant ensuite demi-tour, firent sur elle une décharge si terrible et si bien ajustée, que la terre fut à l'instant jonchée d'hommes et de chevaux. Les dragons français cherchèrent alors à s'ouvrir un chemin en revenant de nouveau sur nous; mais ils ne purent y réussir, et furent presque tous tués ou blessés dans cette tentative audacieuse, dont le général Roize devint lui-même la victime.

Un drapeau couvert d'emblêmes rappelant les exploits militaires du corps auquel il appartenait, et qui, d'après le rapport du général Reynier, était celui d'un bataillon de la 21ᵉ demi-brigade, tomba au pouvoir du Minorque ou régiment allemand de la Reine. Il fut pris par un soldat nommé Anthony Luz, qui reçut de l'adjudant-général un certificat de cette action d'éclat et une somme de vingt dollars (1). Cet homme ne sachant ni lire, ni écrire, ne put être nommé sergent, grade qu'il eût obtenu sans cela. Dès le commencement de l'affaire, le 42ᵉ avait aussi enlevé un drapeau aux Français; mais malheureusement il fut repris dans la charge impétueuse des dragons, qu'il essuya quelque temps après.

Pendant ce temps, l'infanterie française ne put prêter aucun secours à la cavalerie, et fut

---

(1) Le dollar vaut un peu plus de 5 francs.

constamment exposée au feu de nos batteries, qui lui firent éprouver de grandes pertes. Le général Beaudot fut blessé mortellement. Lorsque les restes de la cavalerie qui avait chargé vinrent se rallier sur les derrières de l'armée ennemie, on ne put retrouver le quart des cavaliers qui avaient été engagés.

C'est à cette époque de la bataille, que le brave sir Ralph Abercromby reçut le coup funeste qui priva l'armée anglaise d'un général distingué et chéri. Il est impossible de connaître précisément le moment où il fut frappé, car il ne laissa échapper aucune plainte, et ne parla à personne de sa blessure, jusqu'au moment où elle fut aperçue par tous ceux qui l'entouraient. Aucune instance ne put même alors le déterminer à quitter le champ de bataille, jusqu'à ce qu'il se fût convaincu par ses propres yeux que l'ennemi battait en retraite.

Pendant tout le temps, la droite de l'armée française resta immobile devant notre gauche; une vive canonnade eut lieu de part et d'autre, et des tirailleurs, répandus devant le front des deux ailes ennemies, firent un feu continuel.

Après le dernier effort de leur cavalerie, les Français restèrent en bataille dans leur position et se contentèrent de faire vivement tirer leur artillerie, à laquelle nous ripostâmes vigoureusement. Notre seconde ligne eut beaucoup à souffrir par cette canonnade; car notre première ligne étant en bataille sur le sommet des collines, l'artillerie française était obligée de pointer sous un angle très-élevé; de sorte que les projectiles retombaient dans les rangs de la seconde ligne, placée derrière les hauteurs. L'ennemi paraissait indécis et semblait délibérer s'il tenterait une nouvelle attaque. Pendant tout le temps que dura ce combat entre le courage et la prudence, leurs troupes furent constamment exposées au feu de nos batteries, qui causèrent des ravages effrayans dans leurs rangs; mais tout-à-coup deux de leurs caissons sautèrent avec une explosion terrible, et dès-lors leur feu commença à faiblir, probablement par suite d'un manque de munitions.

Les choses restèrent dans cet état jusqu'à neuf heures; alors l'ennemi perdant beaucoup de monde en restant dans ses positions, et n'osant plus tenter de nouvelles attaques, commença à se mettre en retraite sous le feu de toute notre artillerie, qui à dix heures avait entièrement cessé. Ainsi se termina la mémorable bataille du 21 mars.

Notre perte fut de quatorze cent soixante-quatre hommes, tant tués que blessés ou pris.

Cette perte est sans doute très-forte ; mais elle est bien légère quand on la compare à celle de l'ennemi, qui dut au moins être de quatre mille hommes ; car le prévôt-maréchal en compta onze cent soixante étendus sur le champ de bataille, sans y comprendre ceux qui étaient morts dans les lignes françaises, et qui, certainement, devaient être en grand nombre. Les généraux Lanusse, Roize et Beaudot furent tués ; les généraux Destin, Sylly, Eppler et plusieurs autres officiers de distinction, furent blessés. On trouva dans le portefeuille du général Roize plusieurs papiers intéressans, dont on peut voir la copie à l'appendice n°. XI. Nous fîmes, en outre, dans cette affaire, deux cent cinquante prisonniers, et deux pièces de canon et un drapeau tombèrent en notre pouvoir.

De notre côté, nous perdîmes le général en chef, qui fut mortellement blessé : le major-général Moore, le brigadier-général Hope, adjudant-général de l'armée, et les brigadiers-généraux Oakes, Lawson, ainsi que sir Sidney Smith, furent blessés (1).

---

(1) L'effectif des forces anglaises qui se trouvèrent présentes à cette affaire mémorable, fut de près de douze mille hommes. L'armée des Français, d'après les renseignemens les plus exacts qu'on put se procurer, ne dut pas compter moins de douze à treize mille combattans, composés de

Des chaloupes canonnières, qui manœuvraient à notre droite sous le commandement du capitaine de vaisseau Maitland, rendirent de très-grands services, et firent éprouver de fortes pertes aux troupes françaises placées derrière les collines.

Dans cette affaire, nous éprouvâmes pendant quelque temps le plus grand besoin de munitions : un grand nombre de bouches à feu n'avaient plus qu'un seul coup à tirer, et plusieurs régimens se trouvaient aussi presque totalement dépourvus de cartouches. Cette circons-

---

soldats exercés et aguerris, sans y comprendre l'artillerie (*).

L'effectif des Anglais, le 7 mars, ainsi qu'on peut le vérifier par les notes officielles placées à l'Appendice, était de . . . . 14,697 hommes,
Dont il faut déduire :
Perdus le 8 mars. 666
  id. le 13 1129
  id. le 18. 13
Employés à différens services et non-combattans. 550
Malades ou convalescens. . 600
⎱ 2,958

Restant donc à l'effectif dans la bataille du 21 mars. . . . . . 11,739 combattans.

(*Note de l'auteur.*)

(*) L'armée française ne comptait que 8330 hom. d'infanterie.
                                        1380 id. de cavalerie.
                                        ─────
Total. . . . . . 9740 h. et 46 bouc. à feu.
(*Note du traducteur.*)
Voyez le détail de ces forces, à l'Appendice, n°. X.

tance, si défavorable, fut occasionnée par le manque de moyens de transport, et sans elle la perte de l'ennemi eût été beaucoup plus considérable.

Comme le général Menou avait principalement fondé ses espérances sur la destruction subite de notre aile droite et sur la consternation que cette destruction aurait répandue dans le reste de l'armée, il avait préféré s'avancer à la faveur des ombres de la nuit, afin de s'approcher de nos positions sans être vu, et éviter ainsi le feu meurtrier de nos retranchemens et de nos chaloupes canonnières. En effet, l'attaque avait été pour nous aussi subite qu'inattendue, et les conséquences en eussent été probablement fort sérieuses, si le général français avait attendu que l'attaque sur notre gauche eût produit tout son effet; car le régiment de Minorque et le reste de la brigade du général Stuart, qui rendirent ensuite de si grands services lorsque la droite fut attaquée, s'étaient déjà mis en marche pour secourir le point menacé.

Pendant tout le temps que dura le combat, les cinq cents Turcs restèrent sur les derrières de l'armée; mais lorsque le danger fut passé, ils se montrèrent, avec toutes leurs bannières déployées, sur une petite colline située à hauteur de notre front de bataille. Environ deux cents Arabes bédouins à cheval, traversant l'ancien lit du lac de Maréotis, vinrent se joindre à notre armée avant que le feu eût entièrement cessé, et nous exprimèrent la joie que leur faisait éprouver la défaite des Français. (1)

Le terrain en avant de nous, et même dans nos lignes, était jonché de cadavres français que les Turcs et les Arabes se montraient très-impatiens de mutiler et de dépouiller, ce que nous ne leur permîmes pas de faire. Avant la nuit, presque tous les morts qui se trouvaient dans nos lignes furent enterrés; mais il n'en fut pas ainsi dans les positions occupées par les troupes

---

(1) L'auteur cherche à insinuer que les Français avaient encouru la haine des habitans partout où ils avaient porté leurs conquêtes. Il est probable que les Arabes haïssaient également tous les étrangers, tous les chrétiens, les Anglais comme les Français, et qu'ils les voyaient avec plaisir s'entr'égorger sous leurs yeux. On ne peut d'ailleurs juger de ce que pensaient les Bédouins, d'après les témoignages d'amitié qu'ils donnèrent aux Anglais. Lorsque Bonaparte débarqua en Egypte, on vit aussi un grand nombre de Bédouins, revêtus de leur longues robes blanches, qui recouvrent jusqu'à leur tête, venir à Alexandrie, au nom de diverses tribus, et jurer paix et alliance avec nous. Le lendemain, les Français n'en étaient pas moins pillés lorsqu'ils traversaient isolément le désert. La véritable cause qui rapprocha les Bédouins des Anglais, c'est, comme l'auteur le dit lui-même, le désir de piller ceux qui auraient succombé dans le combat. (A.)

françaises, où un grand nombre d'hommes, de chevaux et de chameaux morts, furent abandonnés et empestèrent l'air de leurs exhalaisons infectes.

Lorsque sir Ralph Abercromby eut vu les ennemis en retraite, il voulut monter à cheval ; mais sa blessure, qui avait été pansée sur le champ de bataille par un chirurgien adjoint des gardes, devint excessivement douloureuse. Il se vit à regret forcé de se laisser mettre dans une litière, qui le conduisit dans une chaloupe, d'où il fut ensuite transporté à bord du *Foudroyant*. Lord Keith l'y reçut avec tous les témoignages d'une vive affection, et il fut entouré de tous les soins et de toutes les attentions que réclamait son état.

Le malheureux événement qui menaçait de nous enlever notre illustre général, joint aux regrets que nous faisait éprouver la mort d'un si grand nombre de braves officiers et soldats, contribuèrent à tempérer la joie que nous eût fait éprouver la brillante victoire que nous venions de remporter.

Comme on pouvait, avec quelque raison, craindre que les Français ne renouvelassent leurs attaques pendant la nuit, nos troupes restèrent sous les armes, et le service des avant-postes redoubla de vigilance jusqu'au lendemain matin. Si l'ennemi nous avait attaqués, il aurait rencontré plus d'obstacles que la première fois, car on avait ajouté aux pièces déjà en batterie deux canons de 24, qu'on avait placés sur une éminence en arrière du 3ᵉ régiment des gardes. On avait aussi amené du dépôt une grande quantité de munitions de toutes espèces, dont l'armée était alors abondamment pourvue, et la position qu'elle occupait avait été rendue encore plus forte par des trous de loup, des coupures, etc.

Le 25 mars, le capitan-pacha arriva dans la baie d'Aboukir avec cinq vaisseaux de ligne et environ six mille Turcs ou Albanais. Nous reçûmes avec plaisir cette première preuve de l'assistance de nos alliés; mais le grand-visir n'avait pas encore traversé le désert, et paraissait disposé à ne nous aider que très-lentement de ce côté. Tous les vaisseaux de ligne, à l'exception de celui du lord Keith, se préparèrent ce jour-là à se disperser en croisière.

Le 29, nous reçûmes la nouvelle de la mort de sir Ralph Abercromby. Il avait été enlevé à l'amour de son armée, la veille, à onze heures du soir. La blessure qu'il avait reçue dans l'affaire du 21 ayant été suivie de fièvre et d'inflammation, nous perdîmes ce brave et digne général au moment où nous avions le plus grand besoin de ses talens. La balle, qui l'avait atteint au haut de la cuisse, avait pénétré jusqu'à l'aîne et s'était logée dans l'os, de manière à ne pouvoir plus en être extraite.

Dans l'affaire du 13 mars, sir Abercromby avait eu la cuisse froissée par une balle et avait eu un cheval tué sous lui. Le 21, lorsqu'il reçut la blessure dont il mourut, il se trouvait au milieu des ennemis et combattait corps à corps contre un officier de dragons, qui fut tué d'un coup de fusil tiré par un caporal du 42°. Le sabre de cet officier, qui venait de passer entre le bras et le flanc de sir Ralph, resta entre les mains du général au moment où le Français tomba.

Pendant les sept jours qui s'écoulèrent depuis le moment où il fut frappé jusqu'à celui de sa mort, le général Abercromby dut éprouver les souffrances les plus cruelles; cependant il ne laissa jamais échapper ni la moindre plainte, ni le plus léger soupir, et fut constamment un exemple de patience et de courage. Il ne parlait à ceux qui l'entouraient que de la bravoure et de la conduite héroïque de son armée, qu'il prétendait ne pouvoir assez admirer.

Le guerrier qui servit son pays dans toutes les parties du monde; le général qui montra toujours pour ses troupes une tendresse paternelle, et qui dans toutes les circonstances partagea leurs privations et leurs périls comme un simple soldat ; le brave couvert de gloire, qui, dans l'âge où il pouvait honorablement se retirer du théâtre des dangers, se présente à l'appel de la patrie avec l'ardente valeur de la jeunesse et l'expérience du vétéran blanchi dans les combats ; celui dont l'existence fut l'objet des vœux publics, et la mort une calamité générale, est au-dessus des phrases banales des panégyristes : et tel fut sir Ralph Abercromby, qui, mort pour son pays, vivra à jamais dans la mémoire de ses concitoyens.

Le commandement de l'armée échut alors au major-général Hutchinson.

§. X.

Suites de la bataille d'Aboukir.

Depuis notre victoire sur les Français, nous eûmes en abondance des provisions de toutes les sortes, telles que des moutons, de la volaille, des œufs ; ces objets étaient, à la vérité, d'une petite espèce, mais à très-bas prix. Un mouton coûtait de dix à treize schellings.

Le 2 avril, à midi, nos troupes prirent les armes pour recevoir le capitan-pacha. Il parcourut le front de notre armée, accompagné par le major-général Hutchinson et par une suite nombreuse d'hommes vêtus avec toute la magnificence orientale et montés sur de superbes chevaux richement caparaçonnés. Le pacha traversa nos rangs sans laisser entrevoir le moindre signe de satisfaction ou d'étonnement sur la tenue de nos soldats, dont l'air fatigué et le costume simple formaient un contraste frappant avec les broderies d'or et d'argent qu'on voyait briller autour de lui. Il fut salué à son arrivée et à son départ par vingt et un coups de canon.

Plusieurs soldats ennemis, qui n'attendaient qu'une occasion favorable pour déserter, arrivèrent à notre camp. Afin de favoriser ce mouvement, nous doublâmes nos vedettes. Un mameluck déserta aussi de l'armée française, le capitan pacha lui fit présent d'une bourse remplie de sequins.

Le jour suivant, le temps fut insupportable; le vent, qui s'était élevé avec violence, portait droit à nous le sable du rivage, qui pénétrait dans nos yeux et nous incommodait beaucoup. C'était un désagrément que nous n'avions pas encore essuyé, et que nous éprouvâmes fréquemment dans la suite de notre séjour en Egypte : c'est sans doute à cette cause qu'on doit attribuer les ophthalmies qui affligèrent un grand nombre de nos soldats, et qui coûtèrent la vue à plusieurs d'entre eux ; heureusement quelques-uns la recouvrèrent après leur retour en Angleterre.

Le général Hutchinson reconnaissant que la possession de Rosette nous procurerait de grands avantages en nous ouvrant la navigation du Nil et en assurant par là les approvisionnemens de notre armée, résolut de se rendre maître de cette place. A cet effet, il détacha le colonel Spencer du 5ᵉ, avec quatre mille Turcs, le 58ᵉ régiment, les quatre compagnies de flanqueurs du 40ᵉ, trente cavaliers montés des dragons de Hompesch et trois pièces de canon. La violence du vent et le mauvais temps empêchèrent le colonel Spencer de quitter Aboukir avant le 6; le corps de troupes qu'il commandait, et qui fut ce jour-là renforcé par le régiment de la Reine, formait environ cinq mille hommes, dont quatre mille Turcs et mille Anglais. Il traversa le lac d'Aboukir à son ouverture, et campa près du village d'Edko.

On conçut de grandes espérances sur cette diversion, qui forcerait l'ennemi à diviser ses forces; division que ses dernières pertes lui rendaient presqu'impossible.

Trois dragons d'Hompesch, placés en vedette, passèrent successivement à l'ennemi en trois jours consécutifs. C'était un exemple très-dangereux, surtout en considérant que nous avions une brigade entièrement composée d'étrangers, dont la plus grande partie était des déserteurs. On ne pouvait douter que l'ennemi ne tentât tous les moyens qui étaient en son pouvoir, pour débaucher les hommes de cette brigade; c'est pourquoi le général Hutchinson, afin d'arrêter le mal à sa racine, ordonna que le corps des dragons d'Hompesch serait mis à pied et envoyé sur les derrières pour faire le service à Aboukir. La prudence rendit nécessaire cette mesure, qui parut rigoureuse aux officiers et aux soldats de ce régiment, qui s'étaient toujours conduits avec bravoure dans les affaires qui venaient d'avoir lieu.

Le colonel Cameron, du 79ᵉ, fut envoyé, le 9, avec deux cents hommes d'infanterie et cinquante cavaliers, pour pousser une reconnaissance le long du canal. Il pénétra jusqu'à Bedah, sans rencontrer la moindre résistance. Avant cette mesure, on nous avait entièrement coupé les vivres que nous recevions des Arabes, et depuis trois ou quatre jours ceux-ci n'arrivaient plus au camp.

Le 10, le second bataillon du Royal partit du camp pour aller rejoindre le corps du colonel Spencer.

Le général Hutchinson ayant résolu de porter le théâtre de ses opérations du côté de Rosette, il devint nécessaire de fortifier davantage notre position d'Alexandrie; car l'armée devait, sur ce point, se tenir, autant que possible, sur la défensive. Pour atteindre à ce but, rien ne pouvait être plus efficace, que de conduire les eaux du lac d'Aboukir dans le lit desséché du lac de Maréotis. En effet, il devenait dès-lors impossible de tourner notre gauche, et nos chaloupes canonnières, en naviguant de ce côté, pouvaient causer de grands dommages à l'ennemi. Ainsi donc, après avoir fait prendre le niveau du lac de Maréotis, on trouva qu'il était de dix pieds au-dessous de celui du lac d'Aboukir ; de sorte qu'en faisant des coupures à travers le canal d'Alexandrie, qui formait la seule séparation qui existât entre les deux lacs, il était évident que l'eau s'écoulerait en abondance dans celui de Maréotis.

En conséquence, on disposa, le 12, des corps de travailleurs chargés de faire des coupures à travers le canal d'Alexandrie, et le 13, à la grande satisfaction de toute l'armée, l'eau se précipita avec impétuosité à travers sept passages qu'on avait ouverts à ce dessein (1). Les courans occasionnés par les flots de la mer, qui se précipitaient à travers ces coupures, étaient si violens, que non-seulement ils enlevèrent tout ce qui se trouvait sur leur passage, mais qu'ils culbutèrent encore et unirent entre elles quatre des sept coupures qu'on avait pratiquées pour leur écoulement. Cet accident donna lieu à une ouverture trop large pour qu'on pût y établir un pont, et il fallut assurer les communications des deux rives au moyen de bateaux qui transportaient dans le camp les Arabes qui arrivaient avec des provisions.

---

(1) Ce travail n'a que trop bien réussi pour le malheur des habitans de la contrée. Les terres de trente ou quarante villages furent pour jamais ensevelies sous les eaux. L'histoire offre peu d'exemples d'une opération aussi désastreuse. (A.)

Le 18ᵉ et le 19ᵉ régiment partirent pour renforcer le colonel Spencer devant Rosette.

Le 14, nos troupes entrèrent dans Rosette sans opposition; les deux bataillons français qui formaient la garnison de cette ville l'avaient abandonnée et s'étaient retirés vers Fouah en traversant le Nil.

Le fort Julien (1), situé au-dessous de la ville, près de la bouche du Nil, fut ainsi livré à ses propres forces. Plusieurs chaloupes canonnières françaises, stationnées à l'entrée du fleuve, se retirèrent à notre approche et se réfugièrent sous les murs du fort, dont le siége fut confié au régiment de la Reine, commandé par lord Dalhousie. Les canonnières anglaises et turques ayant pénétré dans le fleuve, commencèrent un feu très-vif sur celles des Français, dont trois furent coulées à fond et une sauta. Le 30ᵉ et le 89ᵉ arrivèrent le 17 à Rosette, et le lendemain furent suivis par le 8ᵉ et le 79ᵉ, sous les ordres du major-général Cradock et du brigadier-général Doyle. Jusqu'à l'arrivée de ces officiers-généraux, le colonel Spencer avait eu sous ses

---

(1) Ce fort porte le nom d'un aide-de-camp du général Bonaparte, qui fut tué, dit-on, en venant apporter à la flotte française l'ordre d'entrer dans le port d'Alexandrie, opération qui était jugée possible par tous les marins, et qui aurait prévenu les désastres d'Aboukir. (A.)

ordres un corps de troupes très-considérable, campé sur les hauteurs d'Aboumandour, et qui poussait avec vigueur le siége du fort Julien. Ce fort se rendit le 19, après avoir fait une défense très-valeureuse, et capitula dans les mêmes termes que le fort d'Aboukir. La garnison, composée d'environ trois cents hommes, pour la plupart invalides, avaient eu quarante et un hommes tués ou blessés. Ce siége nous coûta un lieutenant et deux soldats du régiment de la Reine. Le capitan-pacha, qui assista à cette opération, déploya une grande activité.

Le contre-amiral sir John Borlasc Warren, avec sept vaisseaux de ligne, joignit, le 22, lord Keith devant Alexandrie. Cette flotte avait poursuivi celle de l'amiral français Gantheaume, qui lui avait échappé dans un brouillard. Notre flotte consistait à cette époque en dix-huit vaisseaux de ligne, y compris trois turcs, sous les ordres du capitan-bey.

Le 24 avril, le major-général Hutchinson quitta le camp pour prendre le commandement de la partie de l'armée qui se trouvait réunie près de El Hamed. Le lieutenant-colonel Anstruther, quartier-maître-général, l'avait précédé dans cet endroit. Aussitôt que le major-général y fut arrivé, il se détermina à attaquer le corps français du général Lagrange, qui occupait une position fortement retranchée en avant du village d'Elaft.

Le major-général Coote reçut le commandement des troupes laissées dans le camp devant Alexandrie. Il établit son quartier-général près la redoute n°. 5 (1). Cette redoute, construite sur une éminence, commandait tout le camp. Elle fut considérablement augmentée et fortifiée, et le général Coote prit toutes les mesures nécessaires, afin de suppléer par la vigilance à ce qui lui manquait du côté du nombre ; car le 50ᵉ et le 92ᵉ régiment ayant rejoint le corps du général Hutchinson, il ne restait pas plus de six mille hommes dans la péninsule, et il était par conséquent nécessaire de rendre cette position aussi forte que possible ; ce qu'on fit sans perdre de temps.

A cette époque, la violence des courans qui se précipitaient dans le lac Maréotis devint plus grande que jamais; ils étaient si impétueux, qu'ils emportèrent de larges parties de l'encaissement du canal (2), et causèrent une inondation qui

---

(1) On avait donné aux redoutes des numéros, à partir de celle qui était la plus voisine de la mer.

(*Note de l'auteur.*)

(2) Le canal d'Alexandrie fut creusé pour conduire les eaux qu'il recevait du Nil, un peu au-dessous de Ramanieh,

se prolongeait à l'ouest aussi loin que la vue pouvait s'étendre. Les eaux baissaient par conséquent dans le lac d'Aboukir, à mesure qu'elles se jetaient dans celui de Maréotis, jusqu'à ce qu'elles eussent reçu un nouvel accroissement

---

dans de vastes citernes qui existent encore sous les ruines de l'ancienne Alexandrie.

Il a environ sept pieds de largeur ; il était revêtu entièrement en maçonnerie, qu'on aperçoit à peine maintenant, à cause du limon que le Nil y dépose chaque année, et que les indolens habitans de l'Egypte moderne ne se donnent jamais la peine d'enlever. Ainsi ce canal si commode, et qui offrait autrefois une communication si avantageuse entre le Nil et la Méditerranée, a cessé d'être navigable, et on est actuellement forcé de transporter tous les objets, d'un de ces points à l'autre, dans des bâtimens qui sont obligés de faire un long circuit et de s'exposer aux hasards de la mer et au dangereux passage du *Boghaz* ou de la barre de Rosette.

Ce canal est probablement détruit pour toujours par les coupures que nous y avons faites pour conduire les eaux du lac d'Aboukir dans celui de Maréotis, coupures que la violence du courant a rendues tellement larges, qu'on ne doit pas s'attendre à ce que les apathiques Turcs essaient jamais de réparer ces dégradations ; de sorte qu'Alexandrie ne possèdera plus l'avantage d'être approvisionnée par le Nil. La ville n'éprouvera cependant pas pour cela une disette d'eau, car dans l'endroit où nous étions campés, ainsi que dans toute la péninsule, on peut, en creusant des puits, s'en procurer en abondance. C'est de cette manière que nous en fûmes toujours pourvus, même pendant les temps les plus chauds et les plus secs. (*Note de l'auteur.*)

de la mer; de sorte que nos bâtimens se trouvaient à chaque instant à sec.

Dans la nuit du 28, nous essuyâmes une forte tempête, accompagnée de tonnerre et d'éclairs et d'une pluie abondante.

Le 3 mai, sir Sidney Smith arriva de Rosette à notre camp. Il avait été employé de ce côté depuis le commencement des opérations du colonel Spencer. Il manifesta l'intention de nous quitter pour retourner à bord de son vaisseau, et le bruit de son départ excita un regret général dans l'armée.

Un courrier arabe arriva ce jour-là avec des dépêches pour sir Sidney Smith, de la part de Osman bey Tambourgi, chef actuel des Mamelucks : elles annonçaient la mort du célèbre Mourad-bey. Ce guerrier était en route pour nous rejoindre, lorsqu'il fut atteint de la peste. Il était d'un caractère franc, sincère et généreux. Forcé de faire la paix avec les Français, il leur avoua que la seule raison qui pouvait le déterminer à traiter avec eux, était l'impossibilité où il se trouvait de continuer plus longtemps la guerre. Aussitôt qu'il put secouer leur joug, il se déclara en notre faveur (1). Sa mort était un événement malheu-

---

(1) Ce passage sur la conduite de Mourad-Bey est en

eux pour nous ; mais son successeur paraissait disposé à suivre son exemple et à nous assister par tous les moyens en son pouvoir.

contradiction avec ce que tous les auteurs français ont écrit sur la fin de ce célèbre chef des mamelucks.

Mourad-Bey, fidèle à son traité avec Kléber, avait fait prévenir le général Menou des projets des Anglais et des Turcs, dont il avait été instruit par les mamelucks d'Ibrahim-Bey, avec lesquels Kléber l'avait autorisé à correspondre. Menou reçut très-mal l'envoyé de Mourad et dédaigna ses avis. Cependant Mourad, qui portait une haine implacable aux Turcs, et qui redoutait leur vengeance, descendait de la Haute-Égypte pour unir ses forces à celles du général Béliard. Malheureusement une peste horrible ravageait alors le pays qu'il devait traverser. Les mamelucks en étaient atteints et ne pouvaient opérer leur mouvement qu'avec lenteur. Sur ces entrefaites, les nouvelles que Mourad-Bey reçut des revers des Français, en qui il avait placé toutes ses espérances, lui causèrent un chagrin violent qui ébranla sa santé : il leur témoigna cependant un attachement toujours égal ; et même, à l'époque de sa mort, il préparait pour eux des envois de grains, dont il savait qu'ils manquaient. Il fut attaqué de la peste à Benissonef, où il mourut le 22 avril.

Les Français et les Mamelucks sentirent vivement cette perte ; les circonstances ne permettant pas de transporter son corps au tombeau des Mamelucks, où ses compagnons d'armes avaient désigné sa place près d'Ali-bey, il fut inhumé à Saouaghi, près de Tahta. Les Mamelucks brisèrent ses armes sur sa tombe, déclarant qu'aucun d'eux n'était digne de les porter, et rendirent ainsi le plus bel hommage à sa bravoure.

(*Note du traducteur*, extraite des ouvrages du général Reynier et de MM. Martin et Miot.)

Le 5 mai, la division campée à El-Hamed et commandée par le major-général Hutchinson, se porta en avant en deux colonnes : celle de droite suivit les bords du lac Edko, sous les ordres du major-général Cradock ; celle de gauche, commandée par le brigadier-général Doyle, marcha sur la route qui borde le Nil.

Ces deux colonnes s'arrêtèrent et prirent position au nord du village de Derout. Le corps turc, commandé par le capitan-pacha, campa le long d'un canal, à deux milles en avant ; le terrain situé entre lui et nos troupes était tel, qu'il eût été difficile de marcher à son secours, si les Français l'eussent attaqué dans cet endroit.

Le colonel Stewart, du 89° régiment, fut envoyé sur l'autre rive du Nil avec son bataillon et douze cents Albanais, et reçut l'ordre de se tenir sur cette rive à hauteur de notre corps d'armée. Le but de cette mesure était d'empêcher l'ennemi de passer à Fouah avec quelques hommes, pour inquiéter notre flanc, et nos chaloupes canonnières, dont une cinquantaine, tant turques qu'anglaises, depuis la prise du fort Julien, avaient descendu le Nil, et suivaient sur le fleuve les mouvemens de notre aile gauche.

En conséquence de la retraite de l'ennemi,

l'armée fit, le 7, un mouvement en avant sur Elaft.

Il paraît que les Français avaient mis beaucoup de soin à se fortifier dans cette position, car nous y trouvâmes un grand nombre de redoutes, de batteries, et un camp régulièrement retranché. Cette position était, en effet, très-forte, car bien que la gauche en parût ouverte, cependant, de ce côté, le terrain environnant était tellement coupé par des canaux, qu'il eût été très-difficile de vouloir tourner ce point, qui était, d'ailleurs, défendu par des batteries. La droite était protégée par un grand nombre de chaloupes canonnières et de djermes. Une batterie de quatre pièces de canon avait été établie sur une petite île qui partageait le cours du fleuve en deux. Cette batterie commandait celui de ces deux cours qu'on avait laissé libre à la navigation, et on avait fermé l'autre, au moyen de bâtimens qu'on avait coulés à fond. Enfin le front de cette position redoutable était couvert par un canal profond, dont les bords étaient très-escarpés.

Telle était la position que les Français abandonnèrent dans la nuit du 6 mai, emportant avec eux tout ce qu'ils possédaient, à l'exception de treize djermes chargées de riz et de munitions, dont la colonne du colonel Stewart coupa la retraite. Quelques Albanais s'étant emparés de cinq malheureux soldats français, les massacrèrent impitoyablement, leur coupèrent la tête et rapportèrent au camp ces affreux trophées, afin d'obtenir la récompense de leur barbarie, car les généraux turcs distribuent aux soldats une certaine somme d'argent pour les têtes ou les oreilles d'ennemis, qui leur sont présentées.

Le général Lagrange se retira sur Rahmanieh avec son corps composé d'environ quatre mille cinq cents hommes, dont neuf cents étaient l'élite de la cavalerie française.

L'inondation du lac de Maréotis ayant à-peu-près atteint le niveau du lac d'Aboukir, et les courans s'étant par conséquent ralentis, le major-général Coote, désirant à-la-fois assurer la force de sa position et incommoder l'ennemi, fit placer six chaloupes canonnières dans ce nouveau lac. Sir Sidney Smith, qui était encore parmi nous, offrit d'accompagner le lieutenant-colonel Dunkan pour reconnaître l'étendue et la hauteur de l'inondation.

Ils trouvèrent qu'elle s'était principalement étendue à l'ouest de Marabout. La profondeur moyenne était de cinq pieds, et dans la moitié des endroits l'eau s'élevait à huit pieds. Plusieurs petites îles se montraient encore à la surface des eaux; mais l'inondation les couvrait peu-à-peu, et devait sans doute finir par les engloutir entièrement. Une de ces îles, plus vaste que les autres, et située près de la côte à l'ouest d'Alexandrie, avait été fortifiée par les Français, qui y avaient placé quelques pièces de canon et la nommaient *l'île Mariout*.

Alexandrie vit ainsi ses communications avec l'intérieur coupées de tous côtés, à l'exception de celle par le désert situé à l'est de la ville; de sorte que la route qu'on était obligé de prendre pour aller de cette place à Demanhour était très-longue et sur-tout très-fatigante, à cause de la disette d'eau qu'on y éprouvait.

Le major-général Coote désirait vivement se mettre en rapport avec le général Hutchinson, en poussant le long du canal une reconnaissance avec un fort détachement de cavalerie; mais pour réaliser ce projet, il ne lui restait pas un assez grand nombre de dragons montés. Les officiers de la division furent au-devant de ses désirs, et lui offrirent leurs chevaux avec un zèle digne d'éloge: cette proposition fut reçue avec reconnaissance par le major-général. Ce secours ayant suffi pour faire remplacer les cavaliers employés aux avant-postes du camp, on envoya à la découverte une patrouille de cent dragons, soutenu par une pièce de canon de 3. Ils commencèrent à traverser le lac à sept heures du soir; mais on ne put les débarquer tous sur l'autre rive avant trois heures du matin.

Le major Moore, du 26ᵉ de dragons, commandait ce détachement, que j'accompagnai. A six heures et demie nous revînmes au camp, sans avoir découvert ni l'ennemi, ni les patrouilles que le général Hutchinson devait envoyer à notre rencontre. Trois cents hommes, pris dans les compagnies de flanqueurs, furent détachés pour secourir notre cavalerie, si elle venait à être repoussée, et prirent position à Bedah (1).

Un immense convoi français, escorté par cent hommes et une pièce de 4, avait passé la veille par Birket pour se rendre à Alexandrie.

Le 9 mai, le major-général Hutchinson marcha sur Elaft à la rencontre de l'ennemi, qui était en bataille près du fort de Rahmanieh, derrière le canal d'Alexandrie, qui se trouvait ainsi devant le front de son armée. Sa cavalerie était à l'aile droite et s'appuyait au Nil; l'aile gauche était protégée par un petit fort, armé de quatre pièces de canon.

---

(1) *Voyez* à l'Appendice, nº. XII, le rapport de cette reconnaissance.

Le détachement sous les ordres du colonel Stewart se mit en marche à cinq heures du matin pour attaquer les Français, postés à Dessoug, tandis que le corps principal de l'armée devait les attaquer à Rahmanieh. Vers six heures, il aperçut sur la rive opposée du Nil un parti ennemi, fort de quarante cavaliers, qui vinrent pour reconnaître sa force. Les Français envoyèrent ensuite un détachement de trois cents hommes, composé de grenadiers, d'artillerie légère et de cavalerie, pour attaquer le 89º régiment, qui était la seule force que le colonel Stewart eût alors à sa disposition ; car les Turcs n'étaient pas encore en ligne. Dans cette circonstance, le colonel Stewart fit halte, pour attendre le secours des chaloupes canonnières commandées par le capitaine Curry. Les Albanais arrivant en ce moment, il s'engagea entre eux et les Français une escarmouche, pendant laquelle lord Blaney manœuvra avec le 89º de manière à couper aux ennemis toute retraite vers leurs bâtimens ; mais les Français devinant son intention, tournèrent tous leurs feux vers ce corps. Le colonel Stewart fit alors avancer son artillerie, qui, soutenue par le 89º, gagna les derrières de l'ennemi. L'action devint alors très-chaude, et les Français parvinrent à sauver leurs bâtimens au moyen de deux batteries placées dans une petite île située à une portée de fusil de nos troupes, et qui firent sur elles un feu très-vif. Ils réussirent ainsi à effectuer leur retraite. Nous perdîmes dans cet engagement une canonnière, qui fut coulée à fond, un lieutenant, et plusieurs hommes qui furent tués; mais les canonnières françaises furent forcées de rétrograder sur Rahmanieh, après en avoir perdu une coulée à fond, et en laissant en notre pouvoir soixante-treize grandes djermes chargées d'approvisionnemens. La fusillade recommença par intervalles pendant la nuit, et une autre canonnière française ayant voulu passer tomba en notre pouvoir. Elle avait à bord une grande quantité de poudre.

Pendant que cet engagement se passait sur la rive gauche du Nil, la cavalerie française s'étant, vers midi, avancée sur notre corps d'armée, fit halte et se forma en bataille sur la rive droite.

Les Turcs formaient notre gauche; la brigade du major-général Cradock était à la droite; la réserve, commandée par le colonel Spencer, et la brigade du brigadier-général Doyle furent mises en seconde ligne. Les Turcs se trouvaient un peu plus en avant et dépassaient l'alignement de la brigade du général Cradock. La cavalerie anglaise se rangea en bataille en avant de l'aile droite; la cavalerie turque en avant du centre,

L'armée s'avança dans cet ordre. La cavalerie turque contint d'abord avec fermeté les cavaliers ennemis placés aux avant-postes; mais les Français ayant mis en batterie une pièce de canon, les Turcs firent demi-tour aussitôt après les premières décharges, et il fut impossible de les ramener en ligne pendant tout le reste de la journée. En général, les Turcs ne peuvent tenir contre une canonnade un peu vive, et ils ont une aversion invincible pour une artillerie bien servie. A la gauche, les tirailleurs français, répandus devant le front des Turcs, les tinrent pendant longtemps en échec, mais ne purent cependant les empêcher de gagner du terrain. Les troupes anglaises, qui formaient la droite, ne se mirent en mouvement que pour s'emparer du canal d'Alexandrie, que l'ennemi avait évacué; elles demeurèrent dans cette nouvelle position jusqu'au soir. A cet instant, un corps français ayant mis en désordre la ligne des Turcs, les brigades du major-général Cradock et du brigadier-général Doyle furent obligées de marcher vers la gauche pour couvrir la retraite de cette aile.

La nuit fit cesser le feu de part et d'autre. Notre perte se réduisit à une vingtaine d'hommes tués ou blessés; celle de l'ennemi, quoique légère, fut cependant plus considérable que la nôtre.

Ainsi se termina l'affaire de Rahmanieh, qui fut peut-être plus qu'une escarmouche, mais à laquelle on ne peut cependant donner le nom de bataille.

Pendant la nuit, l'ennemi, convaincu de l'impossibilité où il était de conserver sa position devant des forces aussi supérieures que celles que nous avions déployées, et craignant, en outre, d'être pris en queue par nos chaloupes canonnières, se replia en toute hâte sur le Caire, en abandonnant plusieurs djermes chargées de provisions, qui tombèrent entre nos mains.

Une centaine de soldats français, qui avaient été laissés, avec des malades et des invalides, dans le fort de Rahmanieh, capitulèrent le lendemain. (1)

Comme on avait de fortes raisons pour redouter encore les effets de la peste qui dernièrement avait ravagé Rahmanieh, le général Hutchinson ordonna qu'on établît un cordon de sentinelles autour de cette place pour empêcher qu'aucun soldat n'y pénétrât. On ne mit que des Turcs en garnison dans Rahmanieh et Demanhour.

L'armée se mit, le 11 mai, en marche sur Shibraghite, village situé sur les bords du Nil,

---

(1) *Voyez* la capitulation, à l'Appendice, n°. XIII.

à environ douze milles au-dessus de Rahmanieh. Le colonel Spencer marcha à notre hauteur sur la rive opposée, et campa à Mehallet-Dye.

Afin de pouvoir accélérer sa marche en poursuivant le général Lagrange, le général Hutchinson ordonna que les sacs des soldats seraient transportés dans des djermes. Le 12 mai, il atteignit Kafr-Hudig; mais les vents contraires ayant empêché la flottille de suivre ce jour-là les mouvemens des troupes, l'armée fit halte et campa, le 13, dans cet endroit.

Le 14, l'armée se porta de nouveau en avant et s'arrêta entre les villages de Kafr Lahaiss et Shabour; le corps du colonel Stewart fit halte vis-à-vis de Benoufar.

Un convoi de soixante-dix djermes, chargées de provisions, de munitions, d'habillemens et de plus de cent mille francs en argent, tomba entre nos mains. Ces bâtimens descendaient le Nil depuis le Caire, et après avoir traversé le canal de Menouf, se dirigeaient vers Rahmanieh, dont ils ignoraient la prise. Avant que de parvenir jusqu'à nous, le convoi fut malheureusement pillé par les Turcs, qui en enlevèrent une foule d'objets précieux pour nos troupes.

Les djermes étaient escortées par environ deux cents hommes de la 25ᵉ demi-brigade, que les postes avancés turcs attaquèrent. Les Français sortirent de leurs bateaux, se formèrent sur la rive, et commencèrent un feu de mousqueterie très-vif. Certains du sort que leur réservaient les cruels ennemis qu'ils avaient à combattre, ils étaient déterminés à se défendre jusqu'au dernier soupir; heureusement, une reconnaissance du 11ᵉ de dragons-légers arriva vers le lieu du combat, et les Français se rendirent aussitôt à nos soldats. Les Turcs et les Arabes avaient tranché la tête de tous ceux qu'ils avaient tués, ou que leurs blessures avaient fait tomber entre leurs mains.

Le jour de la reddition de la place, un petit détachement français, composé de trois officiers et de quarante hommes, fut fait prisonnier sur la route d'Alexandrie à Rahmanieh : il se rendait d'Alexandrie au Caire, et servait d'escorte à un aide-de-camp du général Béliard, chargé de dépêches pour le général Menou. Ce détachement avait couché la veille à Damanhour, où il n'avait point appris la reddition de Rahmanieh. Les Français avaient été toute la matinée suivis et harassés par une horde de cavaliers arabes, qui leur avait tué deux hommes et blessé sept ou huit autres, parmi lesquels se trouvait l'aide-de-camp, qui, quelques jours après, mourut de la suite de ses blessures. Cette même troupe avait d'abord été reconnue et attaquée par les chasseurs de la légion corse, postés au village de Mehallet Daoud; après avoir perdu quelques hommes, elle fit un détour pour éviter le village, et tomba ainsi entre nos mains.

Le même jour, on reçut avis qu'un corps ennemi avait été vu en marche vers Damanhour; on donna, en conséquence, ordre au brigadier-général Doyle de le poursuivre avec la cavalerie et un régiment de sa brigade. Il se mit immédiatement en route, et après avoir posté son infanterie à-peu-près à mi-chemin, il poussa avec sa cavalerie jusqu'à Damanhour, où il ne vit aucun ennemi.

Le 15 mai, le général Hutchinson s'avança jusqu'aux villages de Surat et de Waughit, et le jour suivant il marcha sur Algam, et le colonel Steward sur Nadir.

Pendant que ces choses se passaient dans l'armée du général Hutchinson, il n'arriva rien de nouveau au camp retranché devant Alexandrie. De nombreux travailleurs y étaient chaque jour employés à fortifier et à réparer les ouvrages, qui, étant construits avec du sable léger, s'éboulaient sans cesse.

Une maladie épidémique, très-dangereuse, se déclara parmi les malades renfermés dans l'hôpital d'Aboukir.

Le 10, environ vingt bâtimens chargés d'approvisionnemens, arrivèrent d'Angleterre dans la baie d'Aboukir. Ils avaient touché à Malte; ils portaient le premier bataillon du 27ᵉ régiment, avec cinquante recrues et convalescens appartenant à différens corps, le tout formant ensemble mille soixante-six hommes. D'après les ordres du général Hutchinson, le 27ᵉ régiment, commandé par le colonel Graham, se mit immédiatement en marche pour Rosette.

Le 17 mai, à une heure du matin, un arabe arriva au camp du général Hutchinson, à Algam, pour l'informer qu'un corps ennemi était en marche sur sa droite, dans le désert, et paraissait venir d'Alexandrie avec l'intention de pénétrer jusqu'au Caire pour renforcer les troupes du général Lagrange.

Par suite de cet avis, le major-général Hutchinson ordonna au brigadier-général Doyle, qui s'était volontairement offert pour remplir cette mission, de se mettre à la poursuite de ce corps avec la cavalerie et sa propre brigade : le major-général Cradock se disposa à le secourir en cas de nécessité.

A une heure, le brigadier-général Doyle, avec la cavalerie, qui ne formait pas plus de deux cent cinquante hommes, arriva en présence de l'ennemi, après avoir fait dans les sables un trajet fatigant de dix milles. Il dépêcha aussitôt vers les Français le major Wilson, des hussards d'Hompesch, comme parlementaire. Cet officier essuya d'abord le feu de l'ennemi, qui cependant lui permit ensuite d'approcher, et qui, après quelques délibérations, consentit à se rendre avec tout le convoi.

Le major-général Hutchinson arriva immédiatement après cette capitulation, qu'il s'empressa de ratifier.

L'infanterie s'était avancée dans le désert avec toute la diligence possible, et était accablée par l'excessive chaleur (car cette marche se fit au milieu de la journée) ; les soldats étaient, en outre, dévorés par une soif qu'il était impossible d'apaiser, vu le manque d'eau. Cependant ils ne purent revenir au camp que lorsque l'ennemi eut déposé les armes.

Le détachement français était parti pour faire des provisions et du fourrage dans la province de Bahireh ; il consistait en deux cents hommes du corps des dromadaires, soixante-neuf canonniers, trois cent trente fantassins, une pièce de canon, et il avait un drapeau. Il escortait un convoi de quatre cent soixante chameaux : il avait quitté Alexandrie le 13 mai ; mais voyant tous les villages abandonnés et dépourvus de provisions, le chef de brigade Cavalier, qui commandait cette expédition, s'était déterminé à pousser jusqu'au Caire. Il ne se doutait pas que le général Hutchinson avait quitté Rahmanieh et marchait sur cette capitale, lorsqu'il aperçut tout-à-coup notre flotille sur le Nil. Cavalier tenta alors de passer par le désert, où il fut pris par le brigadier-général Doyle et notre cavalerie (1).

Les Français, depuis leur départ de El-Och, étaient poursuivis par une troupe de sept à huit cents cavaliers arabes qui les incommodaient beaucoup; ils ne pouvaient envoyer de partis à la découverte, car les hommes détachés étaient autant de victimes livrées à la haine implacable de leurs ennemis. Le régiment des Dromadaires fut très-utile aux Français : il était composé d'hommes agiles, choisis dans toute l'armée, et qui, montés sur des dromadaires, poursuivaient les Arabes et les atteignaient dans des terres où aucune autre espèce de troupe n'aurait jamais pu pénétrer. Le tribus, qui au fond de leur désert se croyaie à l'abri de toute insulte, étaient bientôt di persées par les Français, qui s'emparaient alo

---

(1) *Voyez* à l'Appendice, n° XIV, les pièces relative cet événement.

de leurs nombreux troupeaux, composés souvent de deux ou trois mille moutons. Ceux qui les avaient enlevés en partageaient entre eux la valeur, et c'est ainsi que plusieurs soldats du corps des Dromadaires accumulèrent jusqu'à trente ou quarante mille francs, somme avec laquelle ils étaient ravis de retourner en France. On m'a assuré que lorsque ce corps se voyait attaqué par une troupe d'Arabes très-supérieure en nombre, les hommes mettaient pied à terre, faisaient agenouiller leurs dromadaires, et se formaient en bataille derrière ces animaux, qui leur servaient ainsi de rempart (1).

---

(1) L'armée, dès son entrée en Egypte, avait toujours été harcelée par les Arabes, la cavalerie qu'on mettait à leurs trousses ne pouvait jamais les atteindre; ils venaient jusque dans le centre du Caire piller les habitans, et s'enfuyaient aussitôt. Bonaparte, afin de réprimer leur audace, choisit des hommes d'élite dans tous les régimens, et en fit un corps qu'il monta sur des dromadaires équipés à cet effet, et dont la docilité se prêta bientôt à toutes les manœuvres auxquelles on voulut les soumettre; ces animaux finirent même par les exécuter avec une précision étonnante. Ils portaient deux hommes adossés, regardant l'un devant, l'autre derrière, ainsi que des vivres et des munitions pour plusieurs jours.

Lorsqu'une tribu arabe avait échappé à la cavalerie, on la faisait poursuivre par le corps des Dromadaires; et comme cet animal peut aisément faire une course de vingt-quatre heures sans s'arrêter, ni boire ni manger, le corps atteignait

Depuis le départ du général Hutchinson, de Hamed, nous avions pris environ mille hommes à l'ennemi, sans avoir eu plus de quatre hommes tués et dix-huit blessés.

Lord Keith revint le 17 dans la baie d'Aboukir, de la croisière qu'il avait faite, et repartit le lendemain avec le vaisseau *le Kent* et soixante-quatorze canonnières, pour se mettre à la poursuite de la flotte française commandée par l'amiral Gantheaume, qui tenait la mer, et qui, à la hauteur de l'île d'Elba, avait attaqué et poursuivi la frégate *le Phénix* (1).

---

toujours les Arabes et les enveloppait. Au signal de halte, le dromadaire fléchissant les jambes, se couchait sur le ventre et ne bougeait plus. Les soldats descendaient en formant alors un bataillon d'infanterie, faisaient prisonnière toute la tribu, avec les femmes, les enfans et les bestiaux. Ce moyen infaillible força bientôt presque toutes les tribus à cesser leurs brigandages et à venir se soumettre aux Français.

L'avantage qu'avaient les dromadaires, de pouvoir traverser le désert avec vîtesse et sans vivres, les rendit encore plus utiles à l'armée, en assurant les communications entre le quartier-général et les différens corps.

(*Note du Traducteur*, extraite de l'ouvrage de M. Martin.)

(1) Cette flotte amenait des renforts considérables de la France, et elle était attendue avec anxiété par le général Menou.

Si Gantheaume eût réussi à débarquer les troupes qu'elle portait, soit près de Merabout, ou même plus à l'est, le

§. XI.

Marche de l'armée turque. — Bataille d'El-Hanka.

Le 20, on reçut avis qu'un corps de Turcs, commandé par Ibrahim, pacha d'Alep, était entré à Damiette. Le fort de Lesbech, bien fortifié, bien approvisionné, et qui commandait l'entrée de la branche du Nil qui passe à Damiette, fut évacué par les Français. La garnison, après avoir encloué les pièces et détruit tout ce qu'elle avait pu, traversa le fleuve le 9 mai, et se retira sur le fort de Bourlos, situé à l'entrée du lac du même nom. Ce dernier fort fut aussi évacué, et les deux garnisons réunies, formant environ sept cents hommes, ne pouvant rejoindre la division du général Lagrange, qui s'était repliée sur le Caire, s'embarquèrent sur de petits bâtimens, afin de chercher à atteindre Alexandrie. Nos croiseurs et ceux des Turcs s'emparèrent de plus de trois cents hommes de cette troupe. Quatre-vingt-neuf Italiens qui s'y trouvaient désertèrent, et se

---

général Coote, vu le petit nombre d'hommes auquel son armée était réduite, se fût trouvé dans une position très-critique. (*Note de l'auteur.*)

rendirent d'eux-mêmes à l'officier anglais qui commandait à Rosette.

Le 9 mai, un officier turc vint porter à Algam la nouvelle d'une victoire remportée par le grand-visir sur les Français établis à El-Hanka, village situé à environ six milles du Caire.

L'armée turque était depuis longtemps en marche; le visir ayant enfin réussi à rassembler une force de quinze mille hommes, était parti de Jaffa le 25 février. Son armée s'avança le même jour jusqu'à Yabna, distant de douze milles de Jaffa; mais la disette dont elle était menacée, et le mauvais état des routes, qui, dans beaucoup d'endroits, étaient impraticables pour l'artillerie, l'empêchèrent de pousser plus loin sa marche.

La peste, après avoir enlevé sept mille hommes à Jaffa, ayant cessé ses ravages dans cet endroit, les exerça ensuite parmi les troupes de l'avant-garde placée à El-Arish, et en moins d'un mois les réduisit de quatre mille à quinze cents hommes. Le visir reçut à Yabna un renfort de cinq cents hommes, bien armés et bien équipés, que le pacha Djezzar lui envoya comme une preuve de sa fidélité et de son attachement à la Porte. Après tous les délais inévitables avec une armée si mal organisée, le visir se remit en route le 12 mars, et atteignit Gaza le 15; le 22, Tahir pacha s'avança sur El-Arish avec trois mille cavaliers choisis; et le 28, le visir se porta sur cet endroit avec le reste de son armée, et y prit position le 30. A El-Arish, les chevaux, les chameaux et toutes les autres bêtes de somme appartenant à l'armée, et qui étaient en très-grand nombre, restèrent pendant quatre jours sans fourrages et sans aucune espèce de nourriture, de sorte qu'il en périt un très-grand nombre. Le 2 avril, la division commandée par Tahir pacha, qui était accompagné du capitaine Leake, de l'artillerie anglaise, quitta El-Arish et s'avança sur Katieh et Timeh. Le 5, il fut suivi de la seconde division, sous les ordres de Mehemmed pacha, qui avait près de lui le capitaine du génie anglais Lacy. Le grand-visir, avec le reste de l'armée et les officiers anglais détachés sous les ordres du lieutenant-colonel Holloway, se mit en marche le 19 avril, et après avoir fait, en quatre jours, soixante-dix milles dans le désert, par une chaleur accablante et manquant de provisions, d'eau et de toutes les choses de première nécessité, il arriva à Katieh. Le chemin qu'il avait parcouru était jonché de cadavres d'hommes et de chevaux, et la température moyenne était de 105 à 108°

(therm. de Farenheit) ou d'environ 32 à 34° (therm. de Réaumur) dans l'intérieur des tentes. Le 23 avril, pendant son séjour à Katieh, le visir fit sommer Lesbeh et Damiette; mais les garnisons de ces places refusèrent de se rendre.

Les garnisons françaises de Salahieh et de Belbeïs avaient reçu l'ordre de se retirer sur le Caire, à l'approche de l'ennemi, après avoir fait sauter les fortifications, détruit les magasins et réduit ces places à un tel état, qu'elles ne pussent lui offrir aucun avantage. Ces ordres furent exécutés, mais n'eurent pas un résultat aussi complet qu'on pouvait l'attendre.

Salahieh fut évacué le 8 avril, et la garnison se replia sur Belbeïs, où les Français avaient leur parc d'artillerie et leurs magasins. Le 10 avril, cette place fut également abandonnée, et la garnison se retira aussi sur le Caire, où elle arriva le 14.

Le 27, le visir arriva à Salahieh, à cinquante-quatre milles de Katieh. A son approche, les divisions commandées par les pachas Tahir et Mehemmed, évacuèrent Salahieh et se portèrent sur Belbeïs. Le 6, Ibrahim, pacha d'Alep, fut détaché avec deux mille hommes, pour marcher contre les villes de Damiette et de Lesbeh, que ces troupes trouvèrent abandonnées par les Français. Le 7, Sa Hautesse campa à Corin, à huit milles de Salahieh.

Le 8, le visir entra dans Belbeïs pour apaiser quelques mécontentemens qui s'y étaient élevés. Le 11, toutes ses forces se concentrèrent autour de cette ville, et il y séjourna, afin de former des magasins, dont il éprouvait le plus grand besoin, pour donner à son armée une espèce d'organisation, et pour la recruter d'Arabes, de Mamelucks et de naturels du pays, que l'espoir du pillage attirait sous ses drapeaux.

Il se retrancha dans cette position, où il se détermina à attendre les Français, commandés par le général Béliard, qui, à ce qu'on présumait, sortirait du Caire pour l'attaquer et le rejeter dans le désert avant qu'il ne pût être secouru par les troupes anglaises. Le 30, il envoya le major Hope, de l'artillerie anglaise, pour sommer la ville du Caire de capituler. La veille, les avant-postes de l'armée du visir, où se trouvaient quelques Mamelucks et cavaliers turcs, avaient eu une légère escarmouche avec un détachement de dragons, près le village de Menayer.

Le corps du général Béliard, qui défendait le Caire, avait été successivement renforcé par les troupes du général Donzelot, venues de la Haute-Égypte, par les garnisons de Salahieh, Belbeïs et Birket-el-Hadgé, et par la division du général Lagrange, qui le rejoignit le 12 mai. Toutes ces troupes réunies formaient un corps de plus de huit mille hommes, sans y comprendre quelques Grecs et Cophtes enrôlés dans l'armée française. C'est avec ces forces que le général Béliard se détermina à marcher sur Belbeïs et à repousser le grand-visir sur Salahieh, avant que le général Hutchinson ne se fût approché davantage du Caire. Il sortit donc le 15 de cette ville, avec quatre mille fantassins, mille cavaliers et près de trente pièces de canon, afin d'exécuter ce dessein. A huit heures, il prit position à El-Menayer, après avoir chassé devant lui quelques postes avancés de l'armée turque.

Le grand-visir, instruit de l'approche des Français et désirant prévenir leur attaque, envoya Tahir Pacha, avec environ deux mille hommes de cavalerie et quelques pièces de canon, pour observer les mouvemens de l'ennemi.

Avant la pointe du jour, les troupes de Tahir Pacha rencontrèrent les avant-postes français dans un bois de dattiers. Les deux partis firent halte et restèrent sous les armes jusqu'au jour. Les Turcs tinrent les Français en échec jusqu'à l'arrivée du visir avec son corps d'armée. Un feu assez vif s'engagea alors de part et d'autre, et les Turcs tinrent ferme. Après un combat qui dura près de huit heures, et pendant lequel la cavalerie turque incommoda beaucoup les Français, le général Béliard jugea convenable de se retirer sur le Caire; ce qu'il fit en bon ordre et sans être poursuivi.

Tel fut le résultat de l'affaire d'El-Hanka, dans laquelle les Français ne perdirent qu'une cinquantaine d'hommes laissés sur le champ de bataille. Celle des Turcs dut être beaucoup plus considérable, vu l'immense supériorité de l'artillerie française sur celle des Ottomans.

Ce succès, bien que très-peu important en apparence, eut cependant des conséquences très-favorables pour nous : c'était le premier avantage que les Turcs eussent remporté sur les Français, et il ne pouvait arriver plus à propos pour ranimer des troupes découragées par une suite continuelle de défaites. Le 20°, le 89° et le 30° régimens, avec un détachement d'artillerie et de cavalerie, vinrent renforcer l'armée du Visir.

§. XII.

Opérations des Anglais et des Turcs réunis.

Le 21 mai, le major-général Coote établit un poste de deux cents fantassins et de vingt cavaliers, avec deux pièces de campagne, sur le canal d'Alexandrie, près de Bedah. La brigade des gardes fit le service de ce poste, dont le but était d'établir une communication continuelle avec Rahmanieh, Demanhour et l'intérieur du pays. Par cette mesure, le marché du camp fut toujours abondamment approvisionné.

Nos dragons commencèrent alors peu-à-peu à être montés, au moyen des chevaux qu'on parvint à acheter et des fréquentes prises que nous avions faites sur la cavalerie ennemie. Le 12ᵉ de dragons était presque au complet.

Le major-général Hutchinson, accompagné par le capitan-pacha, alla, le 23 mai, visiter l'armée du grand-visir, campée à Benerhasset. Le colonel Stewart avait, avec sa petite troupe, pris position à Birchamps, endroit où commence le canal de Menouf. Le général en chef passa la nuit dans son camp.

Nous eûmes beaucoup à souffrir des effets du siroco, qui s'éleva avec violence : ce vent est tellement suffocant, qu'il devient presque impossible de respirer lorsqu'il règne. Dans le camp d'Alexandrie, de toutes parts entouré par la mer, le thermomètre s'éleva à 99° (therm. Farenheit) à l'ombre, et à Algam il monta à 109° et à 120° (therm. Farenheit), environ 34 et 39° (therm. Réaumur) au soleil. Un arabe mourut de chaleur au milieu du camp du général Coote, et un chameau éprouva le même sort à Algam.

Le siroco, ou, comme l'appellent les Arabes, le kamsin (vent chaud), est un vent du sud ou du sud-est ; sa chaleur est excessive et cause des oppressions très-violentes. Avant que ce vent ne s'élève, le ciel, ordinairement si pur dans cette contrée, devient sombre et rougeâtre, l'air se charge de poussière et de sable, le soleil perd son éclat et ne lance plus que de faibles rayons à travers les nuages qui le couvrent. La chaleur augmente en proportion de la durée de ce vent. On se sent accablé, on éprouve une soif insupportable, la peau se dessèche, et aucune transpiration ne vient apporter de soulagement à l'ardeur dont on est intérieurement consumé. Tous les membres tombent dans une faiblesse et une langueur extrêmes, la respiration devient difficile ; et bien que le soleil soit enseveli sous d'épais nuages, cependant tous les objets, ceux mêmes qui par leur nature sont les plus froids, deviennent brûlans; heureusement il est rare de voir ce vent régner pendant plus d'un jour, ou même se prolonger pendant toute sa durée.

§. XIII.

Présentation au Visir. — Caractère des principaux personnages de l'armée turque.

Le 24, le général Hutchinson partit pour rendre une visite au grand-visir. A environ cinq milles de Birchamps, il traversa le Nil sur un excellent pont de pontons qu'on avait jeté sur le fleuve afin d'établir une communication facile entre les deux armées. En remontant à cinq milles vers le nord, il trouva le camp de l'avant-garde turque que commandait Tahir-Pacha, celui qui se défendit avec tant de valeur contre l'armée française dans le bois de dattiers, au combat de El-Hanka.

Des chevaux superbes, équipés avec la plus grande magnificence, et destinés au général Hutchinson et au capitan-pacha, les attendaient sur la rive du fleuve. Ces deux généraux s'avancèrent, suivis d'un cortége nombreux, vers la tente du grand-visir, qu'ils trouvèrent entouré de tout le faste oriental, et assis sur des coussins richement brodés.

Les grands-officiers de son armée étaient rangés autour de lui ; on distinguait parmi eux le fameux chef des Mamelucks, Ibrahim-Bey, le Reis-Effendi, Mahomet, pacha de Jérusalem, Tahir Pacha, et le Beer-Bachis. On avait eu soin de disposer des chaises pour les officiers anglais, les seuls auxquels il fût permis de s'asseoir devant le visir. Après les civilités et les salutations d'usage, après avoir essuyé les éternelles cérémonies du café, des sorbets et de la pipe, le général Hutchinson ayant pris congé de Sa Hautesse, se retira dans une tente magnifique qu'on avait préparée pour lui, et une garde d'honneur, composée de janissaires et d'un des officiers du visir, fut chargée de veiller sur sa personne.

Cette première présentation fut suivie d'un dîner qui fut entièrement servi suivant les coutumes orientales. Les premiers personnages de l'empire Ottoman y assistaient, et le lecteur lira peut-être ici avec intérêt quelques détails sur les principaux d'entre eux (1).

---

(1) Ce grand-visir, qui a eu depuis, grâce à l'instabilité du gouvernement turc, un grand nombre de successeurs, s'appelait Youssouf. Le capitan-pacha, ou amiral de la flotte, se nommait Hussein. Voyez au reste, dans l'introduction, des

Le grand-visir est un homme d'environ soixante-six ans; il a eu le malheur de perdre un œil, mais il a été assez adroit pour conserver sa place, la seconde dignité de l'empire, depuis l'année 1799, malgré la honteuse défaite qu'il essuya à Héliopolis, et les intrigues de ses ennemis. Il est vrai qu'il est moins redevable de cette constante faveur du Grand-Seigneur à son habileté, qu'à la puissante protection du caya (gouverneur de la maison de la mère du Sultan), personnage qui jouit de la plus grande influence au sérail. Néanmoins il doit encore redouter beaucoup l'influence du capitan-pacha : celui-ci est plutôt son rival que son ennemi personnel ; mais en Turquie il y a peu de différence entre ces deux noms, et chacun voit sans peine finir le pouvoir, ou même tomber la tête de celui qui pourrait opposer quelque obstacle à son ambition.

Bien que ce ministre soit tout-à-fait étranger à la politique, et même à toutes les connaissances familières aux nations de l'Europe, il est cependant assez versé dans la littérature orientale, et particulièrement dans la littérature

---

détails relatifs à ces divers personnages, et à l'influence que les Turcs ont exercée sur les événemens qui ont précédé ou suivi l'expédition anglaise. (A.)

persanne. Ce n'est pas un homme à grands talens ; mais il a eu assez d'énergie pour parvenir à un but très-difficile à atteindre, celui de soumettre une armée turque à une espèce de discipline.

Fortement imbu des préjugés de sa religion, il attribue tout à une inévitable fatalité. Il regarde comme irrésistible le pouvoir qui l'entraîne, soit dans des succès, soit dans des revers ; il ne fait jamais aucun effort pour détourner le cours des événemens, et croirait impie, ou du moins insensé, de chercher à leur résister.

C'est ainsi qu'un jour, à Jaffa, se voyant entouré par une troupe d'Albanais révoltés, qui, se précipitant dans sa tente, le couchèrent en joue, en menaçant de le tuer, s'il ne faisait pas distribuer immédiatement la paie qui leur était due, il répondit, sans s'émouvoir, aux soldats furieux, par le seul mot *Peké* (très-bien), et sut leur en imposer par son sang-froid.

Un de ses plus grands défauts est de laisser prendre une trop grande influence à ses favoris, qui tous poussent la rapacité au plus haut degré, exercent en son nom mille extorsions, et se reposent ensuite de leur justification sur son extrême partialité à leur égard.

Son premier favori, le pacha actuel de Jérusalem, que l'on soupçonne d'avoir trempé dans le complot de l'assassinat de Kléber, était autrefois son cuisinier.

L'anecdote suivante fait honneur au caractère du visir.

Il est très-amateur du jeu du géryd (espèce de lance sans fer), auquel il est très-adroit. Ce jeu consiste à poursuivre au grand galop son adversaire, et à lui lancer de toutes ses forces un bâton fait d'un bois dur et pesant, et long de six à sept pieds : celui qui est poursuivi, doit s'efforcer d'éviter le coup en se penchant le long de l'encolure de son cheval. Les cavaliers et les chevaux déploient dans cet exercice une agilité étonnante.

C'est dans un de ces divertissemens qu'un homme de la suite du visir lui lança un géryd, qui l'atteignit si malheureusement, qu'il lui creva un œil. Sa Hautesse, convaincue que le coup n'était point le résultat d'un dessein prémédité, envoya chercher cet homme, qui s'était caché aussitôt après l'événement. Rempli de crainte pour sa vie, il obéit cependant à l'ordre qui lui était donné, et se présenta tout tremblant. Le visir ordonna alors qu'on lui remît une bourse de mille sequins, et lui enjoignit en même temps de ne plus paraître désormais en sa présence, parce qu'il pourrait peut-être, dit-il, ne pas être toujours aussi maître de son ressentiment.

Malgré la perte de son œil, le visir est encore un homme d'une belle physionomie. Son aspect est imposant et une longue barbe blanche, dont il prend le plus grand soin, lui donne l'air d'un guerrier des anciens temps.

Le capitan-pacha avait déployé dans la dernière campagne des talens militaires, qui lui ont valu une grande réputation parmi ses compatriotes, mais qui se réduisent à bien peu de chose, quand on les compare à ceux qu'on exige dans un général des nations chrétiennes de l'Europe.

Une ambition qui ne lui permet pas de supporter l'idée d'un rival, une générosité qui va jusqu'à la prodigalité, une activité infatigable, une grande pénétration, une prédilection marquée pour tout ce qui vient des nations de l'Europe, et le vif désir d'améliorer le sort de tous ceux qui l'entourent, tels sont les principaux traits du caractère du capitan-pacha; mais il doit à l'éducation qu'il a reçue dans le sérail, une dissimulation profonde et un esprit d'intrigue qui obscurcissent ses belles qualités.

Il jouit à Constantinople d'un grand crédit,

qu'il doit à son habileté, et surtout à sa parenté avec le sultan, dont il a épousé une des sœurs. Il est terrible dans la haine qu'il porte aux personnes qui ont assez de pénétration pour découvrir le secret de son caractère et de ses vues; mais plus son animosité s'accroît, plus ses démonstrations d'amitié deviennent vives; et il ne jette le masque de la bienveillance, que lorsqu'il voit son ennemi entièrement enveloppé dans ses filets.

Néanmoins, c'est, parmi les Turcs, le seul homme qui ait quelques idées un peu étendues en politique. Il a mis la marine ottomane sur un pied beaucoup plus imposant que celui où elle a été jusqu'à présent; et aucun général turc n'est parvenu à discipliner ses troupes aussi bien que lui. Il possède deux bons régimens, ceux d'Abdallah et de Soliman-Aga: ils sont, à la vérité, commandés par des Allemands; mais c'est à son autorité qu'ils doivent leur organisation sur un pied régulier.

Le capitan-pacha a pour le visir un mépris qu'il ne cherche pas à dissimuler. Il fait tous ses efforts pour que son corps d'armée soit séparé de celui de ce dernier; et il désire ardemment qu'on puisse comparer la valeur de ses troupes avec celle des soldats du visir.

Son orgueil lui fait croire qu'il ne peut que l'emporter dans ce parallèle.

La vivacité de son esprit lui fait éprouver plus de sympathie pour les Français que pour les Anglais, et s'il parvient à se faire nommer visir, poste auquel l'appellent et son rang actuel et ses talens, ses premiers efforts seront sans doute de former un traité d'alliance avec la France, et d'appeler des officiers européens pour établir en Turquie une armée régulière et bien disciplinée. Il réussira probablement dans une partie de ses projets, à moins que les fatigues continuelles, les excès d'opium et les inquiétudes, suite de ses constantes intrigues, ne viennent terminer sa carrière au milieu de son cours.

Il a près de lui un homme qui possède toute sa confiance et dont il prend les avis dans toutes les occasions : c'est un nommé Isaac Bey, courtisan fin et adroit, qui a habité Paris, et qui est devenu Français dans toute la force du terme. Il remplacera probablement le capitan-pacha dans ses fonctions.

Isaac Bey est un flatteur rusé; il possède des manières insinuantes. Son séjour à Paris ayant étendu ses lumières, il tenta, par ses écrits, de réformer la religion de Mahomet. Le mufti, comme on peut le penser, fut cruellement offensé d'une telle impiété et fit proscrire le coupable. Isaac Bey chercha son salut dans la fuite, et se réfugia près de son maître actuel, qui lui accorda sa protection et son amitié.

Le Reis effendi, ou secrétaire principal de l'empire, est très-connu en Angleterre, où il a séjourné longtemps comme secrétaire de l'ambassade turque. Sa connaissance des manières et des habitudes des nations de l'Europe le rendit précieux dans les relations qui eurent lieu entre les Turcs et notre armée. Il parle très-facilement le français et sait écrire avec les caractères européens. Il est un des grands favoris du visir, sur lequel il a beaucoup d'ascendant. Il possède de grands talens, est très-rusé, très-avare, et l'on suppose qu'il favorise les Français, pour lesquels il a une grande prédilection.

Les grands officiers de l'empire, tant civils que militaires, accompagnent ainsi le chef de l'armée turque, parce que la Porte, ou le gouvernement, est toujours censée être où se trouve l'armée, et que tous les ordres qui se donnent dans le camp sont supposés être émanés du sultan. C'est ainsi que les choses se passaient jadis, quand les empereurs conquérans commandaient leurs troupes en personne.

Le 25 mai, le major-général Hutchinson assista au divan ou conseil du visir, et parcourut ensuite à cheval tout le camp. Les troupes étaient sous les armes et rangées par pachalicks ou divisions, mais dans une confusion inimaginable. Les Turcs ne portent aucun soin à la propreté de leurs camps, où ils laissent pourrir tous les animaux morts; de sorte qu'il est étonnant qu'il n'y règne pas plus de maladies.

La principale force du visir, bien que la moindre sous le rapport du nombre, consistait dans les Mamelucks, commandés par Ibrahim Bey. Les janissaires étaient, après eux, les plus renommés; mais on redoutait leur esprit de mutinerie et de révolte. Les Albanais formaient la partie la plus nombreuse de l'armée: on les regarde comme d'excellentes troupes légères; mais ils sont toujours prêts à se révolter, et le visir l'a éprouvé plusieurs fois.

La cavalerie se montait à près de cinq mille combattans; mais elle se composait d'hommes qui n'ont aucune idée de discipline, et auxquels on ne saurait persuader qu'il serait préférable d'agir en masse que de charger en désordre, comme ils ont coutume de le faire. Il résulte de là, qu'ils ne peuvent produire un grand effet contre une armée bien disciplinée (1).

Le grand-visir fit au général Hutchinson plu-

---

(1) En partant de Jaffa, le grand-visir ne comptait pas plus

sieurs présens d'une grande valeur. Il lui donna, entre autres choses, deux chevaux superbes très-richement équipés, une tabatière ornée de diamans, et une tente magnifique, toute couverte de riches broderies.

Le 23, le général Hutchinson retourna à son camp.

§. XIV.

Arrivée des Mamelucks; leurs coutumes, leur histoire.

Le 30, le kiaya (1) d'Osman Bey, successeur de Mourad, arriva à Algam, où il apporta la nouvelle de l'approche des mamelucks, commandés par son maître. Les capitaines Taylor et Proby, aides-de-camp du général Hutchin-

---

de quinze mille hommes : à mesure qu'il avança dans le pays, son armée augmenta ; Turcs, Bedouins, Fellahs, etc., arrivèrent en grand nombre sous ses drapeaux ; ils étaient attirés par l'espoir de piller le Caire et l'armée française. C'est de cette sorte que le visir, en campant devant les murs du Caire, vit son armée s'augmenter d'une manière incroyable, et comptait près de trente mille combattans, tous à cheval.

(*Note de l'auteur.*)

(1) Intendant, lieutenant du Bey.

1 Mamelucks. 2 Arabe bedouin.

son, partirent le soir avec le kiaya pour aller au-devant d'Osman Bey.

Cette réunion des mamelucks était d'une grande importance pour nous ; car l'influence qu'ils exerçaient sur l'esprit des habitans assurait en notre faveur les dispositions du peuple et enlevait de grandes espérances aux Français, qui, jusqu'alors, se croyaient certains, sinon de leur coopération, du moins de leur neutralité.

Le 1er juin, au point du jour, l'armée se mit en marche et fit environ trois milles ; elle prit une nouvelle position au village de Mishlee. Osman Bey arriva dans la soirée avec ses mamelucks, et campa entre Terraneh et El-Bourigeat.

Les mamelucks étaient au nombre d'environ douze cents, tous montés sur des chevaux superbes et vêtus avec la plus grande magnificence; chacun d'eux était suivi d'un domestique à pied, armé d'un long bâton. Le luxe qui entourait les beys est au-dessus de tout ce qu'on peut imaginer. Ils étaient logés dans de vastes tentes, divisées en plusieurs appartemens richement meublés, et ornés de tapis de Turquie de la plus grande beauté.

Rien ne peut dépeindre l'aspect magnifique et imposant de cette cavalerie. Les chevaux sont fins, bien proportionnés, vigoureux, pleins de santé et de la plus belle apparence; l'or et l'argent brillent de toutes parts sur les harnois, les selles et les housses, qui, par leur éclat, éblouissent les yeux et étonnent l'imagination. Un mameluck porte sur lui toutes ses richesses ; son cheval est du plus grand prix ; son cimeterre et ses pistolets, d'une beauté remarquable, sont ciselés d'or et d'argent. Ces objets lui coûtent de très-grosses sommes et forment la principale partie de sa fortune.

Les chevaux des mamelucks, ainsi que tous ceux dont on se sert en Egypte, n'ont que deux allures, le pas et le grand galop. Ils sont dressés à s'arrêter court, au milieu de la course la plus rapide ; pour y parvenir, on les embouche avec des mors extraordinairement durs ; mais cette méthode leur brise les jarrets, et il est rare qu'ils y résistent longtemps.

Les mamelucks, considérés comme troupes légères, ou pris individuellement, égalent ou surpassent peut-être toutes les cavaleries du monde ; mais comme ils n'ont aucune idée de tactique, et qu'ils n'agissent jamais en masse, ils doivent s'attendre à n'obtenir jamais aucun succès contre nos troupes régulières.

Les Français furent souvent témoins de leur

valeur désespérée et de leur adresse à manier leurs chevaux. Jamais ces qualités ne brillèrent d'une manière plus remarquable qu'à la célèbre journée d'Embabeh, où ils chargèrent, à plusieurs reprises, les inébranlables carrés de leurs ennemis, et laissèrent sur le champ de bataille un grand nombre d'entre eux, victimes de leur bravoure mal dirigée (1).

Les mamelucks étaient vêtus avec tant de richesse, que les soldats français ayant repêché ceux qui s'étaient noyés dans le Nil, tirèrent beaucoup d'argent de leurs dépouilles.

Les beys qui se joignirent au général Hutchinson, étaient Osman bey Tambourgi, Mahomed bey Elfi, Achmet bey, Osman bey Berdici, Osman bey Hassan et Selim bey. Tous ces beys firent présent de chevaux aux officiers anglais.

---

(1) A la bataille d'Embabeh, que les Français célèbrent sous le nom de bataille des Pyramides, les mamelucks combattirent avec une fureur désespérée. Selim-Bey et un de ses frères y furent grièvement blessés; un autre bey, voyant que tous ses efforts pour enfoncer les carrés français étaient inutiles, se dévoua, avec quarante de ses mamelucks, de la manière la plus héroïque; ils acculèrent leurs chevaux contre les baïonnettes des Français, et les renversèrent sur eux. De cette manière ils parvinrent à rompre le carré; mais ils périrent tous dans cette audacieuse tentative. (*Note de l'auteur.*)

On raconte ainsi l'origine du pouvoir des mamelucks.

Depuis l'époque de la conquête de l'Egypte par Amrou, un des généraux d'Omar, le premier des califes, jusqu'au huitième siècle, ce royaume fut gouverné par les lieutenans des califes et par des sultans de la race Fatimites et Aïoubites.

Le chef des Aïoubites fut ce Saladin, qui acquit une si grande célébrité par ses guerres contre les croisés. Ce fut un de ses faibles successeurs qui, le premier, se vit obligé de confier la garde de ses places fortes et de ses châteaux à une troupe étrangère, qui fut d'abord composée de jeunes esclaves que des marchands achetaient des Mogols qui, à cette époque, ravageaient presque toute l'Asie, sous la conduite de Genghiskan.

Cette troupe, appelée mameluck (qui signifie esclave en arabe), fut, à cette époque, divisée en deux corps. On confia la garde du fleuve à l'un d'eux, composé de mille hommes qui habitaient une île voisine du Caire. L'autre corps, plus nombreux, formait les garnisons des places et des châteaux.

Le dernier sultan de la race Aïoubite fut celui qui combattit si vaillamment contre Saint-Louis, et qui fit ce roi prisonnier;

mais ce sultan perdit à-la-fois le trône et la vie sur le champ de bataille.

Dès-lors, les mamelucks devinrent très-nombreux, et furent gouvernés par vingt-quatre beys qui usurpèrent tous les pouvoirs de l'état. Ces beys, mécontens de Touran-Shah, auquel ils soupçonnaient de mauvais desseins à leur égard, l'assassinèrent au commencement de son règne en 1250, et mirent à sa place un d'entre eux, Azzedin bey.

À partir de cette révolution, leur histoire n'est plus qu'une série continuelle de meurtres et de trahisons. Tout bey qui aspirait au trône des sultans, formait un complot, égorgeait son rival et attendait alors un moment favorable pour saisir les rênes du gouvernement. Celui qui avait assassiné un sultan, était généralement proclamé son successeur. Quelquefois il y en avait jusqu'à trois qui régnaient ensemble, dans la Syrie, dans la haute Egypte et au Caire. Cet état de choses durait jusqu'à ce que le plus entreprenant fût parvenu à se débarrasser des autres.

Ces dissensions continuèrent jusqu'à l'époque où Sélim II, surnommé le Grand, profitant des divisions qui régnaient parmi les beys, s'empara de l'Egypte ; mais trouvant alors plus aisé de vaincre les Mamelucks que de les soumettre à un gouvernement despotique, il ne tenta pas de leur donner de nouvelles lois, et se borna à revêtir de l'autorité de sultan un bey qui, après avoir trahi son premier maître, vint offrir ses services à Sélim. Ce bey abandonna le royaume six mois après son entrée au Caire, en laissant de nouveau les mamelucks maîtres de cette ville.

Soliman, le législateur, succéda à Saladin. Ce fut lui qui éleva la Turquie à son plus haut degré de gloire et de puissance : il donna une constitution, non-seulement à l'Egypte, mais à toutes les provinces qui composaient la masse hétérogène de son vaste empire. Il jugea qu'il était nécessaire de donner un contre-poids au pouvoir et à l'influence des Mamelucks ; pour y parvenir, il créa le corps des odjacklis, ou de la milice, qui devait se composer des naturels du pays, et dans lequel un mameluck ne pouvait jamais être admis. Il donna de grands priviléges à ce nouveau corps, et ne laissa aux mamelucks que des titres simplement honoraires, peu d'autorité militaire, et quelques villages qui appartinrent en propriété à leurs chefs.

Il établit un pacha qui le représentait ; ce pacha était le chef du gouvernement et nommait à tous les emplois de l'état. Les beys conservèrent, à la vérité, le droit de se choisir des successeurs ; mais ils étaient obligés de présenter la personne qu'ils voulaient élire au pacha et au divan, qui devaient l'investir de la dignité qu'on voulait lui donner.

Le poste de pacha d'Egypte conduisit souvent au grade éminent de visir : souvent aussi ce fut une honorable retraite pour un visir disgracié. Le corps de la milice pouvait déposer un pacha, et le forcer ensuite à rendre ses comptes avant de lui permettre de quitter le pays.

Le divan, qui s'assemblait deux fois par semaine, pour délibérer sur les affaires de l'état, se composait des vingt-quatre beys, des principaux officiers de la milice, et des premiers magistrats. Le pacha présidait ce conseil.

Le tribut payé à la Porte consistait en douze cents bourses de piastres (environ douze cents mille francs), avec une certaine quantité de riz, de bled, etc.

Le gouvernement marcha ainsi sans aucun événement important, il n'offrait qu'une suite continuelle d'intrigues, quelquefois entre la milice et les mamelucks, pour déposer le pacha, quelquefois entre la milice et le pacha, pour réprimer l'audace des mamelucks et les empêcher de ressaisir leur ancienne influence ; et enfin quelquefois entre les mamelucks et le pacha, pour arrêter l'ambition envahissante de quelques officiers de la milice.

Cette sage constitution dura jusqu'au milieu du dernier siècle, où une foule de causes différentes se réunirent pour la renverser. Les beys reprirent alors la direction des affaires, et les pachas n'eurent plus qu'un vain titre, et conservèrent seulement l'ombre de leur ancienne autorité.

Vers l'année 1748, un pacha, d'un caractère plus déterminé que ses prédécesseurs, fut nommé au gouvernement de l'Egypte. Ce pacha jugeant qu'il ne pouvait réussir à rétablir son autorité qu'en frappant un grand coup, prit la résolution terrible d'exterminer tous les beys; en conséquence il les fit massacrer au moment où ils se rendaient au divan. Dix-sept périrent sous les coups des assassins; mais les autres parvinrent à s'échapper.

Un tel acte de barbarie ne produisit pas l'effet qu'on en attendait. L'indignation souleva toutes les classes du royaume contre le pacha, qui fut obligé d'abandonner son poste et de se sauver à Constantinople.

A cette époque, Ibrahim-Caya, mameluck déterminé et ambitieux, obtint, à force d'intrigues, de se faire admettre dans la milice, où il parvint à un grade éminent. Il aspira alors à être élu Sheick-el-Belled, ou chef des mamelucks, et à rendre à ce corps sa première autorité. Il manœuvra si adroitement, qu'il fit admettre dans la milice tous les mamelucks qui favorisaient ses desseins, ce qui lui donna un tel ascendant, qu'il réduisit aisément au silence tous ceux qui lui étaient opposés. S'il eût vécu, il fût sans doute parvenu à se faire nommer sultan d'Egypte et à se rendre indépendant de la Porte; mais il fut empoisonné par un émissaire envoyé du sérail, qui, par la mort de ce chef ambitieux, crut pouvoir ressaisir son autorité depuis long-temps méconnue.

Ali-Bey, surnommé le Grand, succéda à Ibrahim, qu'il surpassait de beaucoup en talens, et qu'il égalait en ambition et en intrépidité. Ce fut le premier chef mameluck qui afficha le dessein hardi d'affranchir entièrement l'Egypte de l'autorité simplement nominale de la cour de Constantinople. Jetant donc de côté tout masque de subordination, il se déclara ouvertement indépendant; mais la trahison lui enleva ce qu'il avait acquis par la force.

Ismael Bey et Mohammed Bey conspirèrent contre lui et le chassèrent en Syrie, où il se réfugia près du célèbre Daher, qui s'était rendu maître de cette province, où il bravait les efforts impuissans que tentait la Porte pour le réduire à l'obéissance.

Ali Bey ayant reçu quelques secours des Russes et de Daher, traversa le désert pour aller combattre ses ennemis. Il leur livra bataille près de Salahieh; mais blessé par un des siens, qu'on suppose être Mourad Bey, il fut fait prisonnier. On le traita avec le plus grand respect et on le transporta au Caire, où il mourut quelques jours après.

Ali Bey était né en Anatolie, province de l'empire turc. Jeune, il fut amené en Égypte, où il fut acheté de la même manière que tous les autres mamelucks. Il parvint, par son ambition et son audace, à s'élever à un degré de puissance qui fit trembler la Porte pour les restes de son pouvoir en Égypte.

Mourad Bey, comme chef de la faction d'Ali, marcha aussitôt contre ses ennemis, qu'il expulsa du Caire; mais ces derniers reprirent à leur tour la capitale, qu'ils conservèrent jusqu'à la mort des deux chefs Mohammed Bey et Ismael Mourad Bey. Mohammed Bey mourut le premier, à Acre, après s'être emparé de cette ville. Après la mort d'Ismael, Mourad Bey se mit de nouveau à la tête du gouvernement, qu'Ibrahim Bey partagea en apparence avec lui.

A l'arrivée des Français, Ibrahim Bey prit l

fuite vers la Syrie; mais Mourad Bey les combattit vaillamment tant qu'il put le faire, et il était en route pour joindre ses forces aux nôtres, lorsqu'il mourut de la peste (1).

Les mamelucks firent contre les troupes françaises une défense glorieuse, et qui réduisit de beaucoup leur nombre; mais ils furent bien loin d'être détruits, et ils trouvèrent toujours un puissant auxiliaire dans la haine que les habitans de l'Égypte portent aux Turcs (2).

Au milieu des révolutions qui, depuis soixante ans, agitent les mamelucks, le pacha n'a jamais possédé qu'un titre sans puissance, qui sert uniquement à rappeler l'autorité que la cour de Constantinople exerçait autrefois sur l'Égypte. Tout le pouvoir est actuellement entre les mains du scheick el-Belled. Les fonctions du pacha se

---

(1) *Voir* la note, ci-dessus (pages 130 et 131), qui démeut ce que l'auteur dit ici des projets de Mourad-Bey.

(2) Le pacha turc, qui résidait au Caire lorsque ce journal fut écrit, se fortifiait dans cette ville, afin de repousser les tentatives des beys victorieux qui occupaient alors toute la Haute-Egypte et étendaient leur pouvoir jusqu'aux Pyramides. Ils avaient défait, dans plusieurs rencontres, les troupes du pacha.

Les forces des Turcs, en Egypte, montaient à trois mille hommes à Damiette, deux mille à Rosette, et vingt mille au Caire. La garnison d'Alexandrie était composée d'Anglais. (*Note de l'auteur.*)

réduisent à faire passer au Grand-Seigneur le miri ou tribut, lorsque les beys jugent convenable de le lui payer. Sans troupes et sans aucun moyen de faire valoir son autorité, il chercherait inutilement à s'opposer à la volonté des beys, qui sont tout-puissans : aussi n'hésite-t-il jamais à obéir aux ordres qu'il reçoit d'eux (1).

---

(1) Depuis lors Mohammed-Ali a su détruire le pouvoir des beys, et se rendre presque également indépendant d'eux et de la Porte-Ottomane. Le pacha qui résidait au Caire lors de l'expédition, et qui était, comme on vient de le dire, l'esclave des beys sous un titre honorable, s'appelait Seyd-Abou-Bekr. Lorsque l'armée française arriva devant Alexandrie, le général en chef, Bonaparte, lui écrivit la lettre suivante :

« A bord du vaisseau l'*Orient*, 12 messidor an VI.
(1er *juillet* 1798.)

» Le Directoire-Exécutif de la république française s'est
» adressé plusieurs fois à la Sublime-Porte pour demander le
» châtiment des beys d'Egypte, qui chaque jour accablaient
» d'avanies les commerçans français.
» Mais la Sublime-Porte a déclaré que les beys, gens ca-
» pricieux et avides, n'écoutaient pas les principes de la jus-
» tice, et que non-seulement elle n'autorisait pas les outrages
» qu'ils faisaient à ses bons et anciens amis les Français,
» mais que même elle leur ôtait sa protection.
» La République française s'est décidée à envoyer une
» puissante armée pour mettre fin aux brigandages des beys
» d'Egypte, ainsi qu'elle a été obligée de le faire plusieurs
» fois dans ce siècle, contre les beys de Tunis et d'Alger.
» Toi, qui devrais être le maître des beys, et que cepen-

Mourad Bey était doué de grandes qualités, que ternissaient de grands défauts. A une bravoure qui ne connaissait pas de bornes, il joignait une force de corps extraordinaire. Impétueux et violent à l'excès, souvent ses passions le portèrent à des actes de cruauté. Il était libéral jusqu'à la prodigalité, et d'une rapacité insatiable. Actif, intrépide et adroit, il était plein d'audace dans l'entreprise et de sang-froid dans l'exécution. Si Mourad Bey avait eu le bonheur de recevoir une éducation libérale, il eût été à-la-fois un grand homme et un homme estimable.

Ibrahim Bey occupait alors le premier rang parmi les mamelucks. Il y avait déjà quelque temps qu'il se trouvait dans l'armée du grand-visir : son âge avancé avait affaibli ses moyens, et il n'exerçait plus qu'une très-faible influence

---

» dant ils tiennent au Caire sans autorité et sans pouvoir,
» tu dois voir mon arrivée avec plaisir. Tu es sans doute déjà
» instruit que je ne suis point venu pour rien faire contre le
» Coran, ni contre le sultan; tu sais que la nation française
» est la seule et unique alliée que le sultan ait en Europe.

» Viens donc à ma rencontre, et maudis avec moi la race
» impie des beys.

» *Signé*, le général en chef, BONAPARTE. »

Si cette lettre eût été fidèlement remise au pacha, elle l'eût peut-être décidé à se ranger du parti des Français; mais elle ne lui parvint pas, et Seyd-Abou-Bekr, incertain sur les vues et les projets de Bonaparte, se joignit à Ibrahim-Bey. (A.)

parmi les siens. Il faisait tous ses efforts pour ne point donner d'ombrage au visir, dont il recherchait la faveur, bien qu'il ne pût espérer d'en obtenir la confiance : son but était de se faire nommer Scheick-el-Belled après la soumission de l'Égypte. Au moment de l'invasion des Français, Ibrahim partageait, comme je l'ai déjà dit, le gouvernement du pays avec Mourad Bey. Lorsque les mamelucks furent défaits à Embabeh, il était posté avec une partie de ses troupes sur la rive opposée du Nil, d'où, voyant la fatale issue de cette journée, il s'enfuit en Syrie, où il fut accompagné par le pacha turc du Caire. Bonaparte tenta en vain de le forcer dans ce pays. Après la bataille d'Héliopolis, ce fut lui qui pénétra dans le Caire avec 3000 hommes, où il fit pendant longtemps une défense opiniâtre et désespérée contre les troupes victorieuses de Kléber.

Osman-Bey-Tambourgi (1) était celui que les

___

(1) Osman-Bey Tambourgi, quoiqu'il fût plein de défiance contre la mauvaise foi des Turcs et la perfide politique du sérail, fut assassiné pendant le mois d'octobre 1801, dans la barque du capitan-pacha, qu'il montait pour se rendre à bord du vaisseau de sir Richard Bickerson avec lequel il allait dîner. Au moment où il faisait voile sur le lac Maréotis, un cawouash ou messager d'état se montra sur le rivage, fit signe au capitan-pacha qu'il avait à lui parler, et l'informa qu'il

mamelucks regardaient comme leur chef, parce que c'était lui que Mourad Bey avait désigné apportait de Constantinople des dépêches de la plus haute importance. Le capitan-pacha quitta alors les beys, qui continuèrent leur route dans la barge; mais au moment où ils passèrent devant une canonnière turque qui était à l'ancre, on fit sur eux une décharge de mousqueterie, et plusieurs chaloupes chargées de soldats les entourèrent. Après une défense vigoureuse et désespérée, pendant laquelle la pensée d'être ainsi lâchement assassinés, redoublait leur fureur, les beys, accablés par le nombre, furent tués ou faits prisonniers. Dans ce combat, Solyman-Aga ayant tué et désarmé plusieurs des assaillans, saisit dans ses bras vigoureux un turc qui le serrait de près, et opposa ainsi le corps de son ennemi aux coups qui étaient dirigés contre lui ; et ce moyen de défense lui réussit si bien, que le turc fut tué dans cette position. Osman-Bey-Ascar, Mahomet-Bey-Mafice, Caya-Bey, le nègre confident de Mourad-Bey, reçurent la mort les armes à la main. Osman-Bey-Berdici et Solyman-Aga furent grièvement blessés; mais on parvint heureusement à les sauver. Ceux qui survécurent à cette trahison furent faits prisonniers et conduits à bord du vaisseau *le Sultan Sélim*.

Aussitôt que ces circonstances furent connues de lord Hutchinson, il ordonna au brigadier-général Stuart de marcher à la tête de son régiment avec deux canons, mèches allumées, de se porter sur le camp turc, à l'ouest d'Alexandrie, et d'exiger que les beys fussent remis entre les mains des Anglais. Après quelques instans d'hésitation, le capitan-pacha accéda à cette proposition, et les beys qui avaient survécu au combat, furent remis le lendemain en notre pouvoir, et transportés à Alexandrie, où ceux qui avaient été assassinés furent enterrés avec les plus grands honneurs militaires.

Pendant que ces choses se passaient à Alexandrie, le grand-

comme son successeur peu d'instans avant de mourir. C'était un homme d'un naturel violent et dont les talens n'avaient rien de remarquable.

Mohammed-Bey-Elfi, ainsi nommé d'après le nombre des sequins qu'il avait coûté à acheter (Elfi signifie mille), fut celui qui, après la mort d'Osman-Bey-Tambourgi, obtint le plus d'influence parmi ses compagnons d'armes. Il était doué d'une grande habileté jointe à une grande prudence. Son caractère ouvert et libéral et sa valeur brillante lui conciliaient tous les suffrages. Il était âgé d'environ vingt-cinq ans.

Le trait suivant donne une idée avantageuse de son caractère. A la mort de Mourad, tous les beys tournaient leurs regards vers lui pour le nommer leur chef; ce qui était contraire au

---

visir profitant de la sécurité dans laquelle vivaient au Caire les beys des mamelucks, qu'il pensait avoir trompés par ses présens et ses démonstrations amicales, fit, le 20 octobre, une tentative pour s'emparer de leurs personnes. Plusieurs d'entre eux tombèrent entre ses mains; mais Sélim-Bey, avec une partie de ses officiers et de ses mamelucks, parvint à s'échapper, et après des difficultés et des fatigues excessives (car tout le pays était alors inondé), il arriva à Gizeh, où il fut reçu et traité avec bienveillance par le colonel Ramsay, commandant de la place. Le général Hutchinson, instruit de cette nouvelle trahison, dépêcha le brigadier-général Stuart vers le grand-visir, auquel il adressa une invitation formelle de faire mettre en liberté, et sans aucune condition, les beys

désir émis par Mourad. Mohammed Eli refusa cette dignité, en disant que les mamelucks étaient déjà assez faibles sans querelles intestines.

Osman-Bey-Berdici était un homme ambitieux et capable, mais bien éloigné d'avoir la prudence de Mohammed. Cependant il avait un parti puissant et une grande influence.

Mais celui qui dirigeait sur-tout les mamelucks et qui se chargeait de conduire toutes leurs affaires, était un nègre, qui avait été le confident de Mourad. On soupçonnait que c'était lui qui avait conseillé à ce dernier chef de choisir pour successeur Osman-Bey-Tambourgi, afin de conserver la direction des affaires en qualité de Caya-Bey. Il était d'un caractère très-adroit et très-insinuant. Il fut souvent employé dans les négociations qui eurent lieu, soit avec les Français, soit avec les Anglais.

Pour être mameluck, il est indispensable d'avoir été esclave, et les enfans mêmes des mamelucks ne peuvent être admis dans ce corps. (1)

---

dont il s'était emparé au Caire. Le visir, après avoir hésité quelque temps, consentit enfin à satisfaire à cette demande; et le 16 novembre les beys arrivèrent à Giseh, où ils furent placés sous la protection du gouvernement anglais. (*Note de l'auteur.*)

(1) Les mamelucks ne laissent que peu de postérité; deux causes morales entraînent l'extinction de leur race : d'abord,

Les beys, les kiachefs et autres officiers de cette milice, achètent des esclaves aux marchands qui en amènent en Égypte. Il y en a de toutes les nations et de toutes les parties de la terre : on y trouve des Allemands, des Russes, mais sur-tout des Géorgiens, des Circassiens et des habitans du pic du Mont-Caucase. Après avoir servi leurs maîtres avec fidélité, ils en reçoivent la liberté, et ont alors le droit d'acheter à leur tour des esclaves. Le pouvoir et l'influence des beys sont proportionnés au nombre de mamelucks qui composent leurs maisons.

Tant que les mamelucks sont esclaves, ils ne peuvent laisser croître leur barbe, qui est parmi eux une preuve incontestable de la liberté.

---

la préférence donnée aux esclaves sur les enfans nés dans le sein de leur famille ; ensuite le mépris qu'inspire, en général, aux mamelucks, l'habitant oisif des villes, élevé dans le harem par les femmes. Les mamelucks ne regardent pas leur fils comme leur successeur, comme l'appui de leur vieillesse, sa naissance n'est pas un nouveau motif d'attachement pour la mère ; et les femmes, jalouses de conserver leurs charmes, suivent l'usage, très-commun en Orient, de se faire avorter. On doit peut-être aussi attribuer cette extinction de la postérité des mamelucks, au climat d'Égypte, qui repousse la reproduction des races étrangères. Les observations des médecins, particulièrement celles de M. Desgenettes, sur les naissances et les mortalités des différens âges, peuvent jeter un grand jour sur cette question. (*Note du traducteur*, extraite de l'ouvrage du général Reynier.)

Outre les vingt-quatre beys, ils sont encore gouvernés par un certain nombre de kiachefs, emploi subordonné à celui de bey. Les revenus des mamelucks se composent des villages qui leur sont donnés en propriété, et des extorsions et des impôts dont ils accablent les malheureux habitans qui se trouvent sous leur dépendance (1).

Les mamelucks sont braves et généreux, mais cruels et vindicatifs. Ils sont aussi enclins à un vice horrible et contre nature, très-commun dans presque toutes les provinces de l'empire turc.

---

(1) Les prétextes les plus frivoles servent à justifier ces extorsions. Un jour Ibrahim-Bey se promenant dans la Basse-Egypte, vit de loin un cultivateur, qu'on lui avait désigné comme riche : il lui fit demander quel était son nom ; et comme il répondit qu'il se nommait Ibrahim : Comment, s'écrie le bey, il a l'insolence de porter le même nom que moi ? un tel crime mérite la mort. Le pauvre homme fut obligé de donner mille piastres pour racheter sa vie.

On appelle *avanie* les descentes que les beys ou leurs agens font chez des particuliers pour leur extorquer de l'argent. Personne n'en est exempt, et les étrangers, même ceux qui ont un caractère diplomatique, sont obligés de s'y soumettre. L'année où nous arrivâmes en Egypte, le consul français avait péri de la peste, parce que des faiseurs d'avanies étaient entrés de force dans sa maison, où il se tenait renfermé. Ils lui avaient apporté la contagion en échange de l'argent dont ils l'avaient dépouillé. (A.)

§. XV.

Suite des opérations devant Alexandrie.

Le 1ᵉʳ juin, le major-général Coote reçut l'ordre du général Hutchinson de lui envoyer les 28ᵉ et 42ᵉ régimens, cent vingt canonniers et soixante dragons montés. En conséquence, ces troupes partirent du camp d'Alexandrie le 4 juin, sous les ordres du brigadier-général Oakes, qui était à peine remis de la blessure qu'il avait reçue dans la journée du 21 mars. Ce corps suivit le canal d'Alexandrie jusqu'à Rahmanieh, d'où il remonta le long des rives du Nil, jusqu'à ce qu'il eût rejoint l'armée du général Hutchinson.

Cette diminution dans les forces du major-général Coote, le laissa sans seconde ligne et avec de bien faibles moyens pour défendre son camp retranché. Toute son armée se réduisait à cinq mille hommes, dont plus de quinze cents étaient affectés d'ophthalmies et de fluxions; de sorte qu'il ne restait pas plus de trois mille hommes en état de faire le service.

Pendant ce temps, la peste exerçait de grands ravages à Aboukir, où elle avait été introduite par quelques malades qui se trouvaient à bord d'un bâtiment en station dans la baie. Le 30, elle enleva huit hommes, et trois médecins anglais en furent atteints. M. Allen, après soixante-dix jours de maladie, succomba victime du zèle qu'il mettait à visiter les malades. Sans les mesures prises par le major-général Coote, pour prévenir les progrès de ce fléau, on ne peut, sans effroi, penser aux conséquences qui auraient pu en résulter pour notre armée. Dans la crainte qu'il ne gagnât le camp, on mit un poste dans la redoute de Mandara, qui se trouve placée sur la partie la plus resserrée de la péninsule, et on établit un cordon de factionnaires et de vedettes, de manière à ce que personne ne pût passer sans une permission écrite. C'est probablement grâce à ces sages précautions et à l'extrême propreté qu'on exigea des soldats, que le corps de notre armée fut exempt de cette affreuse contagion.

Tout le monde éprouvait la plus grande pénurie d'argent. Le payeur et le commissaire général n'en avaient plus pour solder les troupes. Cette circonstance était d'autant plus embarrassante, qu'il n'était pas possible de faire escompter nos billets aux marchands, et que les Arabes s'empressaient d'enfouir l'argent qu'ils recevaient de nous pour la vente de leurs provisions ; de sorte que ce numéraire était de suite mis hors de la circulation.

Le 6 juin, le major-général Coote supprima le poste de Bedah, par suite de la diminution de ses forces.

Un petit bâtiment français, armé de dix canons, et portant à bord le général Damas et l'ordonnateur en chef Daure, fut pris et amené dans la baie d'Aboukir. Dans la nuit du 13 mai, les généraux Reynier, Damas et l'ordonnateur en chef Daure, ainsi que plusieurs autres officiers de marque, avaient été enlevés de vive force dans leurs maisons, et conduits à bord de deux bâtimens qui se trouvaient dans le port, et qui mirent à la voile le 19 mai. Le brick *le Lodi*, qui était très-bon voilier, et qui portait le général Reynier, parvint à échapper à nos croiseurs; mais le Good-Union, qui avait à bord les autres officiers ci-devant désignés, fut pris à hauteur de l'île de Candie. Nous ignorons quels purent être les véritables motifs qui poussèrent le général Menou à une mesure aussi violente; mais on conjectura qu'elle pouvait être la suite de quelques mésintelligences qui s'élevèrent entre lui et ces officiers à l'occasion des dispositions qu'il avait prises dans la journée du 21 mars (1).

―――――――――――――――――――――――――――――

(1) La prise de Rahmanieh, qui isolait Alexandrie du reste

L'escadre française commandée par l'amiral Gantheaume, consistant en quatre vaisseaux de ligne, une frégate, une corvette et cinq

de l'Egypte, fit murmurer l'armée contre le général Menou, qui, refusant de croire à la possibilité de cet événement, n'avait pris aucunes mesures pour en prévenir les suites. Les murmures lui parvinrent, ainsi que les témoignages d'estime et de confiance que les troupes accordaient au général Reynier. Le bruit qui circulait alors, et qui fut accrédité par les Anglais, que ce général avait été nommé commandant de l'armée, et le général Menou restreint à l'administration de l'Egypte, augmenta encore sa jalousie contre lui; elle s'accrut d'autant plus violemment, qu'il ne pouvait se dissimuler que ce général lui avait prédit tous les revers de l'armée, en lui indiquant les moyens de les prévenir. Il voulut alors écarter ce témoin de ses fautes; et la seule expédition militaire qui, dans toute la campagne, eût été bien combinée par ce général, eut lieu dans la nuit du 13 au 14 mai. Trois cents hommes d'infanterie, cinquante de cavalerie et des sapeurs avaient été rassemblés et ignoraient leur destination, lorsqu'on leur fit investir la maison occupée par le général Reynier, afin de le conduire à bord d'un bâtiment prêt à partir, ainsi que le général Damas, l'ordonnateur en chef Daure, l'adjudant-commandant Boyer, et plusieurs autres officiers.

Le général Reynier, après s'être assuré qu'on n'avait d'autre projet que de le faire partir, laissa entrer les troupes, se rendit à bord du brick *le Lodi*, avec les officiers désignés, et écrivit au général Menou en lui donnant encore des conseils sur la défense d'Alexandrie. Le général Damas s'embarqua sur *le Good-Union* avec l'ordonnateur Daure. Les soldats témoignèrent les regrets qu'ils éprouvaient d'être chargés de l'exécution de pareils ordres. Les bâtimens ne

petits bâtimens de transport, était depuis quelques jours à hauteur des côtes de l'Egypte.

Les vaisseaux de ligne avaient à bord trois ou quatre mille hommes, qui presque tous étaient malades. Cette escadre avait par erreur jeté l'ancre dans la baie de Lacuste, qui se trouve très à l'ouest d'Alexandrie; mais l'amiral

---

purent partir que le 19 mai. *Le Lodi* arriva en France après avoir été vivement poursuivi par beaucoup de bâtimens ennemis. *Le Good-Union* fut pris par les Anglais, qui pillèrent la modique succession de Kléber, dont le général Damas était dépositaire.

(*Note du traducteur*, extraite de l'ouvrage du général Reynier.)

Lors du retour de l'expédition d'Egypte, en France, le général Reynier demanda au Premier Consul un conseil de guerre pour les juger lui, sur sa conduite, et Menou, ainsi que Destaing, sur les calomnies dont ils l'avaient rendu la victime. Bonaparte lui refusa cette réparation. Alors Reynier ne prenant conseil que de son honneur outragé, exigea une réparation par les armes. Destaing arriva le premier à Paris. Aussitôt Reynier alla le trouver, et lui signifia que la mort de l'un des deux devait seule laver ou justifier les outrages qu'il avait reçus. Destaing se rendit au lieu indiqué, et devant plusieurs généraux appelés comme témoins, il reçut la mort des mains de Reynier. Menou craignant sans doute le même sort, resta tout l'hiver à Toulon, sous prétexte que les suites de sa maladie l'empêchaient de faire le voyage. Bonaparte exila Reynier à Nevers, et Menou vint alors à Paris.

(*Note du traducteur*, extraite de la Campagne d'Egypte de M. Martin.)

Gantheaume, craignant l'arrivée de la flotte anglaise, qui était à sa poursuite, regagna la haute mer.

Le projet des Français était de débarquer près de Derna et de marcher le long du rivage de la mer, jusqu'à Alexandrie. Chaque homme devait emporter avec lui une provision de pain et d'eau suffisante pour ce trajet.

Les cinq transports furent pris le 16, et amenés dans la baie d'Aboukir. Ils ne portaient point de troupes, mais des artisans de toutes espèces, tels que des botanistes, des jardidiers, etc.; en général tout ce qui est nécessaire à l'établissement d'une colonie. Il y avait, en outre, une troupe de comédiens destinée au théâtre du Caire (1). Les équipages des bâtimens de transport nous dirent qu'ils avaient quitté la flotte française à environ quatre-vingts lieues d'Alexandrie, distance que nous

---

(1) La mesure d'envoyer des artisans et des comédiens en Égypte était très-adroite et très-politique; elle donnait aux soldats de l'armée d'Orient la persuasion bien douce et bien encourageante que le gouvernement français veillait toujours à leurs intérêts et songeait non-seulement à ce qui pouvait leur être avantageux, mais encore à leur procurer tous les agrémens et les plaisirs de la vie civilisée, dans un pays où ce gouvernement paraissait décidé à consolider leur établissement et à les secourir de tous ses moyens. (*Note de l'auteur.*)

supposâmes devoir être réduite à trente lieues. Ces transports étaient escortés par la corvette l'*Héliopolis*.

Ce dernier bâtiment avait réussi à pénétrer dans le port d'Alexandrie : il ne portait pas de troupes ; mais il était chargé d'armes et de munitions, et annonçait la nouvelle d'un renfort conduit par la flotte de l'amiral Gantheaume. Le contre-amiral sir Richard Bickerton, avec trois vaisseaux de ligne anglais et un vaisseau de ligne turc, se mit à la poursuite de l'amiral Gantheaume, tandis que lord Keitth, avec le reste de sa flotte, fut bloquer le port d'Alexandrie.

---

§. XVI.

Siége du Caire.

Le major Hutchinson s'étant déterminé à faire, de concert avec le grand-visir, le siége du Caire, transféra, le 4 juin, son quartier-général de Mishlee, au village de Lockmas. Le 5, il se porta sur Ouardan, où l'armée séjourna le 6. Le 7, il s'avança jusqu'à El-Gatta.

Dans cette dernière marche, l'armée était

disposée en trois colonnes : les mamelucks formaient celle de droite ; les Anglais, celle du centre ; et les Turcs, commandés par le capitan-pacha, celle de gauche. Cette dernière colonne suivait les bords du Nil.

Dans le même temps, l'armée du grand-visir suivait les mouvemens de celle du général Hutchinson, et marchait le long de la branche de Damiette, en ayant soin de camper toujours aussi près que possible de nous, et à notre hauteur.

Le 8, le général Hutchinson se porta en avant, d'environ trois milles, vers la pointe méridionale du Delta, et prit position près de Burtos, un des nombreux villages dont cette vaste plaine est couverte. On concentra dans cet endroit toutes les forces destinées à agir contre le Caire. Une communication libre et facile fut établie, au moyen d'un excellent pont formé par des pontons, entre nous et l'armée du grand-visir, campée à Charlahan, sur la rive opposée du Nil. Le capitan-pacha campait en avant des Anglais, et les mamelucks en arrière.

Le 10 juin, deux cents hommes du 86° régiment, sous les ordres du lieutenant-colonel Lloyd, rejoignirent, dans cette position, le corps du colonel Stewart, qui était attaché à l'armée du grand-visir. Ce détachement formait l'avant-garde du renfort qu'on attendait depuis longtemps des Indes.

En conséquence des ordres du lieutenant-général Hutchinson, le lieutenant-colonel Lloyd était parti de Suez le 7, en faisant donner à chaque soldat une faible provision de mauvaise eau qui, jointe à celle que les chameaux pouvaient porter dans des outres de cuir, formait le seul approvisionnement auquel sa petite troupe devait s'attendre, jusqu'à ce qu'elle fût parvenue à la fontaine de El-Hanka, distante de cinquante milles de Suez.

Le premier jour, trois officiers se trouvèrent tellement faibles et épuisés, qu'il leur fut impossible d'aller plus loin. On fut obligé de les renvoyer à Suez sur des chameaux. Soixante-dix hommes qui ne purent également suivre le détachement, furent laissés en arrière, avec ordre de rejoindre sur leurs chameaux aussitôt qu'ils le pourraient.

L'excessive chaleur et la réverbération insupportable des rayons du soleil sur un sable brûlant, une soif dévorante, que la disette d'eau ne permettait pas d'étancher, car les soldats avaient imprudemment et sans ménagement épuisé leurs faibles provisions, rendirent cette route aussi pénible et aussi désespérante qu'on puisse le concevoir. Pour soulager les chameaux, les officiers abandonnèrent leurs effets, et les soldats jetèrent leurs sacs.

Après avoir supporté avec persévérance une marche aussi fatigante, le lieutenant-colonel Lloyd arriva heureusement à la fontaine de El-Hanka, dans la soirée du 9. Ce jour-là, huit hommes faisant partie des soixante-dix qui avaient été laissés derrière, rejoignirent le détachement; quant aux autres, on n'en a jamais entendu parler depuis, et il est probable qu'ils ont péri misérablement dans le désert.

Suez est situé à 30° 2′ de latitude, à l'extrémité septentrionale du golfe de la Mer-Rouge. C'est une ville pauvre, mal bâtie, et qui compte peu d'habitans. Elle est assise sur un rocher nu et stérile. On ne peut se procurer de bonne eau dans les environs, et toutes les provisions y sont chères et en petite quantité. La principale occupation des habitans est de construire des bâtimens qui sont employés à naviguer sur la Mer-Rouge. On n'y trouve plus aucune trace du fameux canal qui unissait le Nil au golfe d'Arabie (1). Des bâtimens peuvent mettre à l'ancre avec cinq toises d'eau,

---

(1) Il ne faut pas prendre cette assertion à la lettre : les vestiges qui restent de ce célèbre canal sont, il est vrai, réduits

devant Suez, à trois ou quatre milles du rivage.

Le 14 juin, le major-général Hutchinson se porta à environ trois milles en avant du village de Saael, et le 16 il prit position à portée de boulet des ouvrages ennemis. Le même jour, il fut rejoint par le 28ᵉ et le 42ᵉ régimens, qui avaient fait en douze jours le trajet du camp retranché d'Alexandrie, au point où il était actuellement.

Le visir fit aussi un mouvement en avant sur la rive droite du Nil, et campa à hauteur des Anglais. Les communications entre les deux armées furent établies au moyen d'un pont sur pontons jeté au village de Demanhour,

---

à peu de chose; mais ils ne sont pas entièrement anéantis, et sur plusieurs points de son étendue on voit encore les traces des anciens travaux. Les ingénieurs français ont reconnu et constaté ces vestiges, et c'est au général en chef qu'on en doit la première découverte. Bonaparte avait calculé les avantages immenses qui eussent résulté du rétablissement de ce canal, pour la prospérité de l'Egypte et pour le commerce du monde entier; et voulant attacher son nom à cette grande entreprise, il avait donné des ordres pour la mettre en exécution. Déjà des travaux de nivellement entre la Mer-Rouge et la Méditerranée avaient été commencés par le corps des ingénieurs; et si les Français se fussent maintenus en Egypte, il est hors de doute que ce projet important, qui avait si long-temps et si vainement occupé tant de rois, eût enfin reçu son plein et entier accomplissement. (A.)

un peu au-dessous des positions qu'elles occupaient.

Le général Hutchnison prit une nouvelle position, et le 21 investit la ville de Gizeh, située vis-à-vis le Grand-Caire. Le visir suivit encore ce mouvement, et campa sur la rive droite du fleuve, près des ouvrages ennemis. Quelques escarmouches légères eurent lieu dans la soirée sur les deux rives du Nil, et les mamelucks firent briller leur adresse dans ces engagemens.

On fit avec activité tous les préparatifs du siége. Des pièces de gros calibre et des munitions de toutes espèces remontèrent le Nil pour approvisionner l'armée du général Hutchinson. Mais ce n'était pas toujours sans difficulté que les bâtimens parvenaient à franchir avec leurs pesantes cargaisons la barre de Rosette. Le dépôt de l'armée assiégeante fut établi à proximité de la rivière, à un endroit où l'on pouvait débarquer les bouches à feu et les approvisionnemens dont les djermes étaient chargées.

Ce même jour, le major-général Moore, à peine remis des blessures qu'il avait reçues le 21 mars, vint de Rosette rejoindre l'armée.

Le 22 juin, le général Cradock fut désigné pour commander les troupes anglaises qui servaient dans l'armée combinée. Le commandement de sa brigade fut confié au brigadier-général Hope. Le colonel Abercromby remplaça le général Hope dans ses fonctions d'adjudant-général, et le capitaine Taylor, du 25ᵉ régiment d'infanterie, aide-de-camp du général en chef, fut nommé adjudant-général-adjoint.

Le même jour, le général Béliard, qui commandait les troupes françaises au Caire, se voyant entouré de tous côtés, ayant toutes les communications avec l'intérieur coupées, et ne pouvant espérer aucun secours, envoya un parlementaire aux avant-postes du général Hutchinson, pour proposer à ce général d'établir une conférence entre un officier français et un officier anglais, du rang qu'il jugerait convenable de désigner, afin de traiter de l'évacuation du Caire et de ses dépendances.

Le général Hutchinson ayant accédé à cette proposition, nomma le brigadier-général Hope pour traiter avec un général de brigade français. La conférence devait avoir lieu le même jour à une heure; mais on fut obligé de la remettre au lendemain, à onze heures, afin d'avoir le temps de communiquer au grand-visir la proposition du général Béliard.

Les Français élevèrent des tentes sur les bords du fleuve, entre les avant-postes anglais et Gizeh.

es officiers députés par les deux armées se réunirent dans cet endroit, qui fut appelé *le camp des conférences*. Les officiers envoyés par l'armée combinée étaient le brigadier-général Hope pour les Anglais, Osman Bey pour le grand-visir, Isaac Bey pour le capitan-pacha ; les généraux de brigade Morand et Donzelot et le chef de brigade Tareyre furent envoyés par le général Béliard. Chaque députation fut accompagnée au *Camp des conférences* par une escorte de trente dragons et de soixante fantassins.

Le 23, aussitôt après la première conférence, on donna l'ordre de cesser les hostilités de part et d'autre.

Les conférences continuèrent sans interruption jusqu'au 28 juin, époque à laquelle on signa une convention pour l'évacuation du Caire et de ses dépendances. L'on se donna aussitôt mutuellement des otages. Le colonel Paget, du 28° régiment, fut l'officier qui fut envoyé de la part des Anglais.

Par cette convention (1) il fut accordé aux Français soixante-dix jours pour l'évacuation définitive du Caire et de ses dépendances. Après ce délai, ils devaient se mettre en route pour Rosette avec leurs armes, leurs bagages, leur

(1) *Voyez* cette capitulation à l'Appendice, n° XV.

artillerie de campagne, et ils devaient être embarqués dans cette place aussitôt que possible, et au plus tard dans les cinquante jours qui suivraient la ratification du traité, sur des bâtimens fournis aux frais des puissances alliées, et qui devaient les conduire dans un port de France.

Dans la soirée du 28, les puissances alliées prirent possession de la porte de Gizeh et du fort de Sulkowsky (1). Les Français paraissaient inquiets de nous voir approcher des ouvrages de la ville, qui, malgré leur étendue et leur aspect formidable, étaient, dans le fait, faibles et en très-mauvais état. A tout autre égard, ils se montrèrent très-prévenans envers nous (2).

Le 9, la garnison française, conformément à la capitulation, évacua le Caire et Boulac, et se retira dans l'île de Rodha et dans la ville de Giseh. Le 89ᵉ prit aussitôt possession de la citadelle.

---

(1) Le nom de ce fort est celui d'un jeune Polonais, qui avait toute la confiance de Bonaparte, et dont le caractère semblait avoir une grande sympathie avec celui de cet homme célèbre. Il périt dans la première campagne d'Egypte.

(2) *Voyez* la dépêche officielle du général Hutchinson, en date du 29 juin, dans l'Appendice, sous le n° XVI.

§. XVII.

Suite des opérations devant Alexandrie.

Nous allons maintenant revenir à la division du major-général Coote devant Alexandrie.

Le contre-amiral sir Richard Bikerton rejoignit, le 13 juin, la flotte d'Alexandrie. Il n'avait rien aperçu de la flotte de l'amiral Gantheaume et n'avait pu se procurer aucun renseignement sur elle. On supposa, d'après cela, qu'elle était rentrée à Toulon, après avoir reconnu l'impossibilité de tromper la vigilance de nos croiseurs et d'opérer le débarquement des troupes qu'elle portait.

La peste d'Aboukir avait presque entièrement discontinué ses ravages, et grâce au zèle et à l'habileté des officiers de santé, il était mort peu de monde parmi ceux qui en avaient été attaqués. Ce terrible fléau s'était également montré à Rosette, où M. Halliday, chirurgien, et plusieurs autres personnes, en furent les victimes.

Le 16, le 30ᵉ régiment, dont les soldats étaient depuis longtemps dans un mauvais état de santé, fut envoyé pour faire le service à Rosette, et le premier bataillon du 27ᵉ quitta cette ville et vint remplacer le 30ᵉ dans le camp d'Alexandrie.

En conséquence du manque total de numéraire, le marché ne fut plus que faiblement approvisionné. Les avides Arabes ne nous amenaient plus de bestiaux et les autres provisions n'arrivaient qu'en petite quantité ; mais le nombre des acheteurs étant peu considérable, tous les objets étaient vendus à vil prix.

Un mouton rendu au camp coûtait à cette époque un dollar et demi. (Le dollar vaut un peu plus de 5 francs.) Une douzaine de poulets revenait à un dollar, et pour la même somme on avait cinq oies et souvent jusqu'à trois cents œufs (1).

Le 20, à neuf heures du matin, la frégate l'*Iphigénie* sauta dans la baie d'Aboukir. Elle avait pris feu vers trois heures ; elle était armée en flûte et disposée pour le transport des troupes ; elle venait d'arriver de l'île de Chypre. Heureusement que personne ne périt, l'équipage avait eu le temps de se sauver.

Le 23, le major-général Coote s'aperçut que le canal d'Alexandrie, qui s'étendait devant la gauche de son camp, était presque entièrement rempli d'eau provenant du terrain marécageux situé entre les deux armées ennemies.

---

(1) Lorsque le premier détachement de l'armée indienne arriva à Kenneh, dans la Haute-Egypte, les vivres y étaient à si bon compte, que pour un dollar on avait jusqu'à douze oies et un millier d'œufs. Il en était de même à Damiette.

Les Français désirant diminuer l'étendue de leur front, avaient conduit les eaux de cette nouvelle inondation dans le canal, et par une seconde coupure les avaient fait passer du canal dans la plaine.

Quand cette manœuvre fut découverte, la nuit était trop avancée pour qu'on pût y porter immédiatement remède. Cependant, le lendemain, nos vedettes s'étant portées en avant de notre gauche, ne trouvèrent qu'une faible opposition. Nous réunîmes alors un détachement de six cents travailleurs en arrière de la redoute n°. 7. A huit heures du soir ils commencèrent à élever une forte digue, afin d'arrêter les progrès de l'eau et d'empêcher que l'inondation ne gagnât notre front. Ces travailleurs furent soutenus par deux cents hommes d'infanterie et trois pièces légères, qu'on établit en avant d'eux et derrière les vedettes.

Nous continuâmes à travailler pendant toute la nuit, sans que l'ennemi cherchât à nous inquiéter. Nous apercevions ses troupes, qui de leur côté étaient très-occupées à faire de nouvelles coupures pour amener l'eau en plus grande abondance dans le canal. A minuit on envoya doubler le poste de deux cents hommes, qui passa toute la nuit sous les armes.

Nos efforts furent poursuivis avec une ardeur

non interrompue, jusqu'à ce que la digue fût achevée; elle paralysa entièrement les desseins de l'ennemi. Elle avait environ trois cents pieds de long, neuf de large, et sept de hauteur.

On éleva en arrière une petite redoute, armée de deux pièces de canon de 24, afin de la défendre contre les tentatives des Français.

Le 25 juin, à la pointe du jour, les vedettes échangèrent de part et d'autre quelques coups de fusil. Le lieutenant Davay, qui était alors de service à la digue, reçut une balle, qui le blessa grièvement au bras.

Le 5 juillet, la frégate la *Léda* arriva d'Angleterre et jeta l'ancre dans la baie d'Aboukir; elle portait cent cinquante hommes du 3ᵉ régiment des gardes, et on attendait, d'un instant à l'autre, un même nombre d'hommes du régiment de Coldstream. La frégate apportait, en outre, cinquante mille livres sterlings, pour le service de l'armée, et annonçait un renfort considérable, qui devait être expédié d'Angleterre immédiatement après son départ.

La frégate l'*Active* arriva le 8, avec cent cinquante hommes du régiment des gardes de Coldstream; elle fut suivie, le 9, par le *Madras* et l'*Argincourt*, ayant à bord le 25ᵉ et le 26ᵉ régimens. Ces bâtimens apportaient aussi une

orte somme d'argent et la nouvelle d'un renfort
plus considérable.

Le major-général Coote ordonna que ces
troupes fussent débarquées et vinssent immédiatement le rejoindre. Elles traversèrent le
lac d'Aboukir sur les bateaux de la flotte,
et furent mises à terre, à l'endroit où était le
dépôt. Cet accroissement de forces nous arrivait très-à-propos, car l'ophthalmie (1) avait

(1) L'ophthalmie, ou inflammation des yeux, peut être regardée comme une véritable épidémie en Egypte. Dans toutes
les villes, dans tous les villages et dans toutes les parties
de ce pays, les habitans sont tellement sujets à ce mal, que
l'on trouve rarement parmi eux des personnes qui n'en soient
pas atteintes. Les femmes cachent avec tant de soin leur
visage, que le plus souvent elles ne laissent pas même apercevoir leurs yeux, ce qui prouve qu'elles ne comptent pas
attirer l'admiration ou exciter le désir par la beauté de leurs
regards.

Nos soldats de l'armée d'Alexandrie, et de celle qui se
trouvait sur les bords du Nil, furent affectés d'ophthalmies
accompagnées de cuisantes douleurs. On attribue ces inflam-
mations si généralement dominantes, et qui coûtent souvent
la vue, à une infinité de raisons ; mais celles qui paraissent
les plus probables sont l'excessive chaleur, la vive réverbération des rayons du soleil sur le sable, l'air toujours chargé
de parties salines, la fraîcheur des nuits, et enfin le sable
fin et la poussière brûlante que le vent chasse continuellement dans les yeux.

Le meilleur remède à employer contre cette douloureuse
et dangereuse affection, est de se faire appliquer un vésica-
toire sur chaque tempe, et de se bassiner les yeux avec de
l'eau salée. Il est à remarquer que plusieurs personnes dont

mis hors de service un grand nombre d'hommes de la division du major-général Coote.

Le 10, le major-général Coote monta à bord du brick de guerre le *Port-Mahon*, avec lequel il s'avança vers la partie occidentale d'Alexandrie, où il reconnut le terrain, et vit avec plaisir que l'espace de terre compris entre la mer et l'inondation était très-étroit et pouvait facilement être occupé par un corps de quatre à cinq mille hommes, qu'il y envoya aussitôt ; car dès qu'il se vit renforcé par les troupes qui venaient d'arriver, il prit avec activité toutes les mesures qui pouvaient amener la reddition d'Alexandrie.

Un petit bâtiment, portant drapeau espagnol, réussit à pénétrer, le 12, dans le port d'Alexandrie. Le 14, le général Menou tenta de faire passer en France une cinquantaine d'hommes de lettres et d'artistes, sur un brick parlementaire ; mais l'amiral Keith arrêta ce bâtiment, auquel il ordonna de rentrer dans le port d'Alexandrie (1).

---

les yeux avaient résisté à la chaleur et à la réverbération funeste des sables de l'Egypte, furent, après leur départ, atteintes de l'ophthalmie pendant la traversée, et même dans leur patrie.

(1) Les généraux Reynier, Damas, et autres officiers distingués de l'armée d'Egypte, ne furent pas seuls l'objet des

Le même jour, le *Monmouth* arriva avec le 24ᵉ régiment et dissipa les inquiétudes que nous avions conçues sur son sort et celui de son équipage.

Le 18, un convoi venant de Minorque et de Malte, entra dans la baie. Les troupes qu'il

---

abus de pouvoir, disons mieux, des actes de démence de Menou. Il était un corps dans l'armée qui s'était acquis l'estime générale; ce corps avait partagé avec enthousiasme les peines et les dangers du soldat : il s'était associé à sa gloire ; il était honorable pour lui que les derniers momens de son existence en Egypte fussent marqués par sa constance et son courage dans les dégoûts et les humiliations dont le général Menou ne cessa de l'abreuver, et qui, dans ces derniers momens, furent tels, qu'on ne peut attribuer la conduite désordonnée de ce chef, qu'au trouble dans lequel l'avait mis la position fâcheuse où il se trouvait réduit : Ce corps est celui de la Commission des Sciences et Arts. (*Note du traducteur,* extraite de la Campagne d'Egypte, de M. Martin.)

Les membres de cette commission avaient obtenu l'autorisation de retourner en France; mais les Anglais leur ayant refusé le passage, ils voulurent rentrer dans Alexandrie, où le général français refusa de les recevoir, en menaçant de les faire couler à fond s'ils approchaient. Après quelques jours d'anxiété, ils parvinrent à faire révoquer l'ordre du général Menou, et rentrèrent dans Alexandrie, où, incorporés dans une garde nationale composée d'employés et autres français, non militaires, ils firent le service intérieur de la place.

Voyez à l'Appendice, nᵒ XVII, la lettre que leur écrivit le général Menou, et la réponse des membres de la commission.

amenait se composaient des chasseurs de Lowenstein, de deux bataillons du 20° régiment, qui, bien que levés pour un service limité, s'étaient offerts volontairement pour faire la campagne d'Egypte ; exemple qui fut imité par toute la garnison de Minorque. Ces forces furent bientôt suivies par le 22° de dragons légers (non montés). Tous ces corps ayant débarqué, rejoignirent la division du major-général Coote, qui se trouva ainsi forte de neuf mille combattans.

On fit alors, à Aboukir, avec une grande activité, tous les préparatifs nécessaires pour embarquer les troupes françaises, dont on nous annonça l'arrivée. Pendant tout le temps que dura l'expédition du général Hutchinson sur le Caire, la correspondance entre lui et le major-général Coote eut lieu sans interruption au moyen de quelques Arabes bédouins, qui furent soldés pour cet usage. Les Arabes voyageaient avec une grande célérité sur leurs propres chevaux, et mettaient rarement plus de trois jours à faire le trajet du Caire au camp retranché d'Alexandrie. Leur exactitude et leur fidélité égalaient leur promptitude, et il n'y eut jamais le moindre exemple de la plus légère violation faite de leur part à la confiance qu'on leur accorda.

L'armée Anglo-Ottomane partit du camp d'Embabeh, le 15, à quatre heures du matin. Le général Cradock ayant été laissé malade à Giseh, le major-général Moore prit le commandement des troupes anglaises. Les Turcs étaient sous les ordres du capitan-pacha, qui reçut du grand-visir un renfort de deux mille Albanais. Le grand-visir occupa le Caire et les environs avec le reste de son armée. Le 30ᵉ régiment, qui avait été, depuis le 18 juin, attaché à la division du colonel Stewart, rejoignit le corps principal de l'armée anglaise, et le 89ᵉ fut mis en garnison à Giseh et dans l'île de Rodha.

L'armée française, commandée par le général Béliard, sortit de Giseh à cinq heures, et marcha sur deux colonnes. Elle paraissait forte d'environ huit mille combattans.

Les Anglais et les Turcs marchaient à la gauche de l'armée française, qui suivait les bords du Nil à environ trois milles en arrière de nos troupes, et réglait tous ses mouvemens sur les nôtres. Près de trois cents djermes ayant le pavillon français descendaient le Nil avec les bagages. L'une de ces djermes portait le corps du général Kléber. Elle était surmontée d'un immense drapeau noir, sur lequel était écrit le nom de ce général. Cette djerme donnait le signal du départ et des haltes, en tirant un coup d'une pièce de 18 dont elle était armée. Les Français exprimaient ainsi le profond respect qu'ils conservaient encore pour la mémoire d'un chef qu'ils avaient chéri.

Les troupes anglo-ottomanes et françaises atteignirent, le 25, les environs de Rahmanieh, et s'arrêtèrent dans cet endroit. Le brigadier-général Oakes avait été envoyé à Rosette pour surveiller les opérations relatives à l'embarquement des troupes françaises, qui devait avoir lieu immédiatement après leur arrivée sur ce rivage. Le brigadier-général Lawton commandant l'artillerie, et le capitaine Brie, qui commandait le génie, étaient également venus à Rosette pour y préparer, chacun dans leur service, ce qui était nécessaire pour faire le siége d'Alexandrie.

Le capitan-pacha entra à Rosette le 28, et immédiatement après son arrivée monta à bord de son vaisseau, qui se trouvait alors à l'ancr dans la baie d'Aboukir. Le même jour, le Anglais, les Turcs et les Français atteignirer El-Hamed et les environs. Les Anglais camp rent entre Dibe et Semasma, les Turcs près d fort Saint-Julien, et les Français à Hame Dans sa marche le long des bords du Ni l'armée française se conduisit avec beaucou de désordre; les soldats manifestaient ouvertement leur joie de quitter l'Egypte, et montraient très-peu d'égards pour leurs officiers. En opposition, le bon ordre et la discipline qui régnèrent constamment parmi les troupes anglaises, font le plus grand honneur au major-général Moore.

Le second bataillon du Royal et le 48ᵉ régiment furent établis entre Rosette et les Turcs, afin d'empêcher ces derniers de pénétrer dans la ville, où leur présence eût infailliblement occasionné beaucoup de désordre.

Le général en chef, qui était resté pendant quelques jours malade au Caire, arriva à Rosette le 30; sa santé paraissait encore très-mauvaise, et le 2 août il se rendit à bord du vaisseau de l'amiral Keith.

On se mit alors à embarquer les troupes françaises avec beaucoup d'activité. Six cents de leurs malades furent envoyés de Rosette, et le 1ᵉʳ et le 2 août, quatre mille cinq cents hommes, avec un grand nombre de canonniers, de caissons, etc., furent mis à bord des bâtimens destinés à les transporter en France.

§. XVIII.

Marche de l'armée anglaise de l'Inde sur l'Egypte. Description de quelques villes de l'Arabie.

Le 16 juillet, un officier arriva avec des dépêches pour le général Hutchinson, par lesquelles on lui annonçait l'arrivée, depuis long-temps attendue, du major-général Baird, qui avait atteint Keimeh, village situé sur les bords du Nil, avec une grande partie de son armée.

Le projet de transporter un corps considérable de troupes des Indes en Egypte, en lui faisant traverser la Mer-Rouge, était bien conçu, et on en aurait tiré de grands avantages, si l'ennemi nous avait opposé une plus longue résistance.

Nous avons déjà dit qu'une petite portion de ce corps était arrivée à Suez, sous le commandement du lieutenant-colonel Lloyd, du 86° régiment. Ce détachement avait d'avance fait voile des côtes de Malabar avec le contre-amiral Blanket.

Nous allons suivre ici la marche que tint, pour arriver jusqu'à nous, l'armée indienne, commandée par le major-général Baird. Tous les corps de cette armée n'étaient pas partis du même point. Chaque résidence avait dû fournir une certaine quantité de troupes ; et si toutes celles qu'on avait le projet de rassembler eussent été expédiées en Egypte, cette armée eût été composée d'environ dix mille hommes.

Une division, formée du 10ᵉ régiment de Sa Majesté, d'un bataillon de douze cents volontaires cipayes du Bengale, et d'un détachement d'artillerie de l'honorable compagnie des Indes, s'embarqua aux Bouches-du-Gange, dans le Bengale, le 1ᵉʳ décembre 1800, et partit de cet endroit le 6. Elle arriva le 13 à Trincomaly, dans l'île de Ceylan (1), lieu désigné pour le rendez-vous, et où elle avait ordre d'attendre l'amiral. Elle fut rejointe dans ce port par le 80ᵉ régiment, et le 15 février ces troupes firent voile vers la pointe de Galle, à l'extrémité orientale de l'île, où elles arrivè-

---

(1) Cette baie, une des plus belles de l'univers, est très-large et en même temps très-sûre, à cause des hauteurs dont elle est entourée, et de sa position avancée dans les terres, où elle est presqu'entièrement renfermée. L'entrée en est défendue par un vieux fort hollandais, nommé fort Osnabruck. Il y avait aussi une batterie qui est maintenant détruite, élevée près du rivage, à environ un mille et demi de Trincomaly. Cette ville, située au fond de la baie, n'a rien de

rent le 18. Elles y furent renforcées par le 48ᵉ régiment, deux compagnies du 86ᵉ, sous les ordres du colonel Montresor, et un autre détachement de l'artillerie de la compagnie. Le 27 mars, une partie de ces forces arriva à Bombay, le temps contraire força le reste à relâcher à Goa. A Bombay, l'expédition reçut un nouveau renfort, consistant en un bataillon de cipayes, qui avait fait voile vers ce point quelque temps auparavant.

Ce fut seulement dans cet endroit que l'armée des Indes apprit qu'elle était destinée pour l'Egypte, et qu'elle aurait pour chef le major-général Baird.

Les bâtimens qui la transportaient sous les ordres de sir Home Popham, s'avançaient par petites divisions à travers la mer Arabique, jusqu'à Jedda; car la navigation difficile et dangereuse de la Mer-Rouge ne leur eût pas permis de marcher avec une grande flotte. Cette mer est à peine connue, et les cartes qui

---

remarquable; et comme elle tire de Madras presque tous les articles de consommation, ils y sont nécessairement chers. Cependant le poisson s'y trouve en grande quantité et à bon compte. Les bois qui l'entourent abondent en gibier. La ville était autrefois très-insalubre; mais cet inconvénient n'existe plus depuis qu'on a éclairci le pays et abattu les bois.

(*Note de l'auteur.*)

en ont été levées étant très-inexactes, il devenait nécessaire de naviguer avec toutes les précautions possibles, de sonder à chaque instant, de ne marcher que lentement, et même souvent de rester en panne pendant la nuit. Les capitaines des bâtimens et les officiers en général avaient reçu ordre de tenir exactement leur journal de navigation, et ceux qui savaient dessiner furent engagés à lever les plans et les gisemens exacts des côtes qui s'offraient à leur vue. Cette navigation est en effet si mauvaise et si incertaine, que la flotte perdit soixante-dix bâtimens, dont plusieurs étaient d'une beauté remarquable.

Une de ces divisions, ayant à bord le 10ᵉ régiment, quitta Bombay le 1ᵉʳ avril, et arriva à Mocka le 20 du même mois. Mocka, l'ancienne capitale de l'Arabie heureuse, est située à 13° 15′ de latitude. Vue de la mer, cette ville paraît fort belle; elle est défendue de ce côté par trois forts : les grands bâtimens sont obligés de jeter l'ancre à une distance de quatre ou cinq milles du rivage, car la mer y est très-basse. Une chaîne de rochers, qui s'élève au midi de la ville, s'étend fort avant dans la mer, et rompt ainsi l'impétuosité qu'impriment aux flots les ouragans qui règnent fréquemment dans ces parages.

La ville est sale et mal bâtie, et ne répond pas à l'idée qu'on s'en forme d'abord ; car les maisons blanchies présentent de loin une apparence de propreté et de régularité. Les habitans, qui ne sont pas encore réconciliés avec les chrétiens, sont inhospitaliers et très-insolens. Mocka est célèbre pour le café délicieux qui porte son nom. Après avoir fait de l'eau et des provisions dans cet endroit, la division mit de nouveau à la voile le 22, et ayant passé devant les îles de Gebel-Zeghir, de Sabagars et celle de Gebel-Toz, qui est élevée, rocailleuse, et qu'on dit avoir été jadis un volcan, elle atteignit Jedda le 28. Cette rade est étroite, peu sûre et remplie de bas-fonds et de bancs de corail. Son entrée offre d'assez grands dangers pour terrifier le marin le plus intrépide, car il faut traverser successivement deux passages ouverts entre des rochers escarpés, et ces passages ont tout au plus la largeur d'un vaisseau de ligne. Au milieu du premier se trouve un rocher caché sous l'eau, sur lequel la frégate *la Forte*, un des plus beaux bâtimens de notre marine, donna et se perdit. Les bancs nombreux qui se trouvent dans ce mouillage détruisent la force de la mer, et une fois entrés les bâtimens se trouvent en eau calme, quelque temps qu'il fasse.

En 1514, un des sultans d'Egypte entoura cette ville de murailles, pour la défendre des entreprises des Portugais, qui étaient alors tout-puissans dans la mer Rouge. Une partie de ces murailles subsistent encore, mais dans un état complet de ruines. Plusieurs maisons sont construites en pierres de taille, et sont supérieures aux habitations qu'on rencontre généralement en Egypte. Le pays qui environne Jedda est nu et stérile ; l'eau, de bonne qualité, y est très-rare, et il est très-difficile de s'en procurer.

De Jedda, les troupes anglaises s'avancèrent jusqu'à Cosseir, où elles arrivèrent le 17 mai, et où elles furent débarquées le 21 du même mois.

Cosseir n'était pas l'endroit fixé d'abord pour le débarquement de l'armée des Indes, elle devait être conduite jusqu'à Suez, afin d'éviter, autant que possible, le trajet du désert ; mais on jugea que cette mesure était impraticable dans la saison où l'on se trouvait, car le mousson régnait déjà, et ce ne fut qu'avec la plus grande difficulté et en courant les plus grands dangers, qu'on parvint à atteindre Cosseir.

Le reste de la flotte arriva successivement dans ce port. Une partie du 86e, venant de la côte de Malabar ; deux bataillons de Cipayes de

Bombay, des détachemens d'artilleurs et d'ingénieurs du Bengale, le 61ᵉ régiment, un détachement du 8ᵉ de dragons légers et de l'artillerie à cheval du Cap, y débarquèrent.

La rade de Cosseir, bien qu'insignifiante et souvent très-dangereuse, est néanmoins préférée à toutes celles de la mer Rouge. Elle est située à 26° 20′ de latitude; elle est très-peu profonde et ne peut contenir un grand nombre de bâtimens. Elle est presque entièrement ouverte à l'est et au midi; mais du côté du nord, elle est garantie par un banc de rochers qui s'avance à environ un mille dans la mer. La ville était autrefois d'une grande importance; mais elle est maintenant très-misérable. Elle est défendue par un fort carré, bâti sur une éminence; ce fort a été réparé et fortifié par les Français. Le pays environnant est aride et stérile. On n'aperçoit sur la côte, ou sur les montagnes, ni herbes, ni verdure, ni un seul arbre qui puisse soulager un instant la vue, fatiguée par la réverbération du soleil sur un sable brûlant. L'eau qu'on y trouve est extrêmement mauvaise, et tellement nuisible pour un grand nombre de personnes, qu'il fut nécessaire d'en fournir aux soldats, sur l'approvisionnement de la flotte, la quantité nécessaire pour les conduire jusqu'à la première fontaine.

De Cosseir, l'armée des Indes se mit, le 21 juin, en marche, pour traverser le grand désert. Vu la disette d'eau et l'extrême difficulté d'en transporter, on fut obligé de diviser l'armée en petits détachemens, qui se dirigeaient sur tous les points où l'on pouvait espérer de trouver des fontaines, et on creusa des puits pour les besoins de l'arrière-garde.

Dans cette marche pénible et accablante, au milieu de sables mouvans et d'un désert aride, qui avait plus de cent vingt milles d'étendue, on peut juger des souffrances que durent éprouver nos soldats, exténués de fatigue, accablés par une chaleur extrême, n'ayant souvent pas une seule goutte d'eau pour calmer la soif qui les dévorait.

Les différentes divisions de l'armée firent halte aux nouveaux puits (1), de Mohillah, d'El-Kittah et de Birambar. On trouve dans tous ces endroits de l'eau plus ou moins potable. A Mohillah, l'eau est excellente et se trouve à peu de profondeur de la surface du sol. A El-Kittah, l'armée vit la première maison qu'elle eût ren-

---

(1) Près des nouveaux puits on trouva les cadavres de six de nos marins, qui n'avaient pas été dépouillés de leurs uniformes. Il fut impossible de découvrir la véritable cause de cet événement extraordinaire.

contrée depuis son départ de Cosseir, et y trouva, en outre, un bazar ou marché, situé près d'un camp d'Arabes bédouins; il était bien approvisionné d'eau de bonne qualité, de fruits, d'œufs, de volailles, etc. qu'on vendait à très-bon compte. Les divisions firent généralement ce trajet en douze ou quinze jours, et la plus grande partie de l'armée des Indes se trouva rassemblée à Kenneh, dans les premiers jours de juillet. Dans cette marche, le 8ᵉ régiment de dragons légers perdit quinze chevaux, qui moururent de soif et de chaleur. L'ophthalmie n'exerça pas de très-grands ravages dans l'armée, pendant le trajet du désert. L'artillerie était traînée par des bœufs amenés des Indes; ils étaient très-petits, mais excessivement vigoureux.

Kenneh, par sa position à l'entrée du désert, et sur une rive fertile du Nil, est une ville assez importante. Elle était cependant bien plus considérable autrefois, à cause des communications continuelles qu'elle avait avec la mer Rouge.

Elle est mal bâtie, comme le sont toutes les villes arabes; elle avait un fort bastionné, élevé par les Français, mais qui a depuis été ruiné par les Arabes, qui en ont fait servir les matériaux à la construction de leurs demeures particulières (1). Ce fort a été, en outre, considérablement endommagé par les débordemens du Nil, dont il se trouve à trop peu de distance. Kenneh est entourée de jardins, que fertilisent des canaux communiquant avec le Nil.

Le major-général Baird arriva dans cette ville le 13 juillet.

A peu de distance de Kenneh, se trouvent les belles ruines de Tentyra ou Denderah. Le temple d'Isis, qui est encore assez bien conservé, dut être une des plus belles productions des arts, et un des plus magnifiques monumens de l'architecture ancienne.

Afin de n'être pas obligé d'interrompre le récit des événemens qui vont suivre, je vais continuer à donner l'historique de la marche de l'armée des Indes, jusqu'à Rosette, où elle arriva avant la capitulation d'Alexandrie.

Le 10° régiment quitta Kenneh le 24 juillet, et après avoir traversé le Nil, continua sa route, en traversant les villages suivans, et un grand

---

(1) Les Egyptiens traitent les constructions faites chez eux, par les étrangers, comme les monumens de leurs pères. On voit partout, dans les villes d'Egypte, des colonnes tirées des anciens édifices, soutenir des maisons modernes bâties sans élégance et sans goût ; et presque toujours les architectes arabes ont jugé que la partie la plus large devant servir de base, il fallait retourner les colonnes, de manière que le chapiteau se trouvât en bas. (A.)

nombre d'autres, dont les noms seraient inutiles à donner :

				Distances.
24 juillet.	— 1re journée	par Denderah, et fit halte sur la rive du Nil. . . .		13 milles.
26 id.	— 2e id.	par El-Wokf, et fit halte à Reiasie............		12 id.
27 id.	— 3e id.	par Hau et Badjura (1), et fit halte dans la ville de Farsiunt (2)........		14 id.
28 id.	— 4e id.	par Baganes et Samhund................		12 id.
29 id.	— 5e id.	par Bardis, et fit halte à Girgeh............		15 id.
		TOTAL............		66 milles.

On ne peut se faire une idée de l'aspect misérable qu'offraient les habitans des villages que traversa l'armée des Indes. Ils étaient presqu'entièrement nus, sales, couverts d'ordures, et leurs yeux éraillés étaient presqu'entièrement rongés par les essaims de mouches dont ils sont sans cesse entourés (3). En un mot, ils offrent au voyageur le spectacle d'une mi-

---

(1) Badjura est une grande ville ayant une mosquée, et située à peu de distance du Nil.

(2) Farsiunt est également une ville assez grande, située à deux milles du fleuve.

(3) On rencontre sans cesse des enfans dont les yeux sont tout-à-fait remplis de mouches. Ils y sont tellement accoutumés, qu'ils n'y portent pas même la main pour chasser ce

ère encore plus affreuse que celle des peuples de la Basse-Égypte.

La ville de Gizeh est grande, et renferme plusieurs mosquées. Les maisons en sont mal bâties et les rues très-étroites. Elle possède un vaste bazar, bien approvisionné, et paraît jouir d'un commerce assez actif, spécialement en cuirs, dont elle renferme plusieurs fabriques. C'est la capitale du Saïd ou Haute-Égypte. Elle était autrefois la résidence du pacha qui gouvernait cette province au nom de la Porte. C'était aussi la dernière place où s'étendait l'influence du gouvernement turc. Plus haut, les mamelucks avaient ouvertement secoué le joug du Grand-Seigneur.

Dans les premiers jours d'août, l'armée des Indes s'embarqua dans des djermes, et descendit le Nil, dont les eaux grossies dans ce moment avaient un cours très-rapide.

Elle traversa successivement les villes de Siout (1), de Monfalunt, de Schek-Abadeh (2),

---

insectes incommodes. Cette habitude peut aussi être une cause d'ophthalmie. (A.)

(1) Siout est une grande ville, située à environ deux milles du fleuve ; c'est le siége d'un évêché cophte. Elle est bien bâtie, et peut être regardée comme une des plus belles villes de la Haute-Egypte. Le Nil fait, dans cet endroit, un coude considérable. (*Note de l'auteur.*)

(2) Schek-Abadeh est l'ancienne Antinoë, capitale de la

de Benisoef (1), passa devant les pyramides de Sackara, et dans une infinité de villages, dont les deux rives du Nil sont couvertes. Elle arriva le 7 à Gizeh. Les troupes débarquèrent le lendemain et les jours suivans dans cet endroit, et campèrent dans l'île de Rodha, où elles furent passées en revue par le major-général Baird.

Dans leur marche à travers le désert et le long des rives du Nil, ces troupes furent accueillies avec les plus grandes marques d'amitié par les Arabes, qui leur offrirent tout ce qui était en leur pouvoir. Sans ces secours il leur eût été impossible de parvenir jusqu'au Caire. D'après les ordres d'Osman-bey-Tambourgi, les soldats de cette armée reçurent régulièrement et sans frais, des provisions de toutes espèces;

Basse-Thébaïde. Elle fut bâtie par l'empereur Adrien, et conserve encore quelques traces de son antique beauté. Sur la rive opposée du Nil se trouvent les ruines d'Hermopolis, qui fut autrefois une des principales et des plus florissantes cités de la Thébaïde. Près de ces ruines s'élève aujourd'hui Ashemuneim, ville assez importante. (*Note de l'auteur.*)

(1) Benisoef est située à environ quarante lieues du Caire; les nombreuses mosquées qu'elle renferme lui donnent, à quelque distance, un aspect très-pittoresque. Les Français y avaient construit un fort, que les mains dévastatrices des Arabes ont déjà presque entièrement renversé. (*Note de l'auteur.*)

mais cet avantage leur fut ensuite retiré par le grand-visir.

L'armée demeura au Caire, à Gizeh et dans l'île de Rodha, jusqu'au 28 août, pour attendre les ordres du général Hutchinson. Le 28, elle s'embarqua de nouveau, et, secondée par la rapidité du courant, elle atteignit Rosette le 31. Elle campa dans cet endroit, à moins d'un mille de la ville, près la tour d'Aboumandour.

Le colonel Ramsay, laissé comme commandant à Gizeh, avec quelques troupes, occupa le fort Ibrahim au Caire, l'île de Rodha et la ville de Gizeh. Le lieutenant-colonel Lloyd, avec le 86ᵉ régiment et un bataillon de cipayes, fut envoyé pour former la garnison de Damiette, et on laissa un dépôt à Kenneh, pour faciliter les communications avec la Mer-Rouge.

Le 1ᵉʳ septembre, le major-général Baird, accompagné du colonel Anchmaty, son adjudant-général, présenta au général Hutchinson les états de situation de l'armée qu'il commandait.

§. XIX.

Suite des opérations. Siége d'Alexandrie.

Un convoi arriva le 3 août dans la baie d'Aboukir ; il venait de Malte, et avait à bord les chasseurs britanniques et le régiment de Watteville, formant en tout six cents hommes. Il avait été escorté par la corvette *El-Carmen*, qui portait en outre cent vingt artilleurs venus de Gibraltar.

Depuis la bataille du 21 mars, le général Menou avait obstinément refusé d'entretenir avec notre armée aucune communication par terre, sous le prétexte que nous tenterions de jeter la désertion parmi ses troupes. En conséquence, tous nos rapports se faisaient au moyen de bâtimens parlementaires qui passaient entre nos croiseurs et le phare.

Le 7 août, d'après les ordres du général Hutchinson, le major-général Coote envoya un parlementaire aux avant-postes français, pour demander que M. Estève, payeur-général de l'armée française, et qui avait été compris dans la capitulation du Caire, reçût la permission d'entrer dans la ville d'Alexandrie, pour régulariser ses comptes et les faire signer

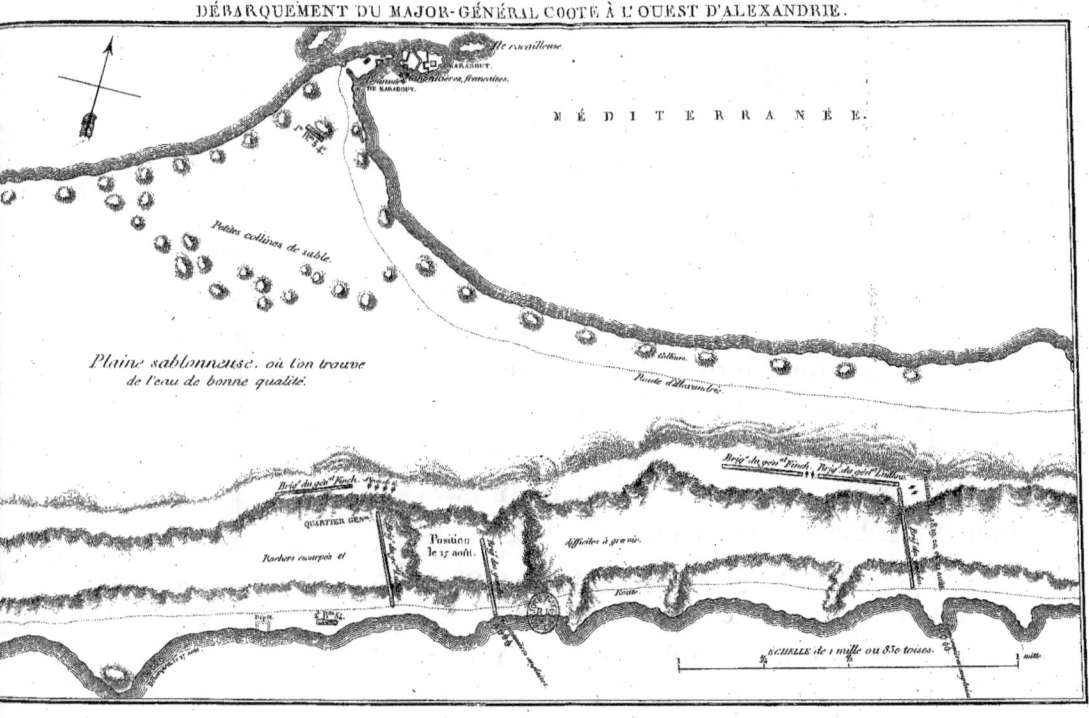

par le général en chef, avant son départ pour la France. Bien que M. Estève fût un ami intime du général Menou, et que ses affaires fussent d'une importance majeure, le général français refusa de le recevoir, en alléguant qu'il ne voulait pas transiger avec la résolution qu'il avait prise de ne recevoir personne par terre. Il résulta de ce refus, que M. Estève fut obligé de partir pour Aboukir, avant qu'on pût envoyer par mer un parlementaire à Alexandrie.

La brigade du brigadier-général Doyle arriva le 9 au camp d'Alexandrie, sous le commandement provisoire du colonel Spencer. Le général Doyle, gravement indisposé, était resté à Rosette. Le reste de la division du Caire devait suivre immédiatement cette brigade. Le même jour, des ordres supérieurs réglèrent un nouveau mode d'embrigadement pour l'armée.

Plusieurs grandes canonnières turques, ornées de drapeaux et de flammes, débouchèrent le 10 dans l'inondation. Le capitan-pacha arriva près de Rosette, pour réunir autant de ces bâtimens qu'il le pourrait.

Ces canonnières sont très-grandes ; elles ont deux mâts, un premier mât et un petit mât d'artimon ; elles sont à poupe carrée, portent un canon de 24 à l'avant, et une pièce de 12 de chaque côté de l'arrière. Elles sont à fond plat, prennent très-peu d'eau, et le service en est très-commode. Le lac d'Aboukir avait à cette époque repris son premier niveau, et l'inondation avait entre neuf à dix pieds de profondeur.

Un aide-de-camp du général Menou se rendit à bord du *Foudroyant*, où le général Hutchinson était encore ; il y resta quelques jours, mais on ne sut pas à terre quel fut l'objet de sa mission.

Le 11, le brigadier-général Hope arriva avec sa brigade, au camp d'Alexandrie, et la dernière division française partit d'Aboukir dans la matinée du même jour. L'embarquement de l'armée du Caire avait été exécuté avec beaucoup d'ordre et avec la plus grande activité.

L'ordre du jour du 12 donnait au major-général Coote le commandement du corps de troupes destiné à agir à l'ouest d'Alexandrie. Ce corps se composait de la brigade des gardes, sous les ordres du major-général lord Cavan, de la première brigade de ligne, sous les ordres du major-général Finch, formant, en tout, quatre mille combattans, avec une certaine quantité d'artilleurs et d'ingénieurs.

La flotille des canonnières, consistant en vingt-quatre voiles, déboucha dans l'inondation le 13 au matin, se forma en bataille en face des canonnières ennemies, et nous rendit bientôt maîtres de l'inondation.

La réserve, sous les ordres du major-général Moore, arriva le même jour dans le camp; mais on ne lui assigna pas de destination fixe, avant que le corps du major-général Coote n'eût fait voile pour la partie occidentale d'Alexandrie.

Toute la ligne française passa sous les armes la nuit du 13, car les mouvemens des canonnières, l'arrivée des troupes et toutes les autres dispositions qui eurent lieu, firent craindre une attaque au général Menou.

On avait ordonné que les troupes destinées aux opérations de l'ouest de la ville, feraient voile le 15; mais les magasins ne pouvant fournir, en ce moment, la quantité d'approvisionnemens nécessaires, le major-général Coote différa son départ jusqu'au 16.

Le lieutenant-général Hutchinson descendit à terre le 15, et prit immédiatement le commandement de l'armée. Depuis le 2, il était resté à bord du vaisseau amiral le *Foudroyant*.

La division du général Coote commença à s'embarquer le 16 août, à sept heures du soir, dans les chaloupes de la flotte, et à 9 heures tout le monde était à bord des bâtimens. Trois bataillons de la brigade du major-général Finch avaient été embarquées sur quelques-unes des canonnières turques, et la flotille entière mit à la voile, avec un bon vent, à neuf heures et demie (1).

Le lendemain, à la pointe du jour, nous nous aperçûmes que la plus grande partie de nos bâtimens, principalement les djermes et les bâtimens grecs, avaient considérablement dérivé. Le vent avait malheureusement changé pendant la nuit.

Cette circonstance nous était très-défavorable, car nous ne pouvions songer à opérer notre débarquement, sans avoir réuni toute notre flotille. A dix heures, nous nous dirigeâmes vers la côte, presque en face de l'endroit où les canonnières françaises étaient embossées. Le général Coote, apercevant alors un corps de trois

---

(1) C'est une des opérations les plus étonnantes de cette campagne, que cet embarquement de la division du général Coote sur l'inondation, dans environ quatre cents bâtimens de différentes espèces. Cette partie, alors couverte d'eau, et navigable, offrait, à l'époque de l'affaire du 21 mars, un terrain sec et praticable pour l'infanterie, la cavalerie et l'artillerie ; mais au moyen des coupures que nous avions faites au lac d'Aboukir et au canal d'Alexandrie, nous étions parvenus à remettre le lac Maréotis dans son état primitif, et à lui rendre les eaux qu'on lui avait enlevées en coupant la communication qui l'unissait autrefois à la mer à l'ouest d'Alexandrie. (*Note de l'auteur.*)

ou quatre mille hommes, avec deux pièces d'artillerie à cheval, près de l'endroit où il avait l'intention d'aborder, détacha le major-général Finch, pour faire une diversion sur ce point. Cette manœuvre eut tout le succès qu'on pouvait en attendre; et pendant que l'ennemi était tenu en échec par la brigade du major-général Finch, le reste de nos troupes opéra, sans éprouver la moindre opposition, le débarquement, à deux milles au-dessus de cet endroit. Aussitôt que nous fûmes à terre, nous prîmes position sur le sommet d'une chaîne de rochers escarpés; notre droite s'appuyait à l'inondation, et devant notre gauche était une plaine sablonneuse qui s'étendait jusqu'à la mer.

Ce terrain est d'une nature très-singulière: presque à partir de l'inondation, s'élève une haute barrière de rochers extrêmement escarpés; ces rochers bordent toute la péninsule de l'est à l'ouest; ils sont composés de pierres très-dures (1), et forment une chaîne qui a environ un mille en largeur, et au pied de laquelle se trouve une plaine horizontale et sablonneuse, qui s'étend jusqu'à la mer. La péninsule a environ deux milles de largeur.

---

(1) On a évidemment tiré autrefois parti de ces carrières, qui servirent probablement à la construction d'Alexandrie.

Le fort de Marabout, placé dans une petite île, à peu de distance du rivage, se trouvait presque en face de la position que nous occupions. Une belle tour carrée et blanche s'élève au milieu de l'île, et sert de fanal aux bâtimens qui viennent mouiller dans ces parages.

Notre premier soin fut de creuser des puits, et, à notre grande satisfaction, nous trouvâmes en grande abondance de l'eau de bonne qualité, à quatre ou cinq pieds au-dessous du sol.

Les Français mirent le feu à deux de leurs canonnières, sur l'inondation, et les laissèrent filer sur notre flotille afin de la brûler; mais ces bâtimens sautèrent sans nous causer aucun dommage. Dans la soirée, l'ennemi déploya une nombreuse cavalerie dans la plaine, et établit des vedettes près de nos lignes.

Peu de temps avant notre embarquement, un parti d'une centaine de mamelucks, conduit par Achmet-bey, faisant une reconnaissance du côté de Marabout, rencontra une troupe d'Arabes qui sortait d'Alexandrie. Il y eut entre eux un engagement, dans lequel Achmet-bey fut tué.

Pendant que les affaires se passaient ainsi à l'ouest d'Alexandrie, sir John Hutchinson ordonna qu'on fît, à l'est, une attaque générale sur tout le front de la ligne ennemie. Ce mouvement eut lieu à quatre heures du matin, et avait non seulement pour but, de gagner du terrain, mais encore d'opérer une diversion en faveur du major-général Coote.

L'attaque de la colline verte, située un peu en avant de l'aile droite des Français, fut confiée au major-général Cradock, et la brigade du général Doyle (1) fut choisie pour l'exécution de ce coup de main. Le 30ᵉ régiment devait emporter une petite redoute à la droite, et le 13ᵉ, une autre à la gauche. Le 92ᵉ régiment devait suivre ces corps, en se tenant au centre et en arrière, afin de pouvoir soutenir celui d'entr'eux qui aurait besoin d'être secouru. Les deux bataillons du 20ᵉ régiment furent également disposés de manière à pouvoir se porter sur les points où leur présence serait jugée nécessaire.

A l'aile gauche de l'ennemi, s'élevait une petite colline de sable que nous avions nommée colline Sugarloaf (2). Le major-général Moore s'en rendit maître sans une grande opposition,

---

(1) Le brigadier-général Doyle était à peine rétabli d'une maladie grave : au bruit des mouvemens qui devaient avoir lieu, il se hâta de quitter Rosette pour rejoindre sa brigade, et arriva au camp quelques heures avant l'attaque.

(*Note de l'auteur.*)

(2) Pain de sucre.

et de là put reconnaître les ouvrages des Français. Cependant on ne put garder cette position, qui était entièrement exposée aux feux croisés des batteries ennemies, et dont les flancs n'offraient presque aucun abri contre leurs coups.

La colline verte fut emportée par le major-général Cradock, sans qu'il eût à regretter la perte d'un seul homme, car les Français l'abandonnèrent à notre approche ; mais voyant que nous ne pouvions conserver le terrain que nous avions gagné à la droite, ils résolurent de tenter une attaque, pour nous chasser de la colline verte.

En conséquence, cinq cents hommes de la 75ᵉ demi-brigade, tambour battant, enseignes déployées, et pleins de confiance dans le succès de leur entreprise, traversèrent rapidement la plaine avec deux pièces de canon, et sans tirer un seul coup, s'avancèrent la baïonnette en avant, jusqu'à très-peu de distance du 30ᵉ régiment : mais ce corps, qui ne comptait pas plus de deux cents hommes, d'après l'ordre du colonel Spencer, et ayant à sa tête le lieutenant-colonel Lockhan, au lieu d'attendre de pied ferme le choc des Français, fondit sur eux avec courage et impétuosité. Les Français, surpris par ce mouvement hardi, firent demi-tour, et se retirèrent dans le plus grand désordre vers leurs retranchemens. Ils eurent plusieurs hommes tués ou blessés, et on leur fit huit prisonniers, qui furent arrachés hors de leurs rangs par nos soldats (1).

Quand on vit les ennemis s'avancer pour rompre le 30ᵉ régiment, on donna l'ordre au 15ᵉ, qui se trouvait à la gauche, de marcher sur la colline parallèlement au canal, afin de tourner la droite des Français, si ces derniers persistaient dans leur attaque.

Pendant ce temps, l'ennemi engagea une canonnade vive et meurtrière, qui nous coûta environ quarante hommes, tant tués que blessés. Leurs feux se croisaient dans toutes les directions d'une manière remarquable, et

---

(1) Le détachement français était composé de deux compagnies de grenadiers de la 25ᵉ, deux autres de la 75ᵉ, ainsi que d'un bataillon de cette demi-brigade, en tout quatre cents hommes. Les soldats exécutèrent la charge avec toute la vigueur qu'on pouvait attendre d'eux; ils montèrent sur la hauteur au pas de charge, et chassèrent les premiers tirailleurs anglais; mais arrivés sur la crête, ils virent alors la ligne anglaise qui était restée masquée derrière elle, et se voyant trop faibles, ils regagnèrent le camp, sans que les ennemis fissent aucun mouvement pour les poursuivre. Ils avaient alors de la cavalerie, et n'en profitèrent pas pour couper la retraite à cette petite troupe.

(*Note du traducteur*, extraite de l'ouvrage du général Reynier.)

nous donnaient une grande idée de la force de leurs lignes étendues.

Le colonel Spencer, du 40° régiment, ayant offert ses services, fut employé activement pendant toute cette journée, avec une partie de la brigade du général Doyle.

Le 18, à cinq heures du soir, le major-général Coote se porta en avant, sans trouver d'autre opposition que quelques balles, qui furent échangées entre les postes avancés des deux partis.

Il prit alors la position suivante : Les gardes se mirent en bataille perpendiculairement à la chaîne de rochers et sur deux lignes, ayant leur droite appuyée à l'inondation. Les brigades des majors-généraux Ludlow et Finch se formèrent en potence, faisant face à la mer. Le fort de Marabout se trouvait alors un peu à notre gauche.

A l'est d'Alexandrie, les postes avancés commencèrent à se couvrir par des tranchées, et dans la nuit du 17 on éleva une batterie de deux pièces, qui fut placée à la droite, un peu en avant d'une mosquée ruinée. A la droite des Français, sur la colline verte, on établit un ouvrage qui commandait la plaine, et on éleva un épaulement à notre droite, pour couvrir cette aile contre les feux d'enfilade auxquels elle était exposée. Le 18, à environ deux heures et demie du matin, nos postes avancés furent attaqués à la droite et à la gauche; mais l'ennemi n'étant pas en force fut contraint de se retirer.

Le 19, à la pointe du jour, le major-général Coote établit une batterie de deux pièces de 12, et de deux obusiers de 8 p° : trois canonnières françaises étaient placées entre l'île et la terre ferme; mais notre feu produisit un tel effet, que deux de ces canonnières furent coulées bas avant sept heures, et la troisième fut contrainte de se retirer à Alexandrie, totalement désemparée. Une djerme qui sortit de la ville dans la soirée et vint mouiller près de l'île, fut aussi coulée à fond.

Ce même jour, nous découvrîmes entre le fort et notre position deux citernes d'eau d'excellente qualité : elles avaient été bouchées.

Le 20 septembre nous cessâmes de tirer. Le major-général Coote voulut attendre qu'une batterie de deux pièces de 24 fût élevée, afin de produire plus d'effet sur le fort. Le premier bataillon du 44ᵉ régiment, commandé par le lieutenant-colonel Darby, fut chargé de soutenir les opérations du siége, et une compagnie d'infanterie légère fut embusquée si avantageusement à l'extrémité de la langue de terre, près du fort de Marabout, qu'un soldat de la garnison ne pouvait montrer sa tête au-dessus des parapets, sans être frappée par une balle tirée à portée de pistolets. De cette manière, les Français ne purent se servir de leur artillerie pour combattre nos batteries, car dès qu'un canonnier paraissait à son poste, il était aussitôt atteint d'un coup de fusil.

Les Turcs, commandés par le capitan-pacha, se réunirent au général Hutchinson et campèrent, le 20, près du dépôt. Environ deux cents d'entre eux se réunirent à nos soldats postés sur la colline verte, et deux cents autres vinrent renforcer les postes avancés de notre droite.

Après un travail pénible on parvint à amener deux pièces de 24 devant le fort de Marabout; quatre bataillons avaient été employés à les transporter à travers l'inondation, les rochers escarpés et les précipices. Le 21, à la pointe du jour, la batterie étant terminée, et les pièces montées sur leurs affûts, on commença à faire contre le fort un feu soutenu et bien dirigé. A onze heures et demie la tour des signaux s'écroula avec un fracas épouvantable, ensevelissant sous ses ruines une pièce de 24, les provisions, les munitions, et plusieurs soldats.

Cependant les ennemis hissant de nouveau leur drapeau, et ne manifestant aucune intention de capituler, nous continuâmes notre feu pendant toute la journée : les assiégés ne purent riposter que par quelques boulets, et une de leurs pièces fut démontée. Nos batteries étaient tellement rapprochées des remparts, que tous nos coups portaient, et la garnison, sans casemates et sans aucun abri, fut obligée de se réfugier à l'autre extrémité de l'île.

A cinq heures du soir le fort n'étant plus qu'un monceau de ruines, et l'ennemi ne paraissant nullement disposé à se rendre, le général Coote se détermina à faire donner l'assaut pendant la nuit. Cependant, avant de se porter à cette extrémité, il m'envoya avec le lieutenant-colonel Darby, du 44° régiment, pour signifier au commandant de se rendre prisonnier de guerre, en l'avertissant en même temps des conséquences qu'entraînerait une résistance inutile (1).

Après quelques difficultés on arrêta et on signa les articles de la capitulation. La garnison consistait en cent quatre-vingt-quinze hommes;

---

(1) *Voyez* la sommation du général Coote, à l'Appendice, n° XVII.

et elle en avait perdu vingt ou trente pendant le siége. Le commandant était un chef de bataillon de la 88ᵉ demi-brigade, il paraissait désespéré d'être obligé de se rendre; cependant il ne pouvait être mécontent ni de sa propre conduite, ni de celle de ses soldats, car il avait résisté aussi long-temps qu'il était possible de le faire. A onze heures du soir deux compagnies du 54ᵉ se mirent en possession du fort.

Le capitaine Cochrane, de la marine royale, ayant pénétré, le 21 au soir, dans la rade occidentale, ou la vieille rade d'Alexandrie, avec sept sloops de guerre anglais et turcs, malgré la précaution que les Français avaient prise de détruire toutes les bouées et tous les autres signes destinés à indiquer les écueils et les passages dangereux, le major-général Coote se détermina à se porter en avant et à attaquer l'ennemi pour se rapprocher des ouvrages d'Alexandrie autant que pourrait le permettre la prudence et la sûreté de son armée. En conséquence, le 22 septembre, à la pointe du jour, toutes les troupes prirent les armes et furent renforcées par cent cinquante *riflemen* (1)

---

(1) Tirailleurs armés de carabines rayées.

de Lowenstein, qui étaient débarqués pendant la nuit. Nous nous mîmes en marche à six heures et demie, et les bâtimens armés qui se trouvaient dans la rade, ainsi que les nombreuses canonnières établies sur l'inondation, suivirent notre mouvement sous les ordres du capitaine Stephenson.

Les troupes se portèrent à la rencontre de l'ennemi, qui occupait une position très-forte sur le sommet d'une chaîne de rochers escarpés. Sa droite était appuyée à la mer, et défendue par une batterie de deux pièces de canon de gros calibre; sa gauche était appuyée à l'inondation, et fortifiée par deux batteries de trois pièces de canon également de gros calibre. Outre ces bouches à feu, les Français avaient placé une nombreuse artillerie de campagne entre les intervalles de leur front de bataille.

Notre petite armée s'avança en trois colonnes: deux d'entre elles, marchant à la droite, et contre l'inondation, étaient formées par les gardes, commandés par lord Cavan ; la brigade du major-général Ludlow formait la troisième, et marchait à la gauche le long de la mer, ayant en tête le premier bataillon du 27ᵉ régiment. La brigade du major-général Finch formait la réserve, et était destinée à se porter partout où sa présence serait nécessaire.

C'est dans cet ordre, l'artillerie de campagne marchant à hauteur des têtes des colonnes, que nos troupes continuèrent à se porter en avant avec le plus grand sang-froid et la plus grande précision, sous le feu continuel de l'artillerie et de la mousqueterie. A mesure que nous avancions, les Français se retiraient; nous ne leur laissâmes point le temps de respirer jusqu'à ce que nous fussions parvenus près des ouvrages de la ville. Nous nous arrêtâmes alors aussi près de la redoute des Bains que nous le le pûmes, sans nous compromettre, et l'ennemi ne nous donna aucune inquiétude pendant tout le reste de la journée.

Notre perte fut légère relativement aux avantages que nous avions obtenus, et aux difficultés que nous avions eues à surmonter sur un champ de bataille où nos ennemis trouvaient à chaque pas des accidens qui leur fournissaient les moyens de nous opposer une résistance opiniâtre. La perte des Français dut être beaucoup plus forte, car nos bâtimens armés firent sur leurs flancs un feu continuel, pendant que l'artillerie et la mousqueterie de notre ligne les battaient en front. Dans le désordre de leur retraite, ils laissèrent entre nos mains sept pièces d'artillerie.

Jamais il n'y eut peut-être un tableau plus

imposant que celui que présentait ce combat : l'armée s'avançant avec ordre, en trois colonnes séparées, sur cet isthme étroit ; le feu de notre artillerie et de notre mousqueterie ; les bâtimens de guerre et les canonnières qui, sur nos deux flancs, suivaient régulièrement les mouvemens de nos troupes en faisant un feu continuel sur la droite et la gauche de l'ennemi ; toutes ces scènes variées, auxquelles la beauté de la matinée ajoutait un nouveau degré de sublimité, formaient un spectacle dont la majesté ne peut être surpassée.

Le général en chef ayant été informé que le général Menou se proposait d'attaquer le corps du major-général Coote avant que les renforts qu'on lui avait envoyés (1) ne fussent arrivés, se détermina à opérer à l'est de la ligne ennemie une diversion en faveur de ce corps d'armée ; en conséquence, le 23 septembre, à quatre heures du matin, nos postes avancés firent un mouvement en avant, et à la pointe du jour nos têtes de colonne se montrèrent dans la plaine, tandis que sur notre droite les Turcs se rendirent maîtres de la colline Sugarloaf. Ces mouvemens nous coûtèrent cinq ou six cents hommes, car les Français, en se re-

---

(1) La sixième brigade sous les ordres du colonel Spencer.

tirant dans leurs positions, firent feu avec toutes leurs batteries.

Le colonel Spencer débarqua à l'ouest d'Alexandrie avec la brigade du brigadier-général Blake, dont il avait provisoirement le commandement. Deux cent cinquante mamelucks, sous les ordres du capitaine Chollet, des dragons d'Hompesh, joignirent aussi la division du major-général Coote, et prirent position en arrière. Ils arrivaient de Demanhour, et avaient traversé le désert en suivant les bords de l'inondation. Dans la même journée, six cents Turcs, détachés par le capitan-pacha, arrivèrent également, et furent établis en arrière de la brigade du colonel Spencer.

A environ deux heures après-midi, le major-général Hutchinson, accompagné du commandant du génie, vint reconnaître la position du major-général Coote. Après avoir examiné avec soin les ouvrages de l'ennemi et la nature du terrain, on reconnut généralement que ce côté de la ville était le plus favorable aux opérations du siége. Le général en chef parut très-satisfait des progrès que nous avions faits; il témoigna au major-général Coote, dans les termes les plus flatteurs, sa satisfaction sur l'infatigable activité qu'il déployait, et sur les heureuses opérations au moyen desquelles il était parvenu, en si peu de jours, à repousser l'ennemi jusque sous les murs d'Alexandrie.

Dix ou douze bâtimens de guerre, commandés par le capitaine Stephenson, entrèrent le même jour dans la rade, et se formèrent en avant sur une ligne, afin de protéger l'aile gauche du général Coote.

Les Français coulèrent à fond plusieurs vieux navires, en face de la station de leurs bâtimens de guerre, probablement afin de nous empêcher d'opérer un débarquement dans l'île des Figuiers. Ils avaient, dans la plaine, des détachemens de travailleurs, que tourmentait beaucoup le feu continuel des canonnières que nous avions sur l'inondation.

Malheureusement, malgré tous nos efforts et nos tentatives réitérées, nous ne pûmes trouver d'eau dans les environs de la nouvelle position du major-général Coote. Notre nouveau camp était établi sur un terrain rocailleux, et les soldats étaient forcés d'aller jusqu'à l'emplacement du camp qu'ils avaient quitté, à quatre milles de distance, pour se procurer cet objet de première nécessité. Les mamelucks nous furent d'un grand secours dans cette circonstance, en nous envoyant leurs chameaux, chargés d'outres remplies d'eau.

Le 24, un parlementaire arriva au quartier-général, avec une lettre du général Menou, qui remerciait le général Hutchinson des égards qu'il avait eus pour sa femme, qui, lors de la prise du Caire, était tombée entre nos mains. Les Turcs l'eussent pendue, pour la punir de s'être mariée à un Français, si le général Hutchinson n'eût interposé son autorité dans cette affaire. Après lui avoir ainsi sauvé la vie, il la renvoya par Rosette à son mari (1). Néanmoins, il est à présumer que cette démarche du général Menou fut plutôt faite comme une ouverture de négociations, que par tout autre motif; car en opposition avec les principes si souvent affichés par le général français, cette communication se fit par terre.

Le lendemain matin, le major-général Coote fit jouer, contre la redoute des Bains, une batterie de quatre pièces de 24, et une autre de quatre mortiers. Dans la matinée, l'ennemi lança plusieurs bombes de 12 pouces, avec deux mortiers qui étaient en batterie dans la redoute. Ces bombes tombant autour de notre

---

(1) On sait que le général Menou s'était fait musulman pour épouser, sous le nom d'Abdallah, une jeune turque, d'une famille riche et distinguée, qui, depuis, l'a suivi en France et en Italie, et n'a jamais quitté ni son costume, ni les habitudes orientales. On ignore si ce fut la politique, l'intérêt ou l'amour, qui opéra cette conversion singulière. (A.)

mp, nous inquiétèrent beaucoup ; heureuse-
ent qu'elles avaient de vieilles fusées très-
auvaises, de sorte que beaucoup d'entr'elles
'éclatèrent pas. Elles ne blessèrent qu'un seul
omme, et d'une manière assez singulière :
uit soldats du régiment des gardes étaient
ouchés dans une tente circulaire, lorsqu'une
rosse bombe tomba précisément au centre,
oupa le pied d'un des soldats, et s'enterra
-peu-près de dix pieds, sans éclater et sans
auser d'autres dommages.

Le lieutenant-colonel Coote, désirant s'approcher davantage de la redoute des Bains, afin
que son artillerie pût produire un plus grand
effet, envoya le lieutenant-colonel Smith,
avec le premier bataillon du 20°, et un faible
détachement du 26° régiment de dragons-légers,
commandé par le lieutenant Kelly, avec ordre
d'attaquer et de repousser les avant-postes français sur la droite de leur armée. Le second
bataillon du 54° régiment, commandé par le
lieutenant-colonel Layard, fut en même temps
posté sur une chaîne de collines, pour soutenir cette attaque.

Aussitôt que la nuit fut tombée, le lieutenant-colonel Smith commença son mouvement
en tournant la gauche des postes ennemis,
et les balayant ensuite des collines. Cette opé-

ration fut exécutée avec une intrépidité remarquable. Le bataillon du 20ᵉ ne tira pas un seul coup de fusil; on ne lui permit même pas de charger ses armes, tout fut enlevé à la baïonnette. La perte des Français se monta à plus de cent hommes tués, blessés ou pris. De notre côté, nous n'eûmes que trois hommes et le lieutenant Kelly légèrement blessés. Ce succès nous fit gagner beaucoup de terrain, et nous mit à même d'établir nos batteries à moins de quatre cents mètres de la redoute des Bains.

Cependant l'ennemi, exaspéré par nos succès, fit, pendant la nuit, plusieurs tentatives pour ressaisir les positions qu'il avait perdues. Dans ce dessein, il mit en avant des troupes fraîches, et fit sur nous, pendant plus d'une heure, un feu très-vif d'artillerie et de mousqueterie; mais voyant qu'il ne pouvait nous ébranler, et que tous ses efforts, pour nous déloger des points que nous occupions, étaient inutiles, il se retira vers minuit, et nous laissa paisibles possesseurs du terrain que nous avions conquis. Pendant tout le temps que durèrent les attaques de l'ennemi, nos batteries de pièces de 24 et de mortiers, ainsi que les canonnières placées sur l'inondation (1), firent un feu continuel.

---

(1) Le camp du major-général Coote était établi sur les

Dans la matinée du 26, quatre batteries commencèrent à battre le camp retranché des Français, à l'est de la ville ; elles firent bientôt taire

ruines de l'ancienne Nécropolis, ou ville de la mort. Une centaine de cavernes, dans lesquelles on descend au moyen d'escaliers construits avec soin, prouvent l'emplacement de la ville de ce nom. Ces cavernes sont divisées en une quantité innombrable de cases placées les unes sur les autres, et disposées évidemment pour recevoir des corps morts ; leurs formes et leurs grandeurs ne peuvent laisser aucun doute sur ce point. Ces cases n'ont que la capacité nécessaire pour contenir un cadavre ou deux au plus, en les plaçant l'un sur l'autre, et leur longueur n'excède pas de beaucoup celle de la taille humaine. Elles étaient toutes ouvertes ; mais celles que j'examinai étaient entièrement vides et ne renfermaient plus aucuns restes.

Dans ce sanctuaire de la mort nous trouvâmes un monument souterrain, différent des autres par sa forme, et bien supérieur par sa grandeur et la beauté de son architecture. On n'y pénétrait que par un passage étroit, et sous lequel un homme ne pouvait se glisser qu'avec difficulté. Ce tombeau est de forme circulaire et a quatre portes placées à égale distance les unes des autres ; mais trois d'entre elles sont des fausses portes, et on n'entre dans le monument que par une seule. Nous supposâmes que ce tombeau, entouré d'une foule d'autres qui lui étaient bien inférieurs sous le rapport de leurs dimensions et du travail, devait avoir été celui d'un roi ou de quelque grand personnage.

Le long de la mer, dont les rivages sont escarpés et formés de rochers, nous trouvâmes une grande quantité d'excavations faites en forme de bains spacieux. Nous donnâmes, je ne sais pourquoi, à ces excavations, le nom de Bains de Cléopâtre ; ce sont, dans le fait, des enfoncemens naturels qui,

les batteries ennemies, et forcèrent les assiégés à retirer plusieurs de leurs pièces de canon. Une de nos pièces de 24 creva sur la colline verte, mais heureusement ne blessa personne.

A quatre heures et demie du soir, un aide-de-camp du général Menou se présenta aux postes avancés de l'attaque de l'ouest, avec une dépêche pour le général Coote. Il fut conduit devant le général, les yeux bandés. Sa mission avait pour but d'obtenir une suspension d'armes pendant trois fois vingt-quatre heures, afin que le général Menou pût, dans cet intervalle, préparer les articles de la capitulation. Le général Coote envoya aussitôt demander à sir John Hutchinson ses instructions, relativement à ce qu'il devait faire, et consentit à suspendre les hostilités jusqu'à ce qu'il en eût obtenu une réponse. A une heure du matin, le général Coote fut informé que le général en chef avait reçu la même proposition de la part du général Menou, et qu'il avait

---

par le secours de l'art, sont devenus des appartemens commodes, et autour desquels on a taillé des bancs. L'eau de la mer s'élève à quelques pieds dans ces appartemens ; elle y arrive par une petite ouverture pratiquée dans le roc, et se renouvelle sans cesse. Nous trouvâmes ces bains agréables, et nous y allions tous les jours jouir de la fraîcheur des brises de la mer. (*Note de l'auteur.*)

gé convenable d'y accéder. En conséquence,
hissa des drapeaux blancs sur tous les
ints les plus apparens du camp, et le feu
ssa entièrement de part et d'autre (1).
Sans la conclusion de cet armistice, la pre-
ière parallèle et l'attaque de l'est auraient été
erminées pendant la nuit; près de trente
ièces de gros calibre pouvant alors faire feu
ur la ville, en auraient bientôt renversé les
vieilles fortifications, déjà ruinées de toutes
parts (2).

Nous n'augurâmes rien de favorable en
voyant que le général Menou différait d'envoyer les termes de la capitulation jusqu'au
dernier moment de l'armistice, et nos suppo-
sitions furent réalisées ; car, à quatre heures
du soir, il expédia un aide-de-camp, non avec

---

(1) *Voyez* à l'Appendice, n°. XVIII, les lettres relatives
à cette suspension d'armes.

(2) On ne peut pas se faire, sans les avoir vues, une idée
parfaitement juste de ces anciennes fortifications. Ce sont des
murs très-élevés, coupés par des tours et surmontés de terrasses qui ne sauraient résister à l'artillerie, mais qui suffi-
sent pour la défense dans un pays où la cavalerie fait la force
principale, et où les fantassins se défendent avec beaucoup
d'acharnement, tant qu'ils ont un mur derrière lequel ils peuvent se retirer. Quelques Albanais, qui étaient à Alexandrie
lorsque les troupes françaises descendirent pour la première
fois en Egypte, étonnèrent l'armée par la résistance qu'ils
firent en se retirant de muraille en muraille. (A.)

la capitulation attendue, mais avec une demande de prolonger encore pendant trente-six heures la suspension d'armes. Ce nouveau délai expiré, le général Menou promettait d'être prêt à recevoir les commissaires que nous déléguerions pour traiter de la reddition de la place. Cette demande fut rejetée, et on donna l'ordre de recommencer les hostilités à minuit.

Cependant Menou voyant qu'il ne pouvait pas obtenir le terme qu'il avait demandé, envoya un nouveau parlementaire pour prier le général de retarder les attaques jusqu'au lendemain à deux heures. Le général Hutchinson lui accorda ce délai, et envoya un contre-ordre relativement au renouvellement des hostilités.

Le 30 août, un aide-de-camp du général Menou arriva à deux heures après-midi au quartier-général, avec la capitulation proposée; mais plusieurs des articles qu'elle renfermait parurent si déraisonnables, que le général Hutchinson répondit immédiatement que l'armistice serait annulé, et que les hostilités allaient recommencer sans délai, si le général Menou ne consentait pas à faire des propositions moins exagérées (1).

---

(1) *Voyez* à l'Appendice, n°. XVIII, la lettre du général Hutchinson, au général Menou.

En conséquence de cette réponse, le général dépêcha un autre aide-de-camp qui accourut à toute bride vers nos lignes. Les dépêches dont il était porteur firent alors prendre une tournure plus favorable aux affaires, et la cessation des hostilités fut maintenue.

Parmi les articles qui furent rejetés, se trouvaient les suivans :

1°. Tous les bâtimens et vaisseaux de guerre qui existent dans le port d'Alexandrie pourront librement retourner en France ;

2°. L'armistice continuera jusqu'au 17 septembre : si un renfort suffisant arrivait de France avant cette époque, il serait permis à la garnison de recommencer les hostilités ;

3°. L'armée conservera toutes ses propriétés publiques et particulières, et une grande partie de son artillerie et de ses munitions (1).

(1.) En conséquence de l'article VI de la capitulation, le colonel Turner, du 3e régiment des gardes, fut envoyé par le général Hutchinson pour prendre possession des monumens d'antiquités que les Français avaient rassemblés pendant leur occupation de l'Egypte. Il parvint, après de grandes difficultés, à se mettre en possession de ces objets, qui furent ensuite amenés à Londres et déposés dans le musée anglais. (*Voyez* l'Appendice, n° XIX.)

Les membres de la Commission des Sciences et des Arts, auxquels on avait communiqué l'article de la capitulation qui la concernait, écrivirent immédiatement au général Menou

Les articles de la capitulation, modifiés et renvoyés par le général Menou, lui furent reportés le 31, dans la matinée, avec la réponse définitive du général Hutchinson. Le brigadier-général Hope fut envoyé à Alexandrie pour traiter cette affaire, qu'il termina sans beaucoup de difficulté.

---

pour protester contre la violence qui leur était faite, et lui observèrent qu'il avait pu traiter avec l'ennemi pour tout ce qui regardait l'armée et le gouvernement; mais que leurs desseins, leurs collections et leurs manuscrits étaient leur propriété individuelle, dont personne n'avait le droit de disposer.

Le général Menou écrivit en conséquence au général Hutchinson, pour lui faire connaître l'opposition des membres de la commission, et lui représenter l'injustice de la violence qui leur était faite ; mais ces représentations n'eurent aucun poids : d'ailleurs le général Hutchinson était poussé dans cette affaire par un M. Hamilton, qui désirait s'approprier les travaux faits par les Français en Egypte : il refusa donc de rien laisser emporter. Alors les membres de la commission voyant qu'ils devaient négocier eux-mêmes, députèrent vers le général anglais MM. Geoffroy, Delille et Savigny, qui déclarèrent que la violence qu'on voulait leur faire était contraire à toutes les lois des nations, et qu'ils n'y obtempéreraient jamais ; que si les Anglais persistaient à s'emparer de ce qui était bien leur propriété particulière, ils jeteraient à la mer le fruit de quatre années de travaux, qui serait dès-lors perdu pour l'Europe. Cette fermeté, et la menace courageuse dont elle était accompagnée, ébranlèrent le général Hutchinson, qui se désista enfin de ses prétentions et laissa chacun maître de ce qui lui appartenait. (*Note du traducteur*, extraite de l'ouvrage de M. Martin.)

Le 2 septembre, à midi, conformément aux conventions établies par la capitulation, nous prîmes possession des lignes françaises. Le major-général Cradock occupa, avec les grenadiers de sa division, le camp retranché des Français, à l'est de la ville. A l'ouest, le major-général Ludlow, avec deux cents hommes de la brigade des gardes et les grenadiers de sa division, occupa les forts Leturc et Duvivier (1), ainsi que les hauteurs fortifiées de la colonne de Pompée. Les Français avaient évacué ces positions, et nous y entrâmes tambour battant, enseignes déployées. Les drapeaux anglais et turcs furent aussitôt hissés ensemble dans ces endroits, et cette opération se fit avec un ordre et une précision remarquables.

Le temps était superbe, et l'ensemble de cette scène qu'ennoblissaient encore les sentimens que l'heureuse issue de cette glorieuse campagne excitait dans tous les cœurs, fit de cette journée une des plus belles dont un militaire puisse jouir.

Ce moment couronna tous nos efforts, en nous donnant l'entière possession de l'Egypte (2).

---

(1) Officiers français tués dans les campagnes d'Égypte.
(A.)

(2) Il est assez remarquable que le jour de la reddition d'Alexandrie, la frégate française *la Justice* tomba entre nos

Dès-lors, le sang allait cesser de couler dans cette contrée, le repos était rendu à ces déserts, longtemps troublés par l'ambition de l'étranger (1); et une armée, qu'une longue suite de victoires faisait croire invincible, devait enfin reconnaître que les troupes anglaises pouvaient l'égaler dans les champs de la gloire.

---

mains, et fut donnée aux Turcs. La prise de ce bâtiment rendit complète la destruction de la flotte de l'amiral Brueys. Des quatre voiles qui, dans la matinée du 2 août, s'étaient échappées sous l'amiral Gantheaume, *le Généreux*, *le Guillaume-Tell* et la frégate *la Diane* avaient été successivement pris par nos vaisseaux. La frégate *la Justice* était la seule qui survécût encore à la journée d'Aboukir.

(*Note de l'auteur.*)

(1) Il est tout naturel que ce moment fut très-beau pour un Anglais ; mais cette victoire des forces anglaises, qu'il juge si avantageuse pour le pays dont elle leur assurait alors la possession, a-t-elle été vraiment un grand bonheur pour l'Egypte ? Si les Français en fussent restés les maîtres, s'ils y eussent, comme tout en indiquait le projet, formé une grande colonie, combien leur activité, leur industrie n'eussent-elles pas contribué à rendre à ce beau pays la vie qui lui manquait sous le gouvernement destructeur des Turcs ? Heureusement pour l'Egypte, elle a maintenant un prince qui s'efforce de lui rendre cette civilisation que nous avions voulu y transporter.

Nous ne chercherons pas à établir ici un parallèle entre les armées de la France et de l'Angleterre ; il semble néanmoins que les Anglais ne peuvent pas tirer un grand orgueil de cette campagne d'Egypte, où ils étaient plus forts en

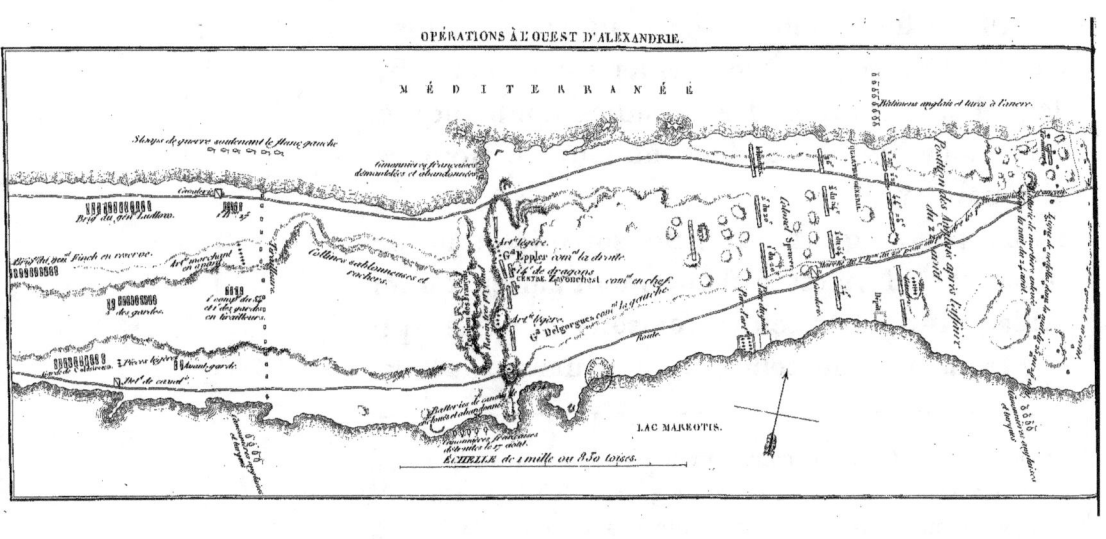

§. XX.

Antiquités.—Fortifications et État d'Alexandrie.

Alexandrie, jadis la capitale du monde commerçant, n'est plus maintenant qu'un triste monceau de ruines. Sa population est évaluée à sept ou huit mille âmes; mais cette évaluation a été faite avant le dernier siége, pendant lequel la famine et les maladies épidémiques ont encore diminué de beaucoup le nombre des habitans.

La partie qu'on désigne sous le nom de nouvelle ville, n'est, à proprement parler, qu'un village turc. Les seules maisons décentes qui s'y trouvent sont celles des consuls européens.

---

nombre, où leurs vaisseaux leur fournissaient abondamment des provisions et des munitions de guerre, où les maîtres du pays étaient pour eux; tandis que nos troupes, enfermées dans des places mal fortifiées, sans communication avec la France, sans espoir de recevoir des renforts, ne pouvaient se flatter de conserver leur conquête, et ne combattaient que pour retarder une capitulation que Kléber avait déjà acceptée à El-Arish, et qui, dès les premiers momens de l'attaque, avait dû leur paraître inévitable.

(*Voyez* ce que l'auteur lui-même dit de la position où l'on trouva la garnison d'Alexandrie.) (A.)

Tout l'espace qui existe entre la nouvelle ville et les vieilles murailles des Sarrasins n'offre qu'un amas de ruines de toute espèce. A chaque pas, des restes de colonnes magnifiques du plus beau marbre et de granit s'offrent entassées avec les débris des misérables cabanes des Arabes, et l'on ne peut se défendre d'un sentiment pénible en faisant involontairement la comparaison de l'ancienne splendeur de cette capitale, avec l'état de misère où elle est tombée. Les superbes citernes qui l'embellissaient sont toutes encombrées, à l'exception de celles que les troupes françaises ont réparées pour en faire usage. Les tours des Sarrasins sont entourées par un mur bas et mal bâti, connu sous le nom d'enceinte des Arabes.

Au midi de la ville, et presque à hauteur du phare, se trouve le superbe monument d'antiquité, appelé la Colonne de Pompée. Rien ne surpasse la beauté de ce morceau d'architecture antique. Il est encore parfaitement bien conservé, excepté vers le nord-ouest. On présume que les dégradations que cette partie a éprouvées, ont été causées par la violence des vents, qui soufflent de ce côté, pendant une grande partie de l'année.

On aperçoit encore très-distinctement les

restes d'une inscription grecque, située sur la face occidentale du piédestal (1).

Les Français ont réparé ce piédestal, qui avait été en partie détruit par la brutale rapacité de plusieurs Arabes qui, s'imaginant qu'il devait renfermer quelques trésors, tentèrent, mais heureusement en vain, de renverser cette belle colonne. Les Français, quelque temps après leur arrivée, avaient placé sur son

---

(1) Cette colonne magnifique est située sur une hauteur à un quart de mille, au midi, des anciennes murailles d'Alexandrie. Elle est construite en très-beau granit rouge, et composée seulement de trois morceaux, savoir : le chapiteau, le fût et le piédestal ; elle est d'ordre Corinthien. On n'a que de faibles conjectures sur l'époque de la construction de ce monument. Quelques auteurs l'attribuent à César, d'autres à Alexandre-Sévère ou à Adrien. Il est difficile d'émettre une opinion à cet égard. On trouve que le piédestal manque d'élévation ; la colonne penche un peu vers le sud-ouest : le piédestal a dix pieds de hauteur, la base cinq pieds six pouces, le fût soixante-trois pieds un pouce, le chapiteau neuf pieds dix pouces, la colonne a huit pieds quatre pouces de diamètre au pied. Ces dimensions sont en mesures françaises, et ont été prises par les savans qui suivirent en Égypte l'expédition de Bonaparte. Bien que plusieurs voyageurs aient assuré qu'on ne pouvait plus lire l'inscription placée sur le piédestal, cependant le capitaine Dundas, du corps d'état-major, et le lieutenant Desade, du régiment allemand de la reine, sont parvenus à la déchiffrer. Ces officiers se rendirent tous les jours, pendant six semaines, près de la colonne, à l'instant où le soleil frappait la face occidentale du piédestal, de manière à faire ressortir les lettres

sommet un bonnet de la liberté (1). Le lendemain de notre entrée dans la ville, des officiers ayant enlevé quelques morceaux du piédestal,

par leur ombre. Ils ont pu ainsi recueillir les caractères suivans :

ΤΟ..... ΘΤΑΤΟΝ ΑΥΤΟΚΡΑΤΟΡΑ
ΤΟΝ ΠΟΛΙΟΥΧΟΝ ΛΑΕΞΑΝΔΡΕΙΑΣ
ΔΙΟΚ. Η. ΙΑΝΟΝΤΟΝ..... ΤΟΝ
ΠΟ..... ΕΠΑΡΧΟϹ ΑΙΓΥΠΤΟΥ.

Les lettres manquantes ont été remplacées par le révérend M. Hayter, employé à Naples à déchiffrer les manuscrits trouvés à Herculanum, et l'inscription a été complétée par lui de la manière suivante :

ΤΟΝ ΤΙΜΙΘΤΑΤΟΝ ΑΥΤΟΚΑΤΟΡΑ
ΤΟΝ ΠΟΔΙΟΥΧΟΝ ΛΑΕΞΑΝΔΡΕΙΛϹ
ΔΙΟΚ ΛΗΤΙΑΝΟΝ ΤΟΝ ϹΕΒΑϹΤΟΝ
ΠΟΝΤΙΟϹ ΕΠΑΡΧΟϹ ΑΙΓΥΠΤΟΥ
" ΠΡΟϹΚΥΝΕ "

TRADUCTION.

A DOCLIEN AUGUSTE,
TRÈS-ADORABLE EMPEREUR,
DIVINITÉ TUTÉLAIRE D'ALEXANDRIE,
PONTIUS, PRÉFET D'ÉGYPTE,
A CONSACRÉ CE MONUMENT.

(*Note du traducteur.*)

(1) Un officier de la marine anglaise enleva le bonnet au moyen d'un cerf-volant.

(*Note de l'auteur.*)

on y plaça un poste, pour veiller à la conservation de ce monument.

Près des bords de la mer, au sud-est du phare, s'élève l'aiguille, ou l'obélisque de Cléopâtre ; près d'elle, se trouve un autre obélisque renversé sur la terre ; une partie en était ensevelie dans le sable, ce qui fit croire qu'il était brisé ; mais les Français ayant déblayé le terrain environnant, on découvrit qu'il était encore entier. Il est tout-à-fait semblable à celui qui est resté debout, tant pour les dimensions que pour les hiéroglyphes dont il est couvert. Les caractères tracés sur la face septentrionale et occidentale de l'obélisque qui est encore debout, sont parfaitement bien conservés ; ceux des autres faces sont presqu'entièrement effacés.

On présume que ces deux obélisques étaient placés à l'entrée d'un temple. Chacun d'eux est d'un seul morceau de granit de soixante-cinq pieds de hauteur. Autour du sommet de celui qui est debout, nous remarquâmes les restes d'un cable, qui y avait probablement été placé par les Français, afin d'abattre ce monument, qui aurait ensuite, avec l'autre obélisque, été transporté en France.

La garnison d'Alexandrie avait été considérablement réduite par les fatigues excessives qu'entraînait le service de ses lignes, beaucoup trop étendues pour le nombre d'hommes qui les défendaient, et par la disette et la mauvaise qualité des vivres. Les troupes ne recevaient ni vin, ni liqueurs, et n'avaient pour toute ressource que de la mauvaise eau, et du pain presqu'entièrement fait avec du riz qu'on ne pouvait dégager des autres matières qui y étaient mêlées, car on manquait d'eau pour le nettoyer.

On abattait par jour soixante-dix chevaux maigres, pour en distribuer la viande aux soldats. Les chameaux, dont la chair était reconnue de meilleure qualité, étaient réservés pour les hôpitaux. Il y avait plus de deux mille malades, lors de la reddition de la place, et pas un seul médecin pour les soigner. Il est, d'après cela, facile d'expliquer le mécontentement de la garnison pendant le blocus, et la joie qu'elle éprouva en voyant le terme de ses maux.

Les soldats avaient, en outre, été accablés de travaux, pendant tout le temps que dura le siége, et le nombre des ouvrages élevés par eux était vraiment étonnant. Ils avaient construit un mur, flanqué de bastions, autour de la ville neuve, et l'on n'avait rien négligé pour rendre presqu'inabordables les lignes qui défendaient la ville du côté de l'orient. Notre armée convint unanimement qu'elle n'avait jamais vu d'ouvrages de campagne qui leur fussent supérieurs. Les vieilles murailles avaient été réparées et mises en aussi bon état que les circonstances pouvaient le permettre ; en un mot, Menou n'avait rien oublié pour ajouter à la force de la place.

Les forts Cafarelli et Cretin (1), qui, de loin, nous semblaient formidables, ne répondirent pas à l'opinion que nous en avions conçue, lorsque nous les vîmes de plus près. Ils étaient tous les deux construits sur le même plan, et consistaient en un large cavalier, dont le pied était entouré par un épaulement élevé. Le sommet du cavalier portait neuf pièces de canon de gros calibre, et quatre ou cinq autres pièces d'un calibre plus faible garnissaient l'épaulement. Ces forts étaient établis sur deux hauteurs, de sorte qu'ils commandaient tous les autres ouvrages de la ville; mais les approches en étaient mal défendues, et ils n'étaient d'ailleurs pas susceptibles d'une longue résistance, car ils ne possédaient point de casemates et ne renfermaient qu'une petite citerne. Outre ces inconvéniens, les pièces d'artillerie montées sur les cavaliers étant d'un gros ca-

---

(1) Généraux du génie, qui avaient été très en Égypte et en Syrie.

libre, il en résultait que ces cavaliers, construits avec des débris et des terres légères, ne pouvaient en supporter le poids, exigeaient de fréquentes réparations, et par leurs éboulemens continuels encombraient les retranchemens inférieurs. Ces deux forts étaient renfermés dans l'enceinte des Arabes, et à-peu-près à huit cents mètres de distance l'un de l'autre.

Le principal ouvrage de fortification, après ceux que je viens de citer, était le Phare, misérable édifice, construit pour remplacer celui qui jadis portait ce nom. Il communiquait avec la ville au moyen d'une caponnière, formée par deux faibles murailles qui s'étendaient du Phare à la mer. Ce Phare était une tour carrée, peu élevée, entourée d'une double enceinte et d'un double fossé ; ces ouvrages, de construction turque, avaient été remis en état par les Français. La meilleure défense du Phare consistait dans son artillerie, qui était vraiment formidable; elle était composée de belles pièces en bronze, venues de France, et coulées sous les règnes de Louis XIV et de Louis XV. Il contenait, en outre, un bon nombre de mortiers, et sur les faces du côté de la mer on avait disposé des fourneaux pour faire rougir des boulets. Plusieurs boulets en pierre, jadis en usage chez les Turcs, se trouvaient encore dans le fort.

C'est sur le sommet de la tour qu'est placé le moderne fanal. Tous les prisonniers qu'on nous avait faits depuis l'ouverture de la campagne avaient été confinés dans cette tour, et ne pouvaient pas se louer du traitement qu'ils avaient éprouvé. Combien dut être cruelle leur position, lorsque du lieu où ils étaient captifs, ils virent tous les mouvemens et entendirent le bruit de la bataille du 21 mars, sans pouvoir en connaître les résultats!

L'ancien phare, une des sept merveilles du monde, dut certainement être bâti à l'est du moderne, sur ou très-près d'un rocher très-dangereux, situé dans le nouveau port, et qu'on nomme le Diamant. On m'a assuré que lorsque les eaux sont basses et le temps très-calme, on aperçoit encore les restes des fondations de cet édifice : elles sont en granit (1).

La redoute de Cléopâtre et celle de Pompée

---

(1) C'est sur un rocher environné par la mer, à l'est de l'île, qu'était le fameux phare ; ce rocher paraît avoir été l'emplacement où se trouvait un des deux forts bâtis à l'entrée du nouveau port; les pilastres qu'on aperçoit dans les temps calmes, doivent être les restes de ce superbe monument. J'ai vu ces pilastres en m'approchant en chaloupe dans un jour de calme, et j'ai pu en apercevoir la base.

Pocoke's, *Description of Alexandrie.*

étaient deux bons ouvrages; mais les autres fortifications ne signifiaient absolument rien. Elles ne consistaient qu'en ouvrages de campagne, ou en vieilles tours qui s'écroulaient sous le poids de leur artillerie; ces ouvrages n'avaient été calculés que pour arrêter des Arabes ou d'autres troupes indisciplinées. Alexandrie n'aurait pu tenir que dix à douze jours contre une attaque méthodique et bien dirigée.

§. XXI.

Excursion à Rosette et sur le Nil.

Le major-général Coote et le major-général Ludlow ayant résolu de remonter le Nil pour visiter le Caire et les pyramides, je fus assez heureux pour obtenir la permission de les accompagner. Le capitan-pacha nous donna sa propre barge, avec ses rameurs, pour nous conduire jusqu'à Edko, où nous envoyâmes d'avance nos chevaux.

Le 5 septembre, de bonne heure, nous quittâmes le camp du général Coote à l'ouest d'Alexandrie, et nous arrivâmes, en traversant l'inondation, au quartier-général de sir John Hutchinson. A onze heures, nous fîmes un visite au capitan-pacha, qui nous reçut avec la plus grande civilité, et nous donna une lettre de recommandation très-pressante pour le grand-visir.

A une heure, nous nous rendîmes au dépôt de l'artillerie, où nous montâmes dans la barge du pacha, et nous fîmes voile sur le lac d'Aboukir, à l'aide d'un vent favorable. Après l'avoir traversé et avoir passé devant le fort, nous voguâmes vers le *caravanseraï* ou maison carrée, vieux bâtiment situé à l'entrée du lac Edko. Lorsque nous fûmes à l'ouverture de ce lac, nous vîmes la Barre, qui dans tous les temps est dangereuse à franchir, mais qui, surtout dans ce moment, paraissait offrir les plus grands périls, à cause du vent violent qui régnait depuis quelques jours sur la côte. Nous exprimâmes alors, le mieux que nous le pûmes, à nos marins turcs, nos craintes et le désir que nous avions d'être débarqués un peu avant que d'arriver à ce passage; mais nos habiles conducteurs, sans paraître troublés le moins du monde par les effroyables mugissemens des vagues qui se brisaient sur les récifs, lancèrent sans hésiter notre bâtiment à travers les flots écumans, et gouvernant alors avec une dextérité remarquable, nous firent en peu de minutes franchir ce pas redoutable. Le danger ne dura qu'un moment; mais avec des marins moins exercés, cette manœuvre hardie aurait pu avoir de fâcheux résultats.

Nous nous arrêtâmes au caravanseraï, pendant qu'on faisait passer notre bâtiment à travers un pont sur pontons, pour le faire entrer dans le lac Edko, dont ce pont fermait l'entrée (1).

Le caravanseraï servait de poste intermédiaire entre Aboukir et Rosette, et les Français y avaient établi deux pièces de canon; mais c'était un poste très-faible, et qui ne pouvait avoir d'autre but que d'offrir un refuge contre les excursions des Arabes.

Le lac Edko n'est séparé de celui d'Aboukir que par une langue de terre très-étroite; il est d'une date très-récente, et fut formé en 1800 par le débordement du Nil. Les digues du canal de Derout ayant été emportées, les eaux du fleuve se répandirent rapidement sur les terres basses, et s'ouvrirent d'elles-mêmes une communication à travers les dunes et près du caravanseraï. Quand le Nil rentra dans son lit, les eaux de la mer pénétrèrent à leur tour par

---

(1) Ce pont de pontons était le même que celui qui fut jeté sur le Nil, pour établir une communication entre l'armée d sir John Hutchinson, et celle du grand-visir.

ce passage, et remplirent ce nouveau lac, qui n'a pas été desséché depuis. Il est très-profond, et renferme une quantité innombrable de poissons. On les voyait par milliers sauter autour de nous, et plusieurs s'élancèrent jusque dans notre barge. Nous goûtâmes l'eau ; elle était à peine saumâtre à cette époque, vu le débordement du Nil, dont les eaux arrivant par le passage qu'elles se sont formé en 1800, obligeaient celles de la mer à se retirer devant elles.

Nous eûmes un vent frais et favorable, et nous arrivâmes au village d'Edko avant le coucher du soleil. Ce village est situé près des bords du lac, sur le penchant d'une colline ; une superbe forêt de dattiers, qui l'entoure, lui donne à quelque distance un aspect agréable.

Comme il était assez tard, nous résolûmes de passer la nuit dans cet endroit, et nous nous établîmes dans la maison du cheïk, qui, bien que très-sale, était cependant la meilleure du village. Edko est supérieure à presque tous les autres villages de l'Egypte, toutes les maisons y sont construites en pierre.

Le lendemain, à six heures et demie du matin, nous quittâmes Edko, très-satisfaits des attentions et de la civilité de notre hôte. Nous montâmes sur nos chevaux, et nous arrivâmes à neuf heures à Rosette. La plus grande partie du pays que nous traversâmes n'était qu'un désert vide et sablonneux. A environ un mille de la ville, nous aperçûmes l'armée indienne, commandée par le général Baird. Elle était campée dans une plaine sablonneuse, aux pieds des hauteurs d'Aboumandour.

Rosette, que les Turcs nomment El-Raschid, ne peut se glorifier que de sa position, qui, en effet, est très-belle. Les maisons sont en terrasses, hautes et mal bâties, et les rues sont étroites et irrégulières. La seule partie des maisons qui soit habitable pour un Européen, est l'étage supérieur, auquel on monte par un mauvais escalier. Les fenêtres sont sans vitres et garnies de grillages en bois, façonnés de mille manières, et ressemblant beaucoup aux grilles dont nous fermons les croisées de nos prisons. Cette méthode se trouve en usage dans tout le Levant, et a sans doute pour but d'entretenir en tous temps un courant d'air dans les appartemens.

Quant aux délicieux jardins de Rosette, dont parlent quelques voyageurs, je ne pus en appercevoir aucune trace, à moins qu'on ne veuille donner ce nom à quelques promenades, plantées de platanes et d'orangers (1). On voit,

---

(1) Il y a aux environs de Rosette un assez grand nombre de jardins où croissent à l'envi l'oranger, le citronnier et le figuier

le long des quais, une foule de bâtimens, de formes variées et bizarres. La ville semble jouir d'un grand commerce, et les habitans montrent une activité et une gaîté sans exemple.

A midi, nous montâmes dans notre bâtiment; c'était une vaste djerme, que le capitan-pacha avait fait approvisionner de tout ce qui pouvait être nécessaire à notre voyage. Nous fûmes accompagnés par un *Chouisch* ou Turc de confiance, à la vue duquel tout Arabe tremble. Ces hommes jouissent d'un pouvoir absolu; certains de leur puissance, ils l'exercent avec le plus grand despotisme sur une race timide et avilie, et se livrent, sans aucune considération, aux mesures les plus injustes envers les malheureux habitans de ces contrées.

Une brise favorable vint enfler notre large

---

bananier, qui donnent d'excellens fruits. On y trouve aussi en grand nombre les arbres d'où découle la gomme arabique; mais on n'a pratiqué dans ces jardins aucune allée, de sorte que la promenade y est presque impossible. Ils sont seulement coupés de fossés dans lesquels coule l'eau du Nil, soit naturellement lors de l'inondation, soit artificiellement au moyen de roues à chapelets, mises en mouvement par des chevaux, qui font monter l'eau du fleuve et la répandent dans les campagnes. Ce sont ces jardins dont Savary avait fait des paradis terrestres, et que Volney, plus froid et plus exact, a réduits, dans ses descriptions, à leur véritable valeur.

(A.)

voile triangulaire, et donna à notre bâtiment le moyen de vaincre la force du courant, qui, dans cet endroit, est très-rapide. Rien ne surpasse la beauté des paysages qui se déroulaient sans cesse devant nous.

Cette verdure vivifiante, ces rivages ombragés de dattiers, de sycomores et d'une foule d'autres arbres, les villages sans nombre dont ces riches campagnes sont couvertes, donnaient aux bords du Nil un aspect enchanteur et faisaient éprouver une sensation délicieuse à nos yeux, accoutumés depuis si longtemps à ne voir, dans les environs d'Alexandrie, que des plaines de sable sans aucune espèce de végétation.

A la nuit tombante, nous arrivâmes vis-à-vis Touah, dans le Delta, et le vent nous manquant alors, nous ne pûmes faire que peu de chemin pendant le reste de la nuit. Touah est d'une étendue considérable; mais offre la même apparence de misère que toutes les villes qui l'environnent.

Le 7, à la pointe du jour, nous fîmes halte un peu au-dessus de Rahmanieh, et nous descendîmes sur les rivages du fertile Delta, où nous nous promenâmes pendant quelques instans. Nous fûmes frappés de la manière simple et ingénieuse dont les habitans tiraient de l'eau du Nil pour en arroser leurs terres.

Les nombreux villages situés sur les deux rives du Nil sont généralement bâtis vis-à-vis les uns des autres, et ont, à quelque distance, un aspect très-pittoresque ; les minarets qui s'y trouvent en grand nombre, ajoutent, par leurs flèches légères et élancées, un grand charme à la perspective ; mais la beauté de ces villages diminue à mesure qu'on en approche ; et quand on y est enfin arrivé, ils n'offrent plus qu'un amas de misérables cabanes à moitié tombées en ruines (1).

Le Nil était alors à-peu-près à sa hauteur, et il devenait presqu'impossible d'en remonter le cours avec un vent faible. Notre équipage se composait d'Arabes, qui déployaient une activité surprenante : ces hommes passèrent la plus grande partie de la journée à tirer notre bâtiment ; ils marchaient le long du fleuve, et avaient de l'eau jusqu'au col. Ils sont très-habiles nageurs, et ils trouvent tant de plaisir à rester dans l'eau, qu'on peut presque les regarder comme des êtres amphibies.

Le vent s'étant rafraîchi dans la soirée, le

---

(1) Les Turcs ont des idées superstitieuses qui les empêchent de réparer les édifices ruinés. Ils aiment mieux élever de nouvelles maisons auprès de celles qui tombent, et de là vient que leurs villes et leurs villages ont, en général, une grande étendue, et présentent l'aspect le plus misérable. (A.)

temps devint très-agréable ; mais nous n'en fûmes pas moins, pendant le jour, couverts de vase et d'ordures, et tourmentés la nuit par des mouches et des insectes, qui ne nous laissaient pas un seul instant de repos.

Le 8, dans la matinée, nous passâmes devant l'entrée du canal de Menouf (1). Les villages commencèrent à devenir moins nombreux, et ceux que nous pûmes observer de près nous parurent encore plus misérables que les précédens : presqu'aucun d'entre eux ne contenait de mosquées. Pendant notre route nous aperçûmes une immense quantité de bestiaux de toutes espèces qui paissaient dans les riches pâturages qui s'étendent sur les rivages du Nil. A cinq heures du soir nous découvrîmes les trois pyramides de Giseh, bien que nous fussions encore à plus de quarante milles d'elles.

---

(1) La ville de Menouf est située sur le canal de ce nom; ce canal unit entre elles les branches de Damiette et de Rosette ; il est mal construit. Les Français ont élevé un fort sur une hauteur qui le commande.   *(Note de l'auteur.)*

§. XXII.

Le Caire.

A trois heures du matin nous arrivâmes à Giseh, place vis-à-vis le Caire; nous allâmes rendre visite au commandant anglais, le colonel Ramsay, et il fut arrêté que pendant notre séjour dans cet endroit nous habiterions sa maison, qui avait été jadis celle de Mourad-Bey.

C'est à Giseh que les Français avaient établi leur principale fonderie. Quand nous prîmes possession de la ville, nous la trouvâmes remplie de bouches à feu turques (1) de toutes les formes et de toutes les grandeurs; ces pièces devaient être fondues et converties en boulets, bombes et obus, dont les Français avaient un grand besoin. Les fortifications de Giseh sont très-faibles, et se réduisent à une muraille peu élevée, construite par Mourad-Bey, et à quelques redoutes bâties par les Français et disposées à une certaine distance les unes des autres, à environ soixante mètres de la mu-

---

(1) Ces bouches à feu furent ensuite rendues au gouvernement turc, auquel on en fit amplement payer la valeur.

(*Note de l'auteur.*)

raille. Giseh est une ville grande, peuplée et assez jolie. Elle possède un vaste bazar, qui est toujours bien approvisionné. Les habitans sont en grande partie des chrétiens.

Après nous être munis de chevaux, nous partîmes de Giseh à dix heures du matin, et nous nous présentâmes au Caire, chez le colonel du génie Holloway. Cet officier avait été longtemps dans l'armée du grand-visir, et avait, en 1798, accompagné le général Kœhler à Constantinople. Il était un des grands favoris du visir, qui avait la plus grande confiance en lui.

Le général Coote ayant envoyé ses lettres de recommandation au grand-visir, en lui faisant connaître son arrivée au Caire, en reçut pour réponse un message très-poli, qui lui annonçait que nous serions reçus le même jour à trois heures.

En conséquence, nous nous rendîmes chez le grand-visir à l'heure désignée, et après les cérémonies ordinaires du café, de la pipe et du sorbet, on nous accorda les plus distingués de tous les honneurs, l'encens et l'ablution des mains à l'eau de rose. Le visir ne cessa, pendant toute la durée de notre visite, de nous donner des marques de sa considération et de son amitié. Il nous réitéra plusieurs fois l'ex-

pression de sa satisfaction sur la conduite de
nos troupes, et de la reconnaissance dont lui
et son gouvernement étaient redevables envers
nous.

Après avoir pris congé du visir, nous parcourûmes une grande partie du Caire. C'est une très-grande ville, dont les maisons sont extrêmement élevées, mais mal bâties, et les rues tortueuses et tellement étroites, qu'il est difficile à deux cavaliers d'y marcher de front. On ne leur donne ainsi que très-peu de largeur, afin de garantir les habitans des ardeurs du soleil, qui, en effet, ne peut y pénétrer qu'au milieu de sa course. Mais cet avantage est compensé par de bien graves inconvéniens, surtout lorsque la peste règne dans la ville.

On estime à trois cent mille âmes la population du Caire; mais le peu de largeur des rues y rend la foule si grande, que la ville semble, en apparence, plus peuplée qu'elle ne l'est réellement.

Les boutiques qui bordent les rues sont très-misérables, et l'on y voit presque toujours le marchand indolent, accroupi sur son comptoir et fumant sa pipe. Les mosquées sont belles et en très-grand nombre. La place d'Esbekier est la plus vaste et la plus belle de la ville. Les beys et les habitans les plus riches y demeuraient autrefois (1). Pendant l'inondation du Nil cette place est couverte d'eau, et les grands s'y promènent alors dans leurs barges.

L'intérieur des maisons des beys et des autres grands est magnifique. Les murs sont ornés de peintures, à la vérité, grossièrement exécutées, et couverts de passages tirés du Koran. Les principaux appartemens sont pavés en marbre, et ont généralement au centre une fontaine, dont l'eau s'élance en plusieurs jets et retombe dans un bassin. Ces jets d'eau rendent les habitations très-agréables, et y répandent une grande fraîcheur. Les beys s'étendent sur des coussins autour des fontaines, et fument leurs pipes. Autour des appartemens sont des galeries fermées par des persiennes très-serrées; ces galeries communiquent avec le harem, et les femmes, cachées derrière les persiennes, peuvent, sans être aperçues, voir

―――――――――――――――――――――――

(1) Les Français ont ajouté un grand embellissement à cette place, en la plantant d'arbres. Ils avaient également placé des arbres le long des routes qui conduisent de Boulac au Caire, et du fort Ibrahim à la ville; mais lorsque je visitai le Caire, deux mois après le départ des Français, plus des trois quarts de ces arbres avaient été renversés ou détruits, tant est grande, en général, l'aversion de ce peuple pour tout ce qui vient de la main des Chrétiens.

(*Note de l'auteur.*)

et entendre tout ce qui se passe dans la salle.

La plupart de ces habitations sont maintenant en ruines ; leurs maîtres ayant été forcés de fuir, elles ont été longtemps inhabitées et négligées. Je vis, sur la place Esbekier, la maison qu'habita Bonaparte, et l'endroit où Kléber fut assassiné.

Du Caire nous marchâmes sur Boulac, à environ un mille vers le nord. Cette ville n'offre plus aujourd'hui qu'un monceau de ruines ; elle fut complètement détruite par les Français aussi bien que par les Turcs, après la bataille d'Héliopolis. Boulac sert de port au Caire; c'est là que tous les bâtimens, excepté ceux qui viennent de la Haute-Égypte ou qui s'y rendent, s'arrêtent et se débarrassent de leurs cargaisons. Nous retournâmes à Giseh, à environ cinq heures du soir. La route qui conduit du Caire à Giseh, passe sur un pont de bateaux en très-mauvais état. Ce pont s'étend depuis le fort Ibrahim-Bey jusqu'à l'île de Rhoda. Après avoir traversé cette île dans presque toute sa longueur, on passe sur un second pont de bateaux également en mauvais état, et qui unit l'île à la ville de Giseh.

L'île de Rhoda (mot qui signifie jardin), est très-fertile ; elle est couverte d'arbres magnifiques, de champs de riz et de blé d'Inde. Son niveau est très-bas, et elle est insalubre, surtout à l'époque de l'inondation, où elle est presque entièrement couverte d'eau. Le Mokkias ou le Nilomètre est situé à la partie méridionale de l'île : nous nous en approchâmes, et nous vîmes sur la colonne, que le Nil était à la hauteur de soixante-dix coudées, et qu'il s'élevait encore. Cette circonstance offrait aux habitans l'espérance d'une récolte très-abondante. Le Mokkias a été dernièrement réparé par les ordres du général Menou (1).

Le 10 septembre, à six heures du matin, nous montâmes à cheval pour rejoindre le grand-visir ; mais un des pontons ayant coulé à fond, il ne fut plus possible de traverser le

---

(1) Sur l'entrée du Mokkias se trouve l'inscription suivante, en français, avec une traduction en langue arabe et persanne placée au-dessous :

L'an IX de la république française, et 1215 de l'hégire, trente mois après l'Egypte conquise par Bonaparte, Menou, général en chef, a réparé le Mokkias. Le Nil répondait, dans ses basses eaux, à trois coudées deux doigts de la colonne, le dixième jour après le solstice de l'an VIII.

Il a commencé à croître, au Caire, le seizième jour après le même solstice ; il était élevé de deux coudées trois doigts au-dessus du fût de la colonne, le cent septième jour après le solstice : il a commencé à décroître cent quinze jours après le solstice. (*Note de l'auteur.*)

pont (1). Nous fûmes obligés de traverser le Nil dans notre bateau, en y faisant entrer nos chevaux, et nous débarquâmes à peu de distance vers le nord du fort d'Ibrahim.

Là, dans une vaste plaine, nous trouvâmes le visir, au milieu d'un assemblage de près de cent mille hommes, tant cavalerie qu'infanterie, domestiques, etc., mêlés ensemble sans aucun ordre.

Le visir nous donna alors des preuves de son habileté dans l'exercice du cheval et dans le jeu du gyritt, qu'il lançait réellement avec une adresse surprenante. Bien qu'âgé de soixante-cinq ans, il avait conservé encore assez de vigueur, pour faire redouter la force de son bras à tous ceux qui se trouvaient sur son passage.

Toute la plaine était couverte de cavaliers qui s'attaquaient les uns les autres. Après ces exercices, nous vîmes les mamelucks, conduits par

---

(1) Le 7 octobre 1801, le Nil étant parvenu à sa plus grande hauteur, le courant devint très-rapide et enleva le pont de bateau entre Giseh et l'île Rodha. Le pont fut entraîné à une grande distance au-delà de Boulac. Un soldat cipaye qui y était en faction, fut emporté avec une partie du pont. On parvint à rattraper les bateaux; mais le pont ne fut pas rétabli, le gouvernement turc s'étant refusé à supporter toute dépense qui y serait relative.

(*Note de l'auteur.*)

Ibrahim-bey, exécuter sur leurs chevaux leurs rapides évolutions.

Pendant tout le temps que dura cette étrange revue, deux ou trois sifflets déchirans, avec autant de mauvais tambours crevés, faisaient le plus de bruit qu'ils pouvaient ; et chaque fois que le visir lançait un gyritt, l'air retentissait d'applaudissemens, soit que le coup fût bien ou mal ajusté.

Je n'imagine pas qu'on ait jamais vu une pareille réunion d'hommes et de chevaux, une semblable confusion de sons et de langages différens, une telle diversité de formes et de couleurs d'habillemens. Ce spectacle rappelait à mon imagination celui que devaient offrir nos anciens tournois, où cependant il ne régnait pas sans doute une aussi grande confusion.

Pendant tout le temps que dura cette scène, nous étions enveloppés de nuages de poussière, qui rendaient notre situation insupportable. Vers dix heures, les exercices cessèrent, et nous suivîmes le visir dans une tente magnifique, située dans une position charmante, sur les bords du fleuve, et à peu de distance de la plaine. Là, nous nous reposâmes sur des coussins magnifiquement brodés, et on passa à la ronde des pipes, du café et des sucreries.

Après avoir pris congé du visir, nous visitâmes le château ou la citadelle du Caire; nous la trouvâmes aussi délabrée que si elle eût souffert un bombardement de six semaines.

On n'apercevait plus que quelques restes de la ville, assez considérable, qu'elle renfermait jadis dans son enceinte. Elle mérite maintenant plutôt le nom de ruine, que celui de citadelle.

Ce fort est situé sur une chaîne de montagnes, nommée Mokattam; il commande la ville, mais il est lui-même commandé, à quelque distance, par le sommet du Mokattam. Cependant cette montagne est si rocailleuse et si escarpée, qu'il est douteux qu'on pût jamais parvenir à y monter du canon de gros calibre pour battre le fort. Un inconvénient plus réel, c'est qu'il n'existe point d'eau dans les environs. Du haut des remparts on jouit de la vue de Giseh, du Caire et des pyramides.

On voit encore dans la citadelle les restes de l'ancien palais du fameux sultan Saladin. Ces restes consistent en trente ou quarante superbes et hautes colonnes de granit; mais l'objet le plus curieux qui s'y trouve, et qui mérite réellement d'être vu, est le puits de Joseph, ainsi nommé, parce qu'il fut creusé par les ordres de Joseph, captif du sultan Mohammed. Il est taillé dans un rocher d'une pierre tendre;

il a près de trois cents pieds de profondeur, et quarante de circonférence. Une vaste galerie, qui tourne autour du puits, conduit jusqu'à la première ouverture, car il en a deux entièrement distinctes. On tire d'abord l'eau du fond du premier puits, et on la verse dans un réservoir qui se trouve à cent quarante-six pieds de profondeur, et de là on l'élève jusqu'à terre ; ce qui offre l'avantage de simplifier beaucoup le mécanisme nécessaire. On a pratiqué, le long de la galerie, des jours qui laissent voir l'intérieur du puits. La méthode employée pour tirer l'eau est très-simple, elle consiste en une double chaîne, garnie de vases de terre, distans d'environ dix-huit pouces les uns des autres ; cette chaîne est mise en mouvement au moyen d'une roue que deux buffles font tourner ; arrivés au sommet, les vases de terre se vident d'eux-mêmes dans un réservoir. Cette longue suite de vases, dont les uns montent remplis d'eau, tandis que les autres descendent vides, offre un spectacle très-curieux.

En descendant de la citadelle, notre guide nous fit traverser presque toute la ville ruinée, et nous conduisit à une mosquée, dédiée à Fatime, fille du prophète Mahomet, et qui renferme sa tombe, que l'on montre avec le plus grand respect aux étrangers.

A quatre heures, nous retournâmes près du grand-visir, où nous essuyâmes encore la cérémonie des pipes, du café et des sorbets. A cinq heures, nous nous assîmes sur des coussins pour faire un repas somptueux. Le dîner, contre l'usage des Turcs, était servi sur une table qu'on avait fait faire exprès pour nous, et qui, au lieu de nappe, était couverte des étoffes les plus riches. On nous donna aussi des assiettes; mais comme il n'y avait ni fourchettes, ni couteaux, nous fûmes obligés de manger avec nos doigts.

Le service consistait en dix-huit plats de diverses sortes; je goûtai de plusieurs, qui ne me parurent pas d'un goût bien agréable. Nous nous levâmes ensuite et reprîmes de nouveau les pipes et le café. Pendant le repas on ne nous servit pour boisson que de l'eau et des sorbets.

Pendant tout le temps que dura le dîner, on fit de la musique, qui n'était certainement pas de l'espèce la plus mélodieuse. Un des principaux instrumens des Turcs se nomme Semeuge: c'est une espèce de mauvais violon. Cet instrument est toujours accompagné d'un tambour qui sert à marquer la mesure.

Après le repas, nous suivîmes le visir dans un charmant pavillon, situé sur les bords du

Nil, dont les eaux s'élevaient presque jusqu'au niveau des fenêtres. Deux ou trois bateaux, remplis de musiciens, voguaient autour de nous, et on tira quelques pièces d'artifice qui étaient assez bien exécutées. Nous prîmes congé de Sa Hautesse à neuf heures, très-contens des plaisirs de la journée, et accablés de l'extrême politesse et des continuelles attentions que le visir n'avait cessé d'avoir pour nous.

Nous retournâmes à Giseh par le canal qui traverse le Caire, et qui était alors plein d'eau.

§. XXIII.

Les Pyramides

Le 11 septembre, après nous être procuré des bateaux et nous être munis de tous les autres objets nécessaires à l'excursion que nous comptions faire, nous quittâmes Giseh aussitôt après le déjeuner, pour aller visiter les pyramides. Nous fîmes route sur un canal rempli par l'inondation du Nil, et la beauté du temps rendit ce trajet très-agréable. Nous quittâmes nos bateaux après avoir fait environ douze milles en deux heures.

Le pays autour de nous était presque entièrement couvert d'eau, et de l'endroit où nous débarquâmes, il nous restait environ un mille à faire, sur un terrain sablonneux, pour nous rendre à la grande pyramide. En approchant de ces monumens d'antiquité, les plus étonnans et les plus anciens du monde, nous fûmes surpris de ne pas voir leur volume augmenter à nos yeux ; et ce qui nous parut encore plus singulier, ce fut qu'à la distance de deux cents mètres, les pierres dont ils sont construits ne nous paraissaient pas plus grosses que des briques ordinaires. Mais lorsque nous fûmes au pied de la première pyramide, qui est la plus grande de toutes, nous fûmes frappés d'étonnement, en songeant au travail immense et aux sommes énormes qu'avait dû coûter la construction de ces édifices. Les pierres qui à quelque distance nous semblaient si petites, étaient alors transformées en masse de quatre pieds carrés à la base, et de deux pieds de hauteur. J'ignore s'il faut attribuer cette illusion au genre de construction de ces monumens, dont toutes les assises, depuis la base jusqu'au sommet, sont placées en retraite les unes sur les autres, ou si elle est due à tout autre effet d'optique (1).

---

(1) On éprouve le même effet à Saint-Pierre de Rome. Non

Plusieurs énormes débris, formés de pierres de la même dimension et taillées de la même manière que celles des pyramides, sont épars autour de ces monumens : mais ces pierres sont plus tendres et paraissent d'une autre nature.

Ces immenses édifices, bâtis avec toutes les proportions nécessaires pour en assurer la solidité, ne sont certainement pas des morceaux remarquables sous le rapport de l'élégance; mais ils prouvent une grande connaissance des lois de l'architecture, dans le peuple qui les a construits. Ni les efforts des ouragans et des tempêtes, ni ceux des siècles, ni la main dévastatrice de l'homme n'ont pu les renverser jusqu'à présent; et même de nos jours, après une si longue durée, les travaux et les dépenses que coûterait leur démolition seraient incalculables.

Des pyramides, nous nous avançâmes vers la statue colossale du Sphinx. La figure en a été mutilée, et ne conserve plus de sa première forme que ce qui est nécessaire pour

---

loin du tombeau sont deux anges, qui, lorsque l'on entre, semblent être de grandeur naturelle; lorsqu'on s'est tout-à-fait approché, on les trouve d'une taille gigantesque, et l'on ne peut, avec les deux mains, embrasser le pouce de leur pied. (A.)

faire reconnaître ce qu'elle était autrefois. Les Français, en débarrassant le sable qui entoure ses fondations, ont donné les moyens de s'assurer que jamais cette tête ne fut unie à un corps, ainsi qu'on le supposait autrefois.

Le 12, nous nous présentâmes de nouveau chez le grand-visir pour lui faire nos adieux et le remercier de ses bontés envers nous. A sept heures du soir, nous montâmes dans notre bâtiment, nous fîmes nos adieux à la poudreuse ville du Caire, et, poussés par la force du courant, nous arrivâmes en quarante-deux heures à Rosette.

§. XXIV.

Observations sur le Nil et sur le climat et la population de l'Égypte.

Le Nil est, sans contredit, le fleuve le plus étonnant du monde. Sans lui, l'Égypte, entourée de tous côtés par des obstacles naturels, serait aussi inhabitable que les affreux déserts de la Lybie ; car, à l'est, elle est séparée de la Syrie par des sables mouvans, et à l'ouest et au midi elle est bornée par d'immenses déserts. Le Nil est navigable pour de grands bâtimens jusqu'aux Cataractes, et offre un moyen de communication très-commode entre les provinces extrêmes du royaume. Le vent est généralement favorable pour remonter le cours du fleuve ; et pour le descendre, on est favorisé par le courant, surtout dans les temps d'inondation, époque où une grande djerme peut faire en moins de quarante-quatre heures, sans le secours ni de voiles, ni de rames, le trajet du Caire à Rosette, trajet qui est de soixante milles.

Le Nil est la plus grande, ou pour mieux dire, la seule source de richesse de l'Égypte ; il offre le moyen de communication le plus agréable et le plus expéditif du pays, surtout si l'on considère qu'il n'y existe point d'auberges, à l'exception de quelques misérables caravanseraïs, dont le séjour est dégoûtant pour un européen, et où l'on ne peut dormir que sur de sales tapis couverts de vermine, et pêle-mêle avec des Turcs et des Arabes, etc.

Les terres que le Nil couvre de ses eaux dans ses inondations, sont les seules habitées, et il n'y a de cultivé qu'un espace resserré le long du fleuve, sur les rives duquel s'élèvent un grand nombre de villages.

Les voyageurs ont si souvent donné la description des débordemens des eaux du Nil, et tant parlé de la cause de ses inondations, qu'il serait inutile de s'étendre ici sur ce sujet. Lorsque les eaux se retirent, elles déposent un limon noir, très-épais, et aussi fertile que le sol le plus riche ; on l'ensemence aussitôt qu'il est sec. Les principales productions sont du riz, du froment, de l'orge, du blé turc, des citrouilles, des concombres. Les prairies sont couvertes de trèfles abondans et d'excellente qualité.

Les fruits qu'on trouve en Égypte sont des melons musqués et des melons d'eau, de petits abricots, des raisins, des oranges, des grenades, des citrons, quelques plantains ou bananes, et des dattes par milliers. Ce dernier fruit sert d'alimens à tous les pauvres, et fait presque exclusivement leur nourriture.

On rencontre de grands bois composés de dattiers ; ces arbres viennent partout, et un terrain sablonneux leur convient parfaitement. A notre arrivée, la péninsule d'Aboukir et une grande partie du pays situé entre Aboukir et Rosette en étaient couvertes. On tire de grandes ressources de cet arbre, dont toutes les parties peuvent être employées à quelque usage. Le fruit en est sain et on en fait du pain. Les Français en tirèrent de l'eau-de-vie assez bonne. On fait, pour le service des djermes et des autres bâtimens, des cordes avec les feuilles; le corps de l'arbre fournit un mauvais chauffage, et les habitans l'emploient encore dans la construction de leurs misérables cabanes. Partout où nous trouvâmes des dattiers, nous reconnûmes qu'en creusant la terre on pouvait se procurer de l'eau.

Bien que le Nil ne soit pas rapide, cependant la force du courant devient extrêmement grande pendant le temps du débordement. Quand l'eau est très-haute, elle est d'une couleur rouge-brun et presqu'aussi épaisse que de la vase; de sorte que, pour la boire, il est nécessaire de la purifier; pour cela, on en remplit de grands vases, dont on frotte l'intérieur avec des amandes amères ou des fèves; l'eau y dépose aussitôt son limon et devient très-claire. On aperçoit partout, sur les bords du fleuve, des femmes qui, soigneusement enveloppées dans leurs vêtemens, s'occupent à remplir des vases de cette espèce.

On vend en grande quantité, au Caire et à Alexandrie, des vases en terre, nommés alkarras, dont on se sert pour faire rafraîchir l'eau. Ils sont faits en craie blanche et séchée au soleil. Ils sont tellement poreux, que l'eau coule constamment à travers leurs parois, et en s'évaporant sur la surface extérieure, y produit un degré de froid suffisant pour donner au liquide intérieur une température très-agréable. Toute notre flotte ne se servit pas d'autre eau que de celle du Nil, qu'on trouva bonne pour tous les usages auxquels on l'employa.

Les crocodiles sont loin d'être aussi communs sur les rives du Nil qu'on le croit généralement. On n'en aperçoit aucun dans la basse-Egypte, et il en arrive rarement jusqu'au Caire. Ils sont moins rares lorsqu'on remonte le fleuve. Les Français en avaient amené un de la Haute-Egypte au Caire ; il avait dix-huit pieds de long.

Il n'y a pas de contrée, en Europe, où le climat soit aussi régulier qu'en Egypte ; le ciel y est presque toujours pur et serein, et après sept ou huit heures du matin on n'aperçoit plus un seul nuage qui vienne tempérer les ardeurs du soleil.

Il est rare qu'il pleuve dans l'intérieur du pays ; mais sur les côtes et près d'Alexandrie, les pluies sont fréquentes pendant l'hiver. Les averses sont fortes, mais très-courtes, et un ciel d'azur leur succède immédiatement.

Si les pluies sont rares en Egypte ; les rosées abondantes qui tombent pendant la nuit, suppléent en partie au manque d'humidité. Nous en remarquions les effets le matin ; aussitôt que le soleil s'élevait au-dessus de l'horizon, nos tentes se couvraient de vapeurs, comme si elles avaient été trempées par la pluie. Souvent, dans les tentes des soldats, j'ai senti les gouttes de la rosée tomber à travers le canevas dont elles étaient recouvertes.

Les nuits de mars, avril et mai, nous semblèrent très-froides et très-humides, et nous ne pouvions assez nous couvrir.

Nous jouîmes, pendant toute la durée de la campagne, de l'avantage d'avoir des nuits belles et claires. La lune était rarement voilée par des nuages, et répandait une vive clarté.

Pendant mai, juin, juillet et août, nous eûmes généralement, entre 80 et 85° (therm. Farenheit), environ 22 et 24° (therm. Réaumur) de chaleur; elle excéda rarement 88° (therm. Farenheit), environ 25° (therm. Réaumur). Une brise très-rafraîchissante, qui venait généralement de la mer, vers sept heures du matin, nous paraissait très-agréable et tempérait la chaleur de l'atmosphère, qui, sans cela, eût été insupportable.

Nous pûmes, pendant notre séjour en Egypte, constater la permanence des vents qui règnent sur les côtes. En avril, mai et juin, ils viennent du nord-ouest ; en août et septembre ils viennent encore du même point et varient de temps en temps vers le nord. La brise qui s'élevait à sept ou huit heures du matin, durait toute la journée, et tombait graduellement jusqu'au coucher du soleil, moment où elle cessait entièrement. C'est à cette circonstance que nous dûmes certainement l'état de santé où se trouvèrent nos troupes pendant leur séjour devant les murs d'Alexandrie, car cette brise, en rafraîchissant et en purifiant l'air, chassait de notre camp deux puissantes causes de maladie.

L'Egypte est habitée par plusieurs peuples, différens par leurs mœurs, leurs coutumes et leurs religions. Les mamelucks tiennent le premier rang parmi eux ; et quoiqu'ils ne forment qu'une très-faible partie de la population, ils n'en sont pas moins les maîtres et les propriétaires du pays, dont tous les autres habitans sont plus ou moins soumis à leur domination (1).

Viennent ensuite les Arabes bédouins, qui errent sans cesse dans le désert ; ils n'habitent que très-peu de temps les mêmes endroits, et ne vivent que de rapines et de pillage.

Ces Arabes ne forment entre eux aucune communauté ; chaque tribu a son cheik ou chef,

---

(1) *Voyez* dans l'Introduction, les grands changemens opérés par Mohammed pacha dans le gouvernement et dans la situation de l'Egypte. (A.)

pour lequel ils ont le plus grand respect, et à qui ils doivent une entière obéissance. De ces nombreuses sociétés, et des intérêts différens qui les agitent, naissent des querelles sans fin. L'hospitalité est un devoir sacré parmi les Arabes, et un d'entre eux, dont la vie se trouverait en danger, ne balancerait pas à se mettre au pouvoir de son ennemi déclaré, certain de trouver chez lui sûreté et protection. Cependant ils sont faux, dissimulés, vindicatifs ; et quoique naturellement braves, ils n'hésitent jamais, quand ils en trouvent l'occasion, à assassiner lâchement leur ennemi.

Les bédouins ont tous des chevaux capables de supporter les plus grandes fatigues. Dans leurs courses dans le désert, ces chevaux mangent très-peu, ne consomment qu'une petite quantité d'eau, et souvent s'en passent entièrement. Les Arabes préfèrent les jumens, qu'ils trouvent plus propres à supporter les fatigues et qui, lorsqu'ils vont à la découverte pour piller, ne peuvent les trahir par leurs hennissemens. Le vêtement des Arabes est très-léger et se réduit à une large robe et un turban; ils sont armés d'un long fusil et d'un poignard.

La troisième classe se compose des Fellahs, qui sont les fermiers et les cultivateurs du pays. Ils habitent les villages et cultivent les terres

Fellah et Femme arabe.

des mamelucks, qui tiennent ces malheureux dans l'esclavage le plus abject.

Quand un Fellah est parvenu, à force de travail et d'économie, à amasser une certaine somme d'argent, il n'ose en faire usage et tremble de laisser découvrir son trésor en l'employant à améliorer sa propriété ou son existence ; car il s'exposerait alors à être pillé et dépouillé par son maître, et mettrait sa vie en danger en excitant la cupidité de ses voisins. Il résulte de là qu'il enterre son argent aussitôt qu'il l'a amassé ; et le malheureux, ainsi que les avares de nos contrées civilisées, n'a d'autre jouissance que de savoir ses richesses en sûreté. Lorsqu'il meurt, il emporte son secret avec lui, et l'argent se trouve perdu ; ainsi disparaît de la circulation une grande quantité de numéraire (1).

Les tyranniques propriétaires des terres et des villages du pays enlèvent la plus grande

---

(1) La monnaie courante de l'Egypte est celle de la Turquie et les dollars d'Espagne. L'ignorance des peuples, sous la domination turque, est si grande, que ce n'est qu'avec la plus extrême difficulté qu'on parvient à leur faire accepter en paiement d'autre monnaie d'Europe, en or ou en argent, que les dollars d'Espagne et leurs subdivisions.

Lorsque les Français arrivèrent en Egypte, quelques payeurs profitèrent de ce préjugé pour faire un commerce fort lucratif. Les troupes étaient soldées en écus de Louis XIV,

partie des revenus, et par leurs contributions fréquentes forcent souvent les malheureux Fellahs à abandonner leurs chaumières et à chercher un refuge parmi les habitans du désert. Une grande quantité de villages entièrement dépeuplés offrent de tristes preuves de l'effet de ces vexations.

Les villages qui sont encore peuplés, présentent une image frappante de la misère de leurs habitans. Les chaumières sont d'une saleté au-delà de tout ce qu'on peut se figurer, elles n'ont pas de fenêtres et souvent même point de portes. La plupart sont bâties sur des hauteurs, afin de les mettre à l'abri des inondations du Nil ; plusieurs sont environnées par une muraille en terre, flanquée de petites tours, afin de les défendre contre les attaques des Arabes bédouins. Ces habitations, ainsi fortifiées, sont pour les Fellahs des citadelles, dans lesquelles ils se retirent avec leurs troupeaux et toutes leurs richesses, et ils y sont tout aussi bien à l'abri de leur ennemi que dans la forteresse la plus redoutable.

---

encore tout neufs, et que l'on avait tarifiés au dessous de 6 fr. (Ces écus avaient été pris dans le trésor de Berne, lors de l'expédition de la Suisse.) Les Arabes les recevaient avec répugnance, et venaient chez les payeurs les échanger contre des piastres d'Espagne, qui ne valent guère plus de cent sous.

(A.)

Presque tous les villages possèdent une école publique, où les enfans apprennent à lire le Coran. C'est le seul livre qu'ils possèdent; et comme l'art de l'imprimerie est à peine connu chez les peuples soumis à l'empire turc, ils n'ont guères que des manuscrits de leur livre saint (1).

Enfin la dernière classe d'habitans se compose de cophtes ou des habitans chrétiens de l'Egypte; ils sont de la communion grecque. Le patriarche cophte est le chef de l'église d'Abyssinie, où il envoie un évêque pour le remplacer et pour gouverner le clergé de cette province.

Une grande quantité de cophtes habitent les villes, où leurs connaissances, supérieures à celles des autres classes, bien cependant que très-bornées, les font employer par les chefs et les principaux personnages du gouvernement.

Dans la Haute-Egypte, où ils sont très-nombreux, ils habitent des villages et cultivent les terres de la même manière que les fellahs dans la Basse-Egypte.

Outre les quatre classes dont nous venons de parler, et qui constituent principalement la

---

(1) Mohammed a fait, depuis que ce journal a été écrit, établir des imprimeries en Egypte. (*Voir* l'Introduction.)

(A.)

population de l'Egypte, on y trouve encore des turcs, des grecs, des juifs, etc., qui sont établis dans les villes et y exercent différens emplois.

Le nombre total des habitans est estimé à environ trois millions; bien qu'on n'y ait jamais fait un dénombrement exact ; ce qui, d'après la vie errante d'une partie des habitans, serait, à la vérité, une chose impraticable.

APPENDICE.

N° I.

Etat de l'armée sous les ordres du lieutenant-général sir Ralph Abercromby, après la séparation qui eut lieu le 24 octobre 1800, dans la baie de Gibraltar.

Brigade des Gardes.

L'honorable major-général Ludlow.

Bataillon des gardes Coldstream.
Bataillon du 3° régiment des gardes.

Première brigade de ligne.

Major-général Coote.

Deuxième bataillon du royal.
Premier bataillon du 54° régiment.
Deuxième bataillon du 54° régiment.
92° régiment.

Deuxième Brigade.

Major-général Cradock.

8° régiment.
13° régiment.
18° régiment.
90° régiment.

APPENDICE.

Troisième brigade.

Major-général comte de CAVAN.

Premier bataillon du 27ᵉ régiment.
Deuxième bataillon du 27ᵉ régiment.
50ᵉ régiment.
79ᵉ régiment.

Quatrième brigade.

Brigadier-général DOYLE.

Deuxième, ou régiment de la Reine.
Premier bataillon du 40ᵉ régiment.
Deuxième bataillon du 40ᵉ régiment.
44ᵉ régiment.

Cinquième brigade.

Brigadier-général STUART.

Régiment de Stuart ou de Minorque.
Régiment de Rolle.
Régiment de Dillon.

Réserve.

Major-général MOORE. — Brigadier-général OAKES.

23ᵉ régiment.
28ᵉ régiment.
42ᵉ régiment.
58ᵉ régiment.
Détachement de Homspech-Riflement.
Détachement, 11ᵉ dragons léger.
Légion corse.

Brigadier-général LAWSON.

Artillerie.

APPENDICE.

État de l'armée Anglaise, commandée par sir Ralph Abercromby, lors du débarquement dans la baie d'Aboukir, le 7 mars 1801.

INFANTERIE.

DÉSIGNATION DES CORPS.		EFFECTIF.
Major-général Ludlow...	Gardes de Coldstream....	890 hom.
	3ᵉ régiment des gardes....	923
Major-général Coots....	Royal..................	695
	1ᵉʳ bataillon du 54ᵉ.......	596
	2ᵉ bataillon du 54ᵉ.......	572
	92ᵉ régiment............	672
Major-général Cradock..	90ᵉ.....................	776
	8ᵉ......................	483
	13ᵉ.....................	736
	18ᵉ.....................	488
Major-génér. lord Cavan.	50ᵉ.....................	525
	79ᵉ.....................	722
Brigadier-général Doyle.	Régiment de la Reine....	575
	30ᵉ.....................	426
	44ᵉ.....................	517
	89ᵉ.....................	401
Brigadier-général Stuart.	Régiment de Stuart......	979
	— — de Roll........	560
	— — de Dillon......	574
Major-général Moore....	23ᵉ.....................	544
	28ᵉ.....................	628
	42ᵉ.....................	800
	58ᵉ.....................	504
Brigadier-général Oakes.	Légion corse............	227
	Compagnies de flanqueurs du 40ᵉ................	251
	Corps d'état-major......	90
Total.................		14,954 hom.

20

CAVALERIE.

RÉGIMENS ET DÉTACHEMENS.	EFFECTIF DES	
	hommes.	chevaux.
11ᵉ de dragons légers...............	53	57
12ᵉ de id.	486	124
26ᵉ de id.	483	124
Dragons de Homspech.	141	142
Total.............	1163	447

ARTILLERIE. —— 586 canonniers.
173 chevaux.

APPENDICE.

...tion de l'Armée Française lors de l'apparition de la Flotte Anglaise, le 1ᵉʳ mars 1801.

NOMS des Corps.	INFANTERIE.		CAVALERIE.	
	Nombre d'hommes en état d'entrer en campagne.	Dépôts, Invalides, Marins, etc.	Nombre d'hommes.	Chevaux en état de servir.
9ᵉ demi-brigade....	794	55		
13ᵉ demi-brigade...	841	66		
85ᵉ demi-brigade...	890	86		
Détachement de la 22ᵉ légère......	234	85		
4ᵉ légère........	790	34		
18ᵉ de ligne......	794	45		
69ᵉ de ligne......	859	30		
88ᵉ de ligne......	883	46		
Artillerie et ouvriers.	...	583		
Marins employés sur le Nil.......	...	200		
1ᵉʳ bataill. d'invalides.	...	268		
Dépôt de la 21ᵉ légère	...	102		
Bataillon de sapeurs et ouvriers du génie..	...	154		
Dromadaires......	223			
Guides.........	190	...	80	72
Légions grecque et cophte........	...	850		
Détachement des 2ᵉ et 32ᵉ.......	462			
2ᵉ bataillon de la 25ᵉ.	230			
7ᵉ régim. de hussards.	...	...	270	249
22ᵒ rég. de chasseurs.	...	...	279	230
14ᵒ rég. de dragons.	...	...	262	195
15ᵉ rég. de dragons..	...	...	181	129
Détachement du 3ᵉ de dragons........	...	...	75	75
Mamelucks et Syriens.	...	...	253	138
Détachement de la 32ᵉ légère........	180			
Détachement du 14ᵉ de dragons.....	...	...	25	25
Artillerie et sapeurs..	...	32		
TOTAL......	7370	2634	1425	1113

APPENDICE.

EMPLACEMENT des Troupes.	NOMS des Corps.	INFANTERIE.		CAVALERIE.
		Nombre d'hommes en état d'entrer en campagne.	Dépôts, Invalides, Marins, etc.	Nombre d'hommes.
	De l'autre part...	7370	2643	1425
	22ᵉ légère......	430		
	Dromadaires......	30		
Salahieh.	14ᵉ de dragons....	...	...	25
	Syriens.........	...	...	25
	Artillerie et sapeurs..	...	110	
Souez..	Détachemens de la 9ᵉ.	100		
	Artillerie et sapeurs..	...	50	
A Damiette, Lesbeh, Mansoura, Omfredjo, Mit, Kramz.	2ᵉ légère.........	540	50	
	32ᵉ de ligne......	542	60	
	21ᵉ de dragons....	...	...	213
	Artillerie et sapeurs..	...	200	
	Marins employés sur le Nil........	...	160	
	Invalides.........	...	60	
Alexandrie et Aboukir.	61ᵉ demi-brigade...	750	80	
	75ᵉ demi-brigade...	950	50	
	18ᵉ de dragons.....	...	...	190
	Artillerie........	...	450	
	Sapeurs.........	...	130	
	Marins..........	...	1400	
	Invalides........	...	240	
Rosette, fort Julien et Bourlos.	Détachem. de la 51ᵉ.	200		
	Détachem. de la 61ᵉ.	150		
	Détachem. de la 25ᵉ.	100		
	3ᵉ de dragons.....	...	...	180
	Artillerie........	...	50	
	Sapeurs.........	...	30	
	Marins..........	...	120	
	Invalides........	...	35	
A Rahmanieh, et en tournée dans le Delta.	25ᵉ demi-brigade...	580		
	Détachem. de la 75ᵉ.	80		
	Détachem. du 20ᵉ de dragons.........	...	...	80
	Artillerie........	...	25	
	Marins..........	...	100	
Benisouef.	21ᵉ légère........	800	50	
Haute-Egypte.	21ᵉ légère........	810		
	Artillerie........	...	30	
	Sapeurs.........	...	20	
	Marins..........	...	60	
	TOTAL........	13,422	6203	2138

Troupes susceptibles d'entrer en campagne, mais réparties sur toute l'étendue de l'Egypte.

Infanterie. 13432
Cavalerie. 1661

TOTAL. 15093

Troupes susceptibles seulement du service de garnison.

Infanterie. 6203
Cavaliers à pied. 477

TOTAL. 6680

~~~~~~~~~~

N° II.

Observation sur les Armées turques.

Alep, le 20 novembre 1800.

Monsieur,

Tel est le manque d'ordre et de règle dans les armées turques, que chaque chef des différens corps qui la composent exige toujours une solde double ou triple de celle qui est nécessaire pour son effectif réel. Cet abus est tellement passé en usage, que, le 13 et le 17 octobre 1800, deux régimens de deux cents hommes chacun, désertèrent, parce que le grand-visir avait refusé de les solder sur le pied de deux mille combattans.

En septembre 1800, le grand-visir s'imaginait avoir trente-cinq mille hommes sous ses ordres. Le brigadier-général Koelher, présumant qu'il se trompait de beaucoup dans son calcul, prétendit que l'armé ne s'élevait pas à plus de sept ou huit mille hommes Afin d'éclaircir la chose, le grand-visir, à la demand du général, chercha à établir, deux fois par s maine, une espèce de revue, et à faire ranger le troupes d'une manière assez régulière pour qu'o pût en évaluer le nombre. A la troisième parade, on fit placer les hommes sur dix-neuf de hauteur et o les compta; mais quand on arriva aux Albanais, il refusèrent de se laisser dénombrer, et tournant leu mousquets vers la tente du grand-visir, ils envoyèren une volée de balles de ce côté. Cette décharge d mousqueterie, bien que faite en l'air, effraya telle ment toute l'armée, qu'un grand nombre de per sonnes craignant une révolte générale, abandon nèrent le camp. L'affaire se termina là, et on n poussa pas plus loin les tentatives pour connaître au juste le nombre des combattans.

Cependant, d'après ce qui fut fait, on put con clure que l'estimation du général Koelher ne s'éloignai pas beaucoup de la réalité. Mais le grand-visir en reconnaissant la vérité de son assertion, répondi qu'avec les troupes qui devaient le joindre incessam ment, il aurait une armée suffisante pour tailler le Français en pièces.

Quelques jours après cette circonstance remar quable, la frégate anglaise *le Mercure*, capitain Roger, arriva à Jaffa, d'après l'ordre du lord Keith pour croiser dans ces parages. Le grand-visir reçu le capitaine Roger avec sa politesse ordinaire, et lui indiqua les bouches de Damiette comme une station très-avantageuse. Mais avant le départ de la frégate, un incident particulier ayant donné au grand-visir une juste idée de la valeur de ses troupes, il se détermina à demander que le capitaine Roger retournât immédiatement près de l'amiral Keith, avec une requête pressante de sa part pour obtenir un renfort de dix mille hommes de troupes anglaises. Néanmoins, il est à remarquer que le visir resta fidèle à ce style oriental, dont les Turcs ne manquent jamais de se servir dans leurs négociations, afin de cacher leur faiblesse, et qui, dans le fait, ne trompe qu'eux-mêmes. Bien loin d'avouer le besoin réel d'un secours, il annonçait que jusqu'à ce jour il avait dû éviter d'attirer auprès de lui des troupes anglaises, parce qu'il n'avait eu des munitions et des provisions qu'en très-petite quantité ; mais que maintenant, grâce à Dieu, ses magasins étaient bien approvisionnés et lui permettaient de demander ce renfort.

L'incident qui éclaira l'esprit du visir sur la confiance qu'il pouvait avoir dans ses troupes, mérite d'être rapporté avec quelques détails.

Quatre cents Albanais désertèrent de la grande-armée pour passer à celle de Djezzar, pacha d'Acre. Le visir envoya à leur poursuite un détachement de quatre mille Deli-Bashs, qui, de retour au camp, rapportèrent qu'ils avaient rencontré les fugitifs ; mais que, les ayant trouvés retranchés dans une position avantageuse, et par conséquent peu disposés à se rendre sans résistance, ils n'avaient pas voulu les attaquer et étaient revenus sur leurs pas.

Quant à ce qui regarde les désertions, il est à remarquer qu'à partir du 27 octobre 1800, lorsque la saison était belle et que les soldats n'avaient à supporter aucune privation, il en désertait de quinze à vingt par jour. On peut, d'après cela, juger de combien le nombre doit en être grand, quand les saisons pluvieuses rendent les camps humides et malsains, lorsque les provisions deviennent rares et lorsqu'ils se voient exposés à une foule de privations.

Le 15 octobre 1800, les magasins de Jaffa n'étaient approvisionnés que pour trois mois. Les maîtres des bâtimens qui transportent des vivres, ont pour coutume de frauder le gouvernement d'un quart de leur chargement, et ils s'arrangent en outre avec les hommes chargés de peser et de recevoir leurs marchandises, de façon à ce qu'ils leur en reconnaissent un quart en sus de ce qu'ils reçoivent. De cette manière, il n'arrive réellement au camp que la moitié des provisions qui y sont destinées. Je puis vous donner, à l'appui de ce que j'avance, le fait suivant, qui est vraiment caractéristique :

Jaffa, le 4 novembre 1800.

Aujourd'hui, le capitaine d'un bâtiment russe s'étant présenté chez le Teftatar, ou premier trésorier, pour recevoir le prix du transport d'une cargaison qu'il avait prise à Constantinople et débarquée à El-Arish, il fut arrêté et mis en prison. Ce capitaine avait pris à Constantinople trois mille quintaux de biscuit ; mais, en passant devant l'île de Chypre, il vendit la moitié de cette cargaison à un Turc de ses amis, qui la lui paya moitié en argent comptant, et convint de lui remettre, à Jaffa, l'autre moitié.

Le Turc arriva dans cette ville un jour avant son ami, découvrit au Teftatar ce qui s'était passé, et remit entre ses mains la somme dont il était encore redevable au capitaine. Ce dernier se présenta bientôt avec un reçu en règle du Musali Emin d'El-Arish, qui certifiait que la cargaison était arrivée au complet et en bon état, de sorte qu'on ne put plus douter que le capitaine n'eût corrompu le peseur ou le receveur, afin d'en obtenir les certificats qu'il désirait.

Il est probable que le Teftatar découvrit, par suite de cette circonstance, un grand nombre d'abus de ce genre, très-préjudiciables à l'armée ; mais on ne songea pas à y apporter le moindre remède. Comme tout ce qui appartient au gouvernement turc provient d'extorsions, chacun croit y avoir des droits ; et depuis le Teftatar jusqu'au dernier employé, tout le monde pille l'état en répétant : *Questa è robba del gran signore.*

Après vous avoir dit combien les troupes turques sont mal armées et mal équipées, je vais vous faire connaître la manière oppressive dont le grand-visir s'y prend pour lever des contributions, et comment il attire sur lui et sur son armée la haine des peuples.

Toutes les nations soumises à la domination turque détestent un gouvernement qui les accable sans cesse d'impôts arbitraires, et elles cherchent à entraver les opérations par tous les moyens qui sont en leur pouvoir. Le 15 octobre 1800, les patriarches grecs et arméniens, que le gouverneur Mahomet, pacha, avait forcés de se rendre de Jérusalem au camp, reçurent, du visir, l'ordre de lui payer une somme de mille bourses, qu'on obtint, à force de pleurs et de protestations de pauvreté, de faire réduire à cinq cents. Ces malheureux furent renvoyés comme des criminels, sous l'escorte d'un détachement turc, pour lever la somme promise.

Je vous rapporterai, de ce même Mahomet, pacha de Jérusalem, un autre trait, digne de la nation la plus barbare.

Après avoir arraché, par les mesures les plus violentes, une somme de cent bourses aux habitans d'un petit village appelé Uffen, il les frappa d'une nouvelle contribution de cinq cents bourses. Les habitans lui représentèrent l'impossibilité où ils étaient de fournir une semblable somme. Le pacha feignit de se désister de sa demande et s'approcha la nuit pour surprendre le village; mais il le trouva abandonné; et furieux de se voir frustré dans ses espérances de pillage, il le livra aux flammes et n'y laissa pas une seule habitation.

Le grand-visir, après avoir renvoyé à El-Arish les Albanais qui n'avaient pas voulu se laisser compter, essaya de nouveau d'exercer son armée à des évolutions militaires. Dans la matinée du 27 octobre 1800, le général Koelher vint examiner les troupes du grand-visir, et il trouva que toute leur science consistait à s'entasser pêle-mêle sur une ligne et à faire marcher devant eux l'artillerie, qui n'observait même pas la distance nécessaire au service des bouches à feu. Quant à moi, je suis convaincu que deux mille soldats européens pourraient mettre, dans un instant, en déroute, toute l'armée du grand-visir, qui, d'après les calculs du général Koelher, peut compter quinze mille combattans sans y comprendre ceux qui occupent El-Arish.

Le 4 novembre 1800 on apporta au camp du visir la nouvelle d'une forte insurrection, qui venait d'éclater à El-Aristh, à cause de la disette qui y régnait.

N° III.

Instruction donnée à tous les chefs de corps.

Marmorice, le 10 février 1800.

L'approvisionnement en eau doit mériter toute l'attention et tous les soins des chefs de corps dans le pays qui va servir de théâtre à nos opérations de l'armée.

Aboukir. — D'après les renseignemens les plus positifs qui ont été donnés, il paraît qu'il y a plusieurs puits dans la péninsule d'Aboukir, et qu'on y trouve de l'eau presque partout en y creusant des puits de trois ou quatre pieds.

Mandara. — Il y a des puits à mandara qui se trouvent à mi-chemin entre Aboukir et Alexandrie ; on peut aussi se procurer de l'eau dans ces endroits en creusant des puits de cinq à six pieds de profondeur, particulièrement au sud de la route.

Scheck-Jabel. — Il y a un puits ou une citerne à un endroit nommé Melek-Lejabel et à Scheck-Jabel, entre Mandara et Alexandrie, à la droite de la route.

Calish ou Canal. — En creusant des puits sur les rives ou dans le lit du canal d'Alexandrie, on trouve généralement de l'eau à cinq ou six pieds de la surface du terrain. On est certain d'en trouver partout où il y a des dattiers. Elle manque rarement dans les dunes et près du rivage de la mer, si ce n'est dans les endroits couverts de ruines, tels que les environs de la vieille ville d'Alexandrie.

Manière de creuser les puits. — Aussitôt que chaque régiment prendra une position, on commencera par faire creuser des puits dans les endroits les plus convenables. Comme le sol est sablonneux et les terres coulantes, on soutiendra les côtés du puits avec des tonneaux dont les régimens sont pourvus, ou avec tous les autres moyens que les localités pourront offrir, tels que les dattiers, que les habitans du pays font servir à cet usage.

Observations. — Bien que d'après ce qui vient d'être dit, l'on puisse espérer avoir une quantité d'eau suffisante, cependant il est indispensable de mettre le plus grand ordre et la plus grande économie dans les distributions de cet article de consommation. Partout où la chose sera possible, on devra se servir de l'eau de mer pour le blanchissage, et dans beaucoup de cas pour préparer les alimens, et particulièrement les légumes, qu'on pourra faire cuire au moyen de la vapeur, en les plaçant dans des vases, qui la préserveront du contact de l'eau salée. On doit encore observer que les chevaux dont on se sert en Egypte, sont habitués à ne boire qu'une fois par jour et ne consomment pas plus de huit à dix litres d'eau.

On doit enfin prendre les mesures nécessaires pour augmenter les approvisionnemens d'eau et en économiser la dépense, car c'est un article de la plus haute importance pour nous, et duquel peut dépendre le bon ou le mauvais succès de notre expédition.

N° IV.

Etat des forces françaises à Aboukir, lors du débarquement des Anglais (tiré de l'ouvrage du général Reynier.)

Le général Friant, dès l'arrivée de la flotte anglaise, avait réparti ses troupes de la manière suivante :

	Infanterie.	Cavalerie.
A Rosette et au fort Julien, trois compagnies de la 61ᵉ.	150	»

	Infanterie.	Cavalerie.
A Edko et à la Maison carrée, un bataillon de la 75ᵉ, une compagnie de la 25ᵉ, un détachement du 3ᵉ régiment de dragons, en tout.	300	150
A Aboukir, deux bataillons et les grenadiers de la 61ᵉ.	700	»
Deux bataillons de la 75ᵉ.	600	»
Demi-bataillon de la 51ᵉ, et un détachement de la 25ᵉ.	250	»
Le 18ᵉ de dragons.	»	100
Détachement du 20ᵉ de dragons.	»	80

En tout, à Aboukir, 1550 hommes d'infanterie, 180 cavaliers, et dix pièces de canon.

N°. V.

Copie de la dépêche de sir Ralph Abercromby, relative au débarquement de son armée.

Camp d'Alexandrie, le 16 mars 1801.

Quoique ce ne fût pas d'abord mon intention de commencer les opérations de la campagne d'Egypte du côté d'Alexandrie, cependant je fus contraint par les circonstances à changer les projets que j'avais formés. Nous nous arrêtâmes sur les côtes de l'Asie mineure plus longtemps qu'on ne devait s'y attendre, et nous nous trouvâmes enfin forcés de quitter la baie de Marmorice, avant de nous trouver complètement organisés pour la campagne. Le temps et le vent nous furent longtemps contraires. Lord Keith fut obligé d'attendre le moment favorable pour mettre à la voile avec une flotte si nombreuse; nous ne quittâmes Marmorice que le 22 février, et le 1ᵉʳ mars nous étions en vue d'Alexandrie.

Le 2, la flotte jeta l'ancre dans la baie d'Aboukir. La mer fut extrêmement houleuse jusqu'au 7, et il fut impossible d'opérer le débarquement avant ce jour.

Tout ayant été disposé la veille, le 8, la première division fut embarquée à la pointe du jour, dans les chaloupes de débarquement, qui durent ramer pendant cinq à six milles, avant d'arriver au rivage, qu'elles ne purent atteindre qu'à dix heures. Le point de débarquement était commandé par une colline escarpée qui paraissait presque inaccessible. L'ennemi, qui était instruit de nos intentions, nous attendait en force et avait l'avantage du terrain. Cependant nos troupes, malgré un feu très-vif d'artillerie et la mitraille, effectuèrent leur débarquement, emportèrent la colline avec une intrépidité incomparable, et forcèrent l'ennemi à se retirer en abandonnant sept pièces de canon et plusieurs chevaux.

En général, les troupes ne perdirent pas un instant pour réparer le désordre inévitable dans une opération de ce genre. Le débarquement de l'armée continua toute la journée du 8 et celle du lendemain. Les troupes qui étaient descendues à terre le 8, se portèrent en avant de trois milles dans la même journée;

On joint ici l'état nominatif des tués et blessés, dont le total est de

$\left.\begin{array}{r}\text{4 officiers,}\\ \text{4 sergens,}\\ \text{94 soldats.}\end{array}\right\}$ *tués.*

$\left.\begin{array}{r}\text{26 officiers,}\\ \text{34 sergens,}\\ \text{5 tambours,}\\ \text{450 soldats.}\end{array}\right\}$ *blessés.*

$\left.\begin{array}{r}\text{1 officier,}\\ \text{1 sergent,}\\ \text{1 tambour,}\\ \text{32 soldats.}\end{array}\right\}$ *non retrouvés.*

N° VI.

Détail des forces des généraux Friant et Lanusse lors de l'affaire du 13 mars 1801. (Extrait de l'ouvrage du général Reynier.)

INFANTERIE.

GÉNÉRAL DE DIVISION FRIANT.

Général de brigade Délegorgue.

25° demi-brigade, deuxième et troisième bataillons . . . . 500 hommes.
61°. 600
75°. 750
_____
1850 hommes.

APPENDICE.

Total ci-contre. . . . . 1850 hommes.

GÉNÉRAL DE DIVISION LANUSSE.

Général de brigade Silly.

4ᵉ légère..	650
18ᵉ de ligne.	650
69ᵉ de ligne.	800
Total de l'Infanterie. . . .	3850 hommes.

CAVALERIE.

22ᵉ de chasseurs.	230 hommes.
Détachement du 3ᵉ de dragons. . .	150
18ᵉ de dragons.	80
Détachement du 20ᵉ de dragons. .	60
Total de la Cavalerie. . .	520 hommes.

ARTILLERIE. . . . . 21 pièces.

~~~~~~~~~

Nº VII.

Articles de la capitulation du fort d'Aboukir.

Article 1ᵉʳ. — La garnison du fort d'Aboukir sortira avec les honneurs de la guerre, enseigne déployée et mèche allumée. Elle sera conduite à Alexandrie, où elle sera échangée contre un nombre égal de prisonniers anglais, et elle s'engage à ne pas servir jusqu'à ce que cet échange ait été exécuté.

Réponse. — Les soldats de la garnison se rendront prisonniers de guerre; ils sortiront du fort avec les honneurs de la guerre, déposeront ensuite les armes sur les glacis, et seront conduits à bord de la flotte anglaise.

Article 2. — Les officiers conserveront leurs épées. Tout ce que les officiers et les soldats pourront emporter avec eux leur sera conservé. Il ne s'agit, dans cette dernière condition, que de propriété particulière, et elle ne peut s'appliquer à des munitions de guerre.

Réponse. — Accordé. Sauf ce qui regarde les bagages, qui devront rester dans le fort, toute la garnison doit être embarquée dans trois heures.

Article 3. — Il sera accordé vingt-quatre heures à la garnison pour plier bagage.

Réponse. — L'article 2 a modifié celui-ci.

Article 4. — Tout ce qui est relatif au fort, à l'artillerie et aux munitions, sera exactement remis aux Anglais, après que l'inventaire en aura été fait par des officiers des deux partis. Les papiers relatifs au service de la place seront également remis.

Réponse. — Accepté.

Article 5. — Toutes les difficultés imprévues seront discutées entre les deux partis. Les conditions ne seront exécutées que vingt-quatre heures après la signature de la capitulation.

Réponse. — L'article 3 annulle celui-ci. Les Grecs

et les Egyptiens ne sont pas compris dans cette capitulation.

  Signé le colonel Dalhousie-Vinache, chef de bataillon du génie, commandant du fort d'Aboukir.

Approuvé par le général en chef.
    Signé J. Hope, adjudant-général.

État des prisonniers, de l'artillerie et des munitions tombés en notre pouvoir par la reddition du fort d'Aboukir, le 18 mars.

Pièces de bronze..	4 canons de 24, français.
	2 mortiers de 12 p°, id.
Pièces en fer....	3 canons de 8, id.
	3 canons de 3, id.
Prisonniers......	2 chefs de bataillon.
	8 officiers ordinaires.
	140 sous-officiers et soldats.
Approvisionnemens et munitions...	4 affûts de siége pour 24.
	3 affûts de place pour 8.
	3 affûts de place pour 3.
	2 affûts en fer pour mortiers.
	800 boulets.
	40 cartouches à balles pour 24.
	600 bombes.
	90 barils de poudre de deux cents livres chacun.

N° VIII.

Ordre du jour.

Horse-Gnards, le 16 mai 1801.

Les derniers événemens qui ont eu lieu en Egypte ont engagé Sa Majesté à ordonner à Son Altesse Royale le Prince généralissime, de témoigner aux troupes qui sont employées dans cette partie du monde, toute sa satisfaction pour leur belle conduite. Sa Majesté a, en outre, jugé convenable de rendre publics les témoignages de sa satisfaction, afin d'inspirer une noble émulation à tous ses soldats, et de redoubler leur désir de se distinguer dans les différens services où ils sont employés.

Le reste de cet ordre du jour ne contenait qu'un récit des divers événemens mentionnés dans le journal de l'expédition, nous avons cru inutile de les répéter ici.

N° IX.

Proclamation du général Menou aux habitans de l'Egypte, lors de l'apparition de la flotte anglaise.

Menou, général en chef,

A tous les grands et petits, riches et pauvres, à tous les cheiks et ulinas, à tous ceux qui suivent la vraie religion, à tous les habitans de l'Egypte, enfin, salut :

> Au quartier-général du Caire, le 14 ventôse an 9 de la république une et indivisible.

Au nom de Dieu clément et miséricordieux, il n'y a que Dieu, et Mahomet est son prophète.

C'est Dieu qui dirige les armées; il donne la victoire à qui il lui plaît, l'épée flamboyante de son ange précède toujours les Français et anéantit leurs ennemis. Les Anglais, qui partout sont les oppresseurs du genre humain, viennent de paraître sur les côtes ; s'ils mettent pied à terre, ils seront culbutés dans la mer.

Les Osmanlis, poussés par ces mêmes Anglais, sont aussi en mouvement; s'ils avancent, ils rentreront dans la poussière du désert qui les engloutira.

Vous, habitans de l'Egypte et du Caire, je vous préviens que si vous vous conduisez ainsi que doivent le faire les hommes craignant Dieu, si vous restez tranquilles dans vos maisons, si vous vaquez à vos affaires comme de coutume, vous n'avez rien à craindre ; mais je vous préviens aussi que s'il arrivait à quelqu'un d'entre vous de vouloir exciter des mouvemens et de se révolter contre le gouvernement français, je le jure au nom de Dieu et de son Prophète, sa tête tombera à l'instant. Rappelez-vous ce qui est arrivé lors du dernier siége du Caire. Le sang de vos pères, de vos enfans, de vos femmes, a coulé dans toute l'Egypte, et principalement dans la ville du Caire ; vos propriétés ont été pillées et ravagées, vous avez été taxés à de très-fortes contributions extraordinaires ; mettez bien dans votre esprit tout ce que je viens de vous dire. Salut à qui est dans la bonne voie, malheur à qui s'en écarte.

Signé MENOU.

N° X.

État des troupes françaises qui se trouvèrent à l'affaire du 21 mars 1801. (Extrait de l'ouvrage du général Reynier.)

Aile droite, commandée par le général REYNIER.

GÉNÉRAL DE DIVISION DAMAS.

Général de brigade Baudot.

13ᵉ demi-brigade.	840 hommes.
85ᵉ demi-brigade.	860
	1700 hommes.

ci-contre. . 1700 hommes.

GÉNÉRAL DE DIVISION FRIANT.

Général de Brigade Delegorque.

25ᵉ demi-brigade.	650
61ᵉ demi-brigade.	500
75ᵉ demi-brigade.	600
Total.	3450 hommes.

Artillerie. . . . . 18 bouches à feu.

Centre, commandé par le général RAMPON.

EPPLER, *chef de brigade de la 21ᵉ légère.*

Grenadiers grecs.	100 hommes.
Deuxième compagnie de grenadiers de la 25ᵉ.	120
Première compagnie de carabiniers de la 21ᵉ.	80

DESTIN.

Premier et deuxième bataillon de la 21ᵉ légère.	700

L'adjudant commandant SORNET.

Carabiniers de la 21ᵉ légère. . . .	180
Grenadiers de la 32ᵉ de ligne. . .	150
32ᵉ demi-brigade.	700
Total.	2030 hommes.

Artillerie. . . . . 1 pièce.

Aile gauche, commandée par le général de division LANUSSE.

SILLY.

4ᵉ demi-brigade............	600 hommes.
18ᵉ de ligne..............	600

VALENTIN.

69ᵉ de ligne.............	800
88ᵉ de ligne..............	700
Guides à pied et artillerie.....	150
Sapeurs................	50
Total......	2900 hommes.
Artillerie.............	6 bouches à feu.

CAVALERIE,

Commandée par le général de brigade ROIZE.

7ᵉ de hussards............	200
22ᵉ de dragons...........	150
3ᵉ de dragons............	200
14ᵉ de dragons...........	250
15ᵉ de dragons...........	150
18ᵉ de dragons...........	100
20ᵉ de dragons...........	200
Total......	1250 hommes.
Artillerie légère........	6 bouches à feu.
Dromadaires............	130

APPENDICE. 329

Récapitulation.

Aile droite. . . . . 3450 hommes.
Centre. 2030
Aile gauche. 2900
Guides, artillerie et sapeurs. . . . 200
Réserve de cavalerie. 1250
Corps de cavalerie, détaché à
  droite. 350
Dromadaires. 130

    Total. . . . . 10,310 hommes.
Artillerie. . . . . 46 bouches à feu.

N° XI.

Copie des papiers qui furent trouvés dans le porte-feuille du général Roize, tué sur le champ de bataille, dans l'affaire du 21 mars.

ARMÉE D'ORIENT.
Liberté.   *Egalité.*
   RÉPUBLIQUE FRANÇAISE.

      Au quartier-général du Caire,
       le 26 ventôse, 11 mars.

Menou, général en chef.

Il est ordonné au général Roize de partir sur-le-champ avec le 7° de hussards, le 14° et le 15° de dragons, pour se rendre avec la plus grande diligence à Rahmanieh. Il emmenera avec lui le général Boussard et l'artillerie de sa division de cavalerie.

Signé Abd. MENOU.

(*Autre Lettre.*)

Au quartier-général du Caire,
le 20 ventose (11 mars) an 9.

Le général en chef de l'état-major de l'armée,

Au général Roize, commandant la cavalerie à Boulac.

Le général en chef désire, citoyen général, que vous laissiez au Caire vingt-cinq hommes de cavalerie, qui seront pris indistinctement sur toute la cavalerie, et de préférence les hommes les plus mal montés.

Ce détachement sera à la disposition du général Béliard ; l'officier qui le commandera viendra prendre ses ordres.

Signé LAGRANGE.

ARMÉE D'ORIENT.

Liberté.   *Egalité.*

RÉPUBLIQUE FRANÇAISE.

Au quartier-général de Rhamanieh, le 24 ventose (15 mars) an 9 de la république.

Menou, Général en chef,

Au général Roize, commandant la cavalerie de l'armée.

Citoyen Général,

Je donne l'ordre au général Bron de partir avec toute la cavalerie qui est ici pour se rendre sous vos ordres à Damanhour. Je ne garde avec moi que mes guides. Vraisemblablement arriveront demain matin, avec la division du général Rampon, cent Dragons du 20° régiment : dès qu'ils seront arrivés je les ferai filer sur Damanhour.

Le pauvre Latour étant hors d'état de commander son régiment, et le chef d'escadron Réfrogné ayant été tué, l'autre chef blessé, il est important de choisir un excellent capitaine pour commander ce régiment. Je vous autorise à faire ce choix; vous en causerez avec le général Bron.

Tous les jours vous porterez des reconnaissances sur la route d'Alexandrie, et même jusques sous les murs de cette ville, jusqu'à ce que j'aie rassemblé toutes les troupes et que je vous aie rejoint; ce qui, j'espère, ne tardera pas. L'ennemi n'a point de cavalerie; ainsi vous pouvez pousser vos reconnaissances aussi loin que possible. Il est important de s'assurer si l'ennemi n'aura pas coupé et retranché la digue par-delà Béda, s'il n'aura pas tenté de faire entrer l'eau du lac Maadie dans le Calish, et de là dans la plaine.

Vous examinerez s'il y aurait quelques moyens d'éviter le chemin de la digue en prenant dans le lac Maréotis. Vous sentez, citoyen général, qu'il faut que les reconnaissances soient faites avec beaucoup de soin.

J'envoie à Damanhour un officier du génie avec un officier d'artillerie : l'un et l'autre sont chargés de faire les reconnaissances les plus complètes de l'ennemi, de ses positions et des chemins les plus convenables pour se porter sur Alexandrie. Dans toutes les hypothèses possibles, vous leur donnerez un bon détachement pour remplir cette mission.

Il est important que vous trouviez les moyens de faire arriver un billet à Alexandrie au général Friant, soit par des hommes du pays, soit par un détachement de votre cavalerie, soit par tous les deux à-la-fois. Le billet que vous donnerez aux gens du pays porterait seulement ce qui suit : *Le général en chef arrive avec l'armée.*

Le détachement de cavalerie pourrait porter des détails plus circonstanciés sur le nombre des troupes, qui consistent dans la 13ᵉ, la 85ᵉ, la 21ᵉ, la 2ᵉ, la 32ᵉ, la 88ᵉ, un bataillon de la 25ᵉ, un bataillon grec et toute la cavalerie. J'espère qu'avec tout cela réuni nous ferons vigoureusement rebrousser chemin à messieurs les Anglais.

Dites aux troupes que vous commandez, citoyen général, que c'est en Egypte que se fera la paix générale ; que l'armée d'Orient a commencé la guerre en Europe, qu'elle la finira en Egypte. C'est le dernier coup de collier des Anglais.

Nous sommes à Naples. J'ai reçu des dépêches du général Murat.

Je vous salue,

Signé Abd. MENOU.

P. S. Je sais que les Anglais ont fait demander des vivres à quelques villages. Faites bien dire à tous ceux qui sont sur la route d'Alexandrie qu'on détruira de fond en comble tous ceux qui auraient fourni, même un mouton. A. M.

Ordre du Jour du général Menou.

Au quartier-général d'Alexandrie, le 29 ventose (20 mars) an 9.

L'armée attaquera les Anglais demain 30. En conséquence, toutes les troupes seront à trois heures précises, demain, en bataille, sans batterie et sans faire aucune espèce de bruit, à deux cents pas en avant du camp actuel, qui est au-delà de la porte de Rosette.

L'attaque commencera une heure et demie avant le jour, c'est-à-dire à quatre heures et demie du matin. L'armée sera placée dans l'ordre suivant :

La division Reynier, composée des 13ᵉ et 85ᵉ demi-brigades, appuiera sa droite vers le pont qui est sur le canal d'Alexandrie, en avant du camp actuel.

A la gauche de la division Reynier sera la division Friant, composée des 25ᵉ, 61ᵉ et 75ᵉ demi-brigades.

A la gauche de la division Friant, et parcourant au centre, sera la colonne commandée par le général Destaing, composée de la 21ᵉ brigade, de deux compagnies de grenadiers de la 25ᵉ, et des grenadiers grecs. Cette colonne est destinée à former l'avant-garde.

A la gauche de la colonne Destaing sera la division Rampon, composée de la 32ᵉ demi-brigade et de trois compagnies de carabiniers de la 2ᵉ légère. Elle formera le centre de l'armée conjointement avec la colonne du général Destaing.

A la gauche de la division Rampon sera la division Lanusse, composée des 4ᵉ, 18ᵉ, 69ᵉ et 88ᵉ demi-brigades. Elle appuiera sa gauche à la mer.

Il résulte de cet ordre, que les divisions Reynier et Friant formeront l'aile droite. Les divisions Destaing et Rampon le centre, la division Lanusse la gauche. Un corps léger se portera sur la gauche de l'ennemi pour faire une fausse attaque, qui commencera à la même heure que la véritable. Le corps sera composé du régiment des Dromadaires et de trente hommes à cheval.

Trois cents hommes à cheval se porteront sur la droite de l'armée, au-delà du canal, pour inquiéter ainsi toute la gauche de l'ennemi, en jetant continuellement des tirailleurs en avant. Leur manœuvre commencera en même temps que la fausse attaque des Dromadaires. Ils suivront les ordres du général Reynier.

Le reste de la cavalerie de l'armée se tiendra en arrière du centre. L'artillerie de réserve se placera derrière la cavalerie; derrière elle seront les guides à pied.

La grande attaque commencera par l'aile gauche de l'armée, sous les ordres du général Lanusse, et par le centre, commandé par les généraux Rampon et Destaing. Ils marcheront sur les redoutes qui sont en avant de leur position et s'en empareront à la baïonnette.

En même temps la droite de l'armée, commandée par le général Reynier, refusera un peu jusqu'à ce que l'affaire soit vivement engagée par la gauche.

Le centre secondera l'aile gauche, et alors l'aile droite se portera vivement en avant pour attaquer et culbuter tout ce qu'elle trouvera devant elle.

Lorsque les positions de la droite et du centre de l'ennemi seront emportées et toute sa première ligne culbutée, il faudra promptement que l'armée française se reforme pour marcher sur la seconde ligne de l'ennemi. On n'excepte de cette mesure que les tirailleurs.

Ce mouvement sur la seconde ligne de l'ennemi commencera par l'aile gauche, qui refusera un peu sa droite en tâchant de déborder l'ennemi. Le but de ce mouvement est de tâcher d'acculer les Anglais au lac Maadie.

Le général Roize, commandant la cavalerie, aura l'œil sur tous les mouvemens de l'ennemi, et profitera de toutes les occasions favorables, ainsi que du temps, pour se porter en avant et détruire tout ce qui aura été ébranlé par les attaques de l'infanterie.

Le général Songis aura la même attention pour employer utilement son artillerie; il sera nécessaire qu'il ait l'œil sur les chaloupes canonnières qui sont sur les flancs de la position. Il sera peut-être nécessaire de les écarter avec des pièces de douze. Les généraux commandant les divisions emploieront leur artillerie, soit de position, soit de bataille, de la manière qui leur paraîtra le plus convenable. Il en sera de même du général commandant la cavalerie.

Les généraux de division formeront aussi leur tête de colonne d'attaque ainsi que leur seconde ligne, s'ils le jugent nécessaire, de la manière qu'ils croiront la plus convenable. Le général en chef se trouvera partout pour donner des ordres en raison des nouvelles circonstances qui pourront se présenter.

Signé MENOU.

APPENDICE.

N° XII.

Rapport et Observations de la reconnaissance faite le 8 mai 1801, par le major Moore, du 26ᵉ de dragons légers.

La reconnaissance se mit en mouvement hier à trois heures du matin ; elle suivit la rive gauche du canal d'Alexandrie, en marchant entre ce canal et l'inondation. A cinq heures nous atteignîmes Bedah, où se trouve un puits et une redoute construite par les Français. Le village est totalement détruit et il n'en reste plus aucune trace. Nous poursuivîmes notre route ; nous traversâmes le canal et nous arrivâmes à Kafz-Selim à cinq heures et demie ; nous nous arrêtâmes quelque temps dans cet endroit, afin d'y recueillir des renseignemens sur l'ennemi. Nous fûmes rejoints par un sous-officier et douze dragons, qui avaient été laissés à Kafz-Selim depuis la veille. A huit heures et demie nous atteignîmes Birket sans avoir rencontré les patrouilles du général Hutchinson. Tout ce que nous pûmes apprendre, c'est qu'un convoi de quatre cents chameaux, escorté par cent hommes de cavalerie, soixante d'infanterie et une pièce de canon, avait traversé Birket en se rendant de Demanhour à Alexandrie.

Nous restâmes à Birket jusqu'à midi et demi ; alors n'entendant point parler du général Hutchinson, bien que nous eussions détaché au loin plusieurs reconnaissances vers Derout, nous prîmes la résolution de revenir. A environ un mille de Birket nous donnâmes la chasse à deux troupes d'Arabes à cheval, que nous supposâmes être des partis français. Nous arrivâmes à six heures du soir à la Coupure, sans avoir rencontré rien d'extraordinaire.

Le pays de l'autre côté de Kafz-Selim n'est qu'une plaine continuelle. Tous les villages sont bâtis sur de petites éminences, afin d'être à l'abri des inondations du Nil. Ces villages n'offrent qu'un misérable assemblage de cabanes construites en limon, et portent l'empreinte d'une extrême pauvreté. Quelques-uns sont entourés de murs en limon flanqués de tours. Dans le temps des inondations le pays est couvert par les eaux du Nil. Cependant la plus grande partie des terres ne sont pas cultivées, et plusieurs villages sont abandonnés.

Il est très-difficile de rien discerner après sept ou huit heures du matin, à cause de l'étrange phénomène du mirage, qui fait croire au voyageur que toute la terre se trouve inondée.

Birket est un bon port pour la cavalerie. Il est entouré de beaux champs d'orge, et possède en abondance de l'eau de bonne qualité. Ces avantages expliquent les motifs qui ont engagé les Français à tenir constamment un gros corps de cavalerie dans cet endroit. Sa position, d'ailleurs, centrale entre Rahmanieh, Demanhour et Alexandrie, est très-propre pour faire soutenir ou intercepter tous les convois qui traversent cette province.

APPENDICE.

Quant à l'établissement d'une ligne de signaux entre le camp et le général Hutchinson, l'impossibilité en semble complètement démontrée par les raisons suivantes : La distance entre les deux armées est actuellement si grande, et en même temps si peu occupée par nos troupes, que tous les postes qu'on placerait à ce dessein seraient exposés à être enlevés par les Français ou égorgés par les Bedouins ; en un mot, tant que les ennemis occuperont Rahmanieh, ou auront quelques communications avec ce pays, ce projet est impraticable.

Il paraît que les Français sont forcés de faire un détour de cinq jours de marche depuis Demanhour jusqu'à Alexandrie, à cause de l'inondation, qui fait encore chaque jour de nouveaux progrès. Plusieurs villages arabes et des champs de blé ont déjà été détruits par les eaux débordées.

Distances.

De la Coupure à Bedah. . . . . 9 milles.
De Bedazh à Kafz-Selim. 1 1/2
De Kafz-Selim à Birket. . . . . 11.

N° XIII.

Capitulation du fort de Rahmanieh.

Article. 1er — Les officiers seront faits prisonniers de guerre et conserveront leurs épées.

Article 2. — La garnison sera transportée en France, et ne pourra prendre de service qu'après avoir été échangée.

Article 3. — Les blessés sont placés sous la protection de l'humanité anglaise.

Article 4. — Tous les effets appartenant aux officiers, soldats et autres personnes de la suite de la colonne, leur seront conservés.

Article 5. — Il sera permis aux troupes françaises d'envoyer au Caire et à Alexandrie pour chercher les effets qui leur appartiennent.

Article 6. — Les officiers de santé et employés à la suite de la colonne seront également envoyés en France.

Article 7. — Les chevaux, les chameaux et les effets des officiers leur seront conservés.

Article 8. — Tout ce qui appartient au gouvernement sera remis au commandant anglais.

Fait dans le désert, à la hauteur du village de Commé-Sherif, le 27 floréal an 9 de la république française, répondant au 17 mai 1801.

Approuvé par le général en chef Hutchinson.

Signé Cavalier, *chef de brigade*,

Doyle, *brigadier-général*.

Note sur la capitulation du Chef de Brigade Cavalier, extraite par le traducteur de l'ouvrage de M. Martin, sur la campagne d'Egypte.

Le général Menou ne voyait que des traîtres dans ceux que ses fautes mettaient dans la cruelle alternative de succomber d'une manière honteuse ou de céder à la nécessité : il n'apprit le malheur de Cavalier qu'un mois après ; mais aussitôt qu'il en eut connaissance, il jeta feu et flamme, accusa cet officier de tous les malheurs qui menaçaient la ville d'Alexandrie, et publia l'ordre du jour suivant, qui n'est qu'un monument de son caractère emporté, et ne peut jeter aucun nuage sur la conduite du brave officier qui y est si cruellement inculpée.

Alexandrie, le 29 prairial an 9.

Généraux, Officiers, Soldats,

« Je vous dénonce une lâcheté, peut-être même une trahison, qui vient d'être commise. Le chef de brigade Cavalier a capitulé, le 27 floréal dernier, en rase campagne, sans tirer un coup de fusil, commandant un détachement de plus de cinq cents hommes. La capitulation est la plus honteuse qui ait jamais été signée ; elle porte tout le caractère d'une vente faite aux Anglais ; on y voit clairement qu'on a voulu prendre les moyens de transporter sûrement, en France, de l'argent ; mais ce qui m'étonne le plus, c'est que les autres officiers, c'est que les soldats, aient obéi à une pareille capitulation.

» Armée d'orient, si jamais celui qui a l'honneur de vous commander en chef voulait commettre une lâcheté pareille à celle qui vient de l'être par le chef de brigade Cavalier, ne lui obéissez pas; vous ne lui devriez plus de soumission dès qu'il deviendrait lâche.

» Armée d'orient, je vous répéterai jusqu'à mon dernier soupir que l'honneur est tout, que l'argent n'est rien, et soyez bien convaincue d'avance que, tant qu'il restera sur ma tête un de mes cheveux blancs, je ne souscrirai à aucune convention qui pût ternir votre gloire ou me rendre parjure à mes devoirs et au serment que j'ai fait à la patrie en acceptant l'honneur de vous commander. »

Signé ABDALLAH-JACQUES MENOU.

N° XIV.

Conditions accordées aux troupes sous les ordres du chef de brigade Cavalier, commandant le régiment des Dromadaires, et chargé de l'escorte d'un convoi allant d'Alexandrie au Caire.

Article 1er. — Les troupes recevront les honneurs de la guerre; les officiers conserveront leurs armes, et les soldats ne les déposeront qu'au quartier-général des Anglais.

Article 2. — Les officiers et les soldats seront conduits en France, libres de leurs personnes.

N° XV.

CONVENTION

Pour l'Evacuation de l'Egypte, par les corps de troupes de l'Armée française et auxiliaires, aux ordres du général de division Belliard,
Conclue entre les citoyens Donzelot, général de brigade, Morand, général de brigade, Tareyre, chef de brigade, de la part du général de division Belliard; et M. le général de brigade Hope, de la part de Son Excellence le général en chef de l'armée anglaise; Osman Bey, de la part de S. A. le suprême Visir; et Isaac Bey, de la part de S. A. le Capitan-Pacha.

Les commissaires ci-dessus nommés s'étant réunis dans un lieu de conférence entre les deux armées, après l'échange de leurs pouvoirs respectifs, sont convenus des articles suivans:

Article 1er. — Les corps de l'armée française, de terre et de mer, les troupes auxiliaires, aux ordres du général de division Belliard, évacueront la ville du Caire, la citadelle, les forts Boulak et Giseh, et toute la partie de l'Egypte qu'ils occupent en ce moment.

Article 2. — Les corps de l'armée française et les

troupes auxiliaires se retireront, par terre, à Rozette, en suivant la rive gauche du Nil, avec armes, bagages, artillerie de campagne, caissons et munitions, pour y être embarqués, et de là être transportés dans les ports français de la Méditerranée avec leurs armes, artillerie, caissons, munitions, bagages, effets, aux frais des puissances alliées.

L'embarquement desdits corps de troupes françaises et auxiliaires devra se faire aussitôt qu'il sera possible de l'effectuer; mais au plus tard dans cinquante jours à dater de la ratification de la présente convention. Il est, d'ailleurs, convenu que lesdits corps seront transportés dans lesdits ports du continent français par la voie la plus prompte et la plus directe.

Article 3. — A dater de la signature et ratification de la présente convention, les hostilités cesseront de part et d'autre; il sera remis aux armées alliées le fort Sulkowsky et la porte des Pyramides de la ville de Giseh; la ligne d'avant-postes des armées respectives sera déterminée par des commissaires nommés à cet effet; il sera donné les ordres les plus précis pour qu'elle ne soit pas dépassée, afin d'éviter les rixes particulières, et, s'il en survenait, elles seraient terminées à l'amiable.

Article 4. — Douze jours après la ratification de la présente convention, la ville du Caire, la citadelle, les fort et ville de Boulak seront évacués par les troupes françaises et auxiliaires, qui se retireront à Ibrahim-Bey, île de Rauvdah et dépendances, le fort Lequoi et Gizeh, d'où elles partiront le plus tôt possible, et au plus tard dans cinq jours, pour se rendre au point de l'embarquement. Les généraux des armées anglaise et ottomane s'engagent, en conséquence, à faire fournir, à leurs frais, aux troupes françaises et auxiliaires, les moyens de transport par eau, pour porter les bagages, vivres et effets au point de l'embarquement.

Tous ces moyens de transport par eau seront mis le plus tôt possible à la disposition des troupes françaises à Gizeh.

Article 5. — Les journées de marche et de campement de l'armée française et des auxiliaires seront réglées par les généraux des armées respectives, ou par des officiers d'état-major, nommés de part et d'autre. Mais il est clairement entendu que, suivant cet article, les journées de marche et de campement seront fixées par les généraux des armées combinées. En conséquence, lesdits corps de troupes françaises et auxiliaires seront accompagnés dans leur marche par des commissaires anglais et ottomans, chargés de faire fournir les vivres nécessaires pendant la route et les séjours.

Article 6. — Les bagages, munitions et autres objets voyageant par eau, seront escortés par des détachemens français et par des chaloupes armées des puissances alliées.

Article 7. — Il sera fourni aux troupes françaises et auxiliaires, et aux employés à leur suite, les subsistances militaires, à compter de leur départ de

Gisch jusqu'au moment de l'embarquement, conformément aux réglemens de l'armée française, et du jour de l'embarquement jusqu'au débarquement en France, conformément aux réglemens maritimes de l'Angleterre.

Article 8. — Il sera fourni par les commandans des troupes britanniques et ottomanes, tant de terre que de mer, les bâtimens nécessaires, bons et commodes, pour le transport dans les ports de France de la Méditerranée, des troupes françaises et auxiliaires, et de tous les Français et autres employés à la suite de l'armée. Tout à cet égard, ainsi que pour les vivres, sera réglé par des commissaires nommés à cet effet par le général de division Belliard, et par les commandans en chef des armées alliées, tant de terre que de mer. Aussitôt la ratification de la présente, ces commissaires se rendront à Rosette et à Aboukir pour y faire préparer tout ce qui est nécessaire à l'embarquement.

Article 9. — Les puissances alliées fourniront quatre bâtimens, et plus, s'il est possible, préparés pour transporter les chevaux, les futailles pour l'eau, et les fourrages nécessaires jusqu'à leur débarquement.

Article 10. — Il sera fourni aux corps de l'armée française et auxiliaire, par les puissances alliées, une escorte de bâtimens de guerre suffisante pour garantir leur sûreté et assurer leur retour en France. Lorsque les troupes françaises seront embarquées, les puissances alliées promettent et s'engagent à ce que, jusqu'à leur arrivée sur le continent de la république française, elles ne seront nullement inquiétées; comme, de son côté, le général Belliard, et les corps de troupes sous ses ordres, promettent de ne commettre aucune hostilité pendant ledit temps, ni contre la flotte, ni contre le pays de Sa Majesté Britannique, ni de la Sublime Porte ou de leurs alliés. Les bâtimens qui transporteront ou escorteront lesdits corps de troupes, ou autres Français, ne s'arrêteront à aucune autre côte que celles de la France, à moins d'une nécessité absolue. Les commandans des troupes françaises, anglaises et ottomanes, prennent réciproquement les mêmes engagemens que ci-dessus, pour le temps que les troupes françaises resteront sur le territoire de l'Egypte, depuis la ratification de la présente convention jusqu'au moment de leur débarquement. Le général de division Belliard, commandant les troupes françaises et auxiliaires, de la part de son gouvernement, promet que les bâtimens d'escorte et de transport ne seront point retenus dans les ports de France, après l'entier débarquement des troupes, et que les capitaines pourront s'y procurer, à leurs frais, et de gré à gré, les vivres dont ils auront besoin pour leur retour. Le général Belliard s'engage, en outre, de la part de son gouvernement, que lesdits bâtimens ne seront point inquiétés jusqu'à leur retour dans les ports des puissances alliées, pourvu qu'ils n'entreprennent et ne servent à aucune expédition militaire.

Article 11. — Toutes les administrations, les membres de la commission des Sciences et Arts, et enfin tous les individus attachés aux corps de l'armée française, jouiront des mêmes avantages que les militaires. Tous les membres desdites administrations et de la commission des Sciences et Arts emporteront en outre avec eux non-seulement tous les papiers qui regardent leur gestion, mais encore les papiers particuliers, ainsi que les autres objets qui les concernent.

Article 12. — Tout habitant de l'Egypte, de quelque religion qu'il soit, ne pourra être inquiété ni dans sa personne, ni dans ses biens, pour les liaisons qu'il aurait eues avec les Français pendant leur occupation de l'Egypte, pourvu qu'il se conforme aux lois du pays.

Article 13. — Les malades qui ne pourront pas supporter le transport, seront admis dans un hôpital, où ils seront soignés par des officiers de santé et employés français jusqu'à leur parfaite guérison; alors ils seront envoyés en France, les uns et les autres, aux mêmes conditions que les corps de troupes. Les commandans des troupes des armées alliées s'engagent à faire fournir, sur des demandes en règle, tous les objets qui seront nécessaires à cet hôpital, sauf les avances à être remboursées par le gouvernement français.

Article 14. — Au moment de la remise des villes et forts désignés dans la présente convention, il sera nommé des commissaires pour recevoir l'artillerie, les munitions, magasins, papiers, archives, plans et autres effets publics que les Français laisseraient aux puissances alliées.

Article 15. — Il sera fourni, aussitôt que possible, par le commandant des troupes de mer des puissances alliées, un aviso pour conduire à Toulon un officier et un commissaire des guerres chargés de porter au gouvernement français la présente convention.

Article 16. — Toutes les difficultés ou contestations qui pourraient s'élever sur l'exécution de la présente convention seront terminées à l'amiable et par des commissaires nommés de part et d'autre.

Article 17. — Aussitôt la ratification de la présente convention, tous les prisonniers anglais ou ottomans qui se trouvent au Caire, seront mis en liberté, de même que les commandans en chef des puissances alliées mettront en liberté les prisonniers français qui se trouvent dans leurs camps respectifs.

Article 18. — Un officier supérieur de l'armée anglaise, un officier supérieur de S. A. le capitan Pacha, seront échangés contre des otages de pareil nombre et grade de troupes françaises, pour servir de garantie à l'exécution du présent traité. Aussitôt que le débarquement des troupes françaises sera effectué dans les ports de France, les otages seront réciproquement rendus.

Article 19. — La présente convention sera, par un officier français, portée et communiquée au général en chef Menou, à Alexandrie, et il sera libre de l'accepter pour les troupes françaises et auxiliaires de terre et de mer qui se trouvent avec lui dans cette place, pourvu que son acceptation soit notifiée au général commandant les troupes anglaises devant Alexandrie, dans dix jours, à compter de celui où la communication lui en aura été faite.

Article 20. — La présente convention sera ratifiée par les commandans en chef des troupes et armées respectives, vingt-quatre heures après la signature.

Fait quadruple au camp des conférences, entre les deux armées, le 8 messidor an 9 (27 juin 1801), à midi, ou le 16 du mois de Safar 1216.

Signé DONZELOT, général de brigade;
MORAND, général de brigade;
TAREYRE, chef de brigade;
JOHN-HOPE, brigadier-général;
OSMAN-BEY; ISAAC-BEY.

Approuvé,

Signé J. HELY HUTCHINSON, général en chef.

Approuvé de la part de lord KEITH.

Signé JAMES-STEVENSON, capitaine-royal Navy.

Nous avons approuvé les articles de la présente convention pour l'évacuation de l'Egypte et sa remise à la Porte-Ottomane;

Signé HADGY YOUSOUF ZIA, visir.

Nous avons approuvé les articles de la présente

convention, pour l'évacuation de l'Egypte et la remise à la Porte-Ottomane ;

Signé, Hussein-Pacha, capitan d'Erya.

Approuvé et ratifié la présente convention, le 9 messidor an 9 de la république française (28 juin 1801).

Le général de division,
Signé Belliard.

N° XVI.

Le général en chef de l'armée d'Orient, aux Français embarqués sur le brick l'Oiseau.

Si, au lieu de sortir en plein jour, vous eussiez mis à la voile pendant la nuit; si, au lieu d'arborer le pavillon anglais, ce qui, selon les lois, mériterait à votre capitaine d'être pendu, vous fussiez sortis avec le pavillon français, ou même sans pavillon; si, au moins, vous eussiez essuyé une bordée de coups de canon pour soutenir l'honneur du pavillon français; si, en dernière analyse, au lieu de vous jeter vous-mêmes entre les mains des ennemis, voyant que vous ne pouviez échapper, vous fussiez rentrés dans le port neuf, alors je vous aurais reçus comme on doit recevoir des Français.

J'aime, j'estime et j'honore les sciences et ceux

qui les cultivent. J'ai des sentimens plus particuliers encore pour quelques-uns d'entre vous que je connais ; mais j'aime, avant tout, l'honneur et la patrie.

J'ai donné ordre pour que vous sortiez, à l'instant, des port et rade d'Alexandrie.

Signé Abdallah-Jacques Menou.

Il était si aisé de détruire les inculpations ridicules émises dans cette lettre, qu'à l'instant même les membres de la commission lui firent la réponse suivante :

Les citoyens français embarqués sur le brick l'Oiseau, au général en chef de l'armée d'Orient.

Citoyen Général,

Nous exécutons l'ordre inattendu qui nous a été signifié en même temps que le refus de nous écouter. La mesure militaire de couler bas un bâtiment qui porte cent Français dans un port national, menace dont nous avons vu préparer l'exécution, ne nous a point laissé le choix du parti que nous avions à prendre.

Vous nous avez adressé la permission de sortir du port quand bon nous semblerait, et le résultat de votre conversation avec nos commissaires a été que, ne pouvant vous-même traiter de notre départ, vous nous laissiez le soin de veiller à notre sûreté.

Comme il nous restait quelque incertitude sur l'heure à laquelle cette permission pouvait s'appliquer, on consulta le chef des mouvemens militaires : ce dernier répondit au capitaine, qu'aux termes de vos ordres nous pourrions sortir même à midi. Nous avions prévenu, la veille, le préfet de la marine et le chef des mouvemens, que nous nous proposions d'appareiller deux heures avant le jour. On a commencé les préparatifs à minuit; la lenteur des manœuvres et la force de la mer ne nous ont permis de sortir des passes qu'au lever du soleil; les bâtimens qui les gardent n'ont manifesté aucune opposition. Nous sommes sortis du port d'Alexandrie avec le pavillon français, nous l'avons conservé jusqu'à notre retour et sans aucune interruption, au milieu de l'escadre ennemie; menacés par une corvette anglaise qui nous a tiré deux coups de canon à boulet, le capitaine a jugé convenable de faire hisser le pavillon anglais, et il a répondu aux questions qui lui ont été faites à ce sujet, que son but était : 1° de jouir de l'avantage de garder le pavillon national; 2° de conserver le bâtiment de la république, en cas de non succès des démarches que nous nous trouvions obligés de faire.

Tel est, citoyen général, la réponse du capitaine. Notre dessein était de présenter votre passeport aux nations ennemies, et vous le regardiez comme devant nous servir de garantie dans les dangers de la guerre. L'amiral anglais ne l'a point considéré sous le même point de vue, et il a principalement objecté qu'il n'avait reçu à cet égard aucune lettre de vous. Nous voulions vous faire, à ce sujet, un rapport détaillé qui contient des circonstances très-importantes; nous avons été obligés de rentrer dans le port d'Alexandrie. L'ordre qui nous est donné d'en sortir, nous expose au plus extrême péril.

L'honneur et la patrie nous sont chers aussi, citoyen général, ils nous le sont plus encore que les sciences que nous cultivons; c'est notre dévoûment, une confiance sans réserve, qui nous ont placés dans les circonstances extraordinaires et terribles où nous sommes à cette heure. Ceux d'entre nous qui échapperont à d'aussi grands dangers n'auront besoin d'aucune justification, ils seront approuvés par la nation entière.

Salut et respect.

Signé tous les membres de la Commission.

N° XVII.

Sommation faite au fort de Marabout.

Camp de l'Est d'Alexandrie,
le 21 août 1801.

Monsieur,

D'après les événemens de la journée, et les moyens employés contre le fort que vous commandez, il ne peut vous rester d'espérance, ni d'en prolonger la défense, ni même d'opérer une retraite sur Alexandrie. Je vous somme donc, au nom de l'humanité, de vous soumettre aux conditions qui vous seront accordées, et vous observe que votre refus vous rendrait responsable de toutes les conséquences qui pourraient en résulter; car je suis déterminé à employer toutes les forces anglaises et ottomanes qui sont sous mes ordres, pour vous forcer à vous rendre.

Signé EYRE COOTE, major-général, commandant du fort de Marabout.

Réponse.

Fort de Marabout, 3 fructidor an 9.

Monsieur,

J'ai l'honneur de vous soumettre les termes de la capitulation que demande la garnison du fort de Marabout. La générosité qui caractérise votre nation, me fait espérer qu'elle nous sera accordée.

Signé ETIENNE, chef de bataillon.

Capitulation du fort Marabout.

Article 1er. — La garnison demande à sortir avec les honneurs de la guerre.

Réponse. — La garnison sortira avec les honneurs de la guerre, et après avoir déposé les armes sur les glacis se rendra prisonnière de guerre.

Article 2. — Elle conservera ses bagages.
Accordé.

Article 3. — Les officiers conserveront leurs épées.
Accordé.

Article 4. — La garnison sera transportée en France, et pendant la traversée chacun sera traité suivant son rang, conformément aux lois de la marine anglaise.

Réponse. — Le premier article répond à celui-ci.

La garnison sera transportée en France, mais ne pourra reprendre du service qu'après avoir été échangée.

Article 5. Les personnes de la garnison qui ont des effets à Alexandrie, pourront les emporter.

Réponse. — Accordé, avec la condition que ces effets seront emportés par les officiers commandant les forces anglaises de terre et de mer.

Article 6. — Un officier de la garnison sera envoyé au général en chef, pour lui communiquer la présente capitulation.

Réponse. — Un officier français sera envoyé à Alexandrie, par mer. Un détachement de troupes anglaises prendra possession du fort de Marabout aussitôt après la ratification de la présente capitulation. La garnison sortira du fort demain matin, et après avoir déposé les armes sur les glacis, sera embarquée à bord de l'escadre anglaise.

Fait au fort de Marabout, le 3 fructidor an 9 de la république française.

Signé Etienne, chef de bataillon.

APPENDICE. 357

Copie de la dépêche du général Hutchinson, relative aux événemens qui suivirent la reddition du Caire.

Du camp d'Alexandrie,
le 19 août 1801.

La dernière division des troupes françaises qui se sont rendues au Caire, vient de faire voile d'Aboukir. Il y a environ treize mille personnes d'embarquées. La garnison du Caire comptait près de huit mille hommes de troupes de toutes espèces en état de servir, sans y comprendre mille malades et un grand nombre d'invalides, le tout formant près de dix mille soldats, parmi lesquels on ne compte pas plus de quatre ou cinq cents Grecs ou Cophtes; le reste est entièrement composé de Français. Les autres personnes embarquées se composent d'employés de l'armée et de personnes attachées à l'expédition sous divers titres.

N° XVIII.

Correspondance avec le général en chef Menou.

Le 26 août 1801.
Alexandrie, le 8 fructidor an 9.

Monsieur le général,

J'ai l'honneur de vous prévenir que je viens d'écrire à M. le général en chef la lettre dont je joins ici copie. J'attendrai sa réponse; mais j'ai l'honneur de vous prier de vouloir bien promptement communiquer avec lui par le lac Maréotis, afin que vous sachiez quelles sont ses intentions.

J'ai l'honneur d'être, etc.
Abd. Menou.

Copie d'une lettre écrite par le général en chef de l'armée française, à M. le général en chef de l'armée anglaise.

Monsieur le général,

J'ai l'honneur de vous proposer un armistice de trois fois vingt-quatre heures, pendant lesquelles je préparerai ma demande en capitulation. Je vous déclare d'avance, au nom de l'honneur, que ceci n'est pas un subterfuge de ma part : je n'en ai jamais connu de ma vie. Je vous déclare encore, que si vous acceptez l'armistice, je cesserai toute espèce de travail relatif à la défense; pendant cet intervalle il conviendra que vous cessiez aussi tous ceux relatifs à l'attaque. Si vous acceptez ma proposition, Monsieur le général, l'armistice commencera à l'instant où je recevrai votre réponse. Alors je ferai arborer un pavillon blanc dans chacun des camps que les troupes françaises occupent. Je ferai assurer le pavillon par un coup de canon. Vous voudrez bien me répondre de la même manière. Les pavillons blancs seront placés dans les endroits les plus élevés des deux camps. Tous les avant-postes, pendant cet armistice, resteront placés comme ils le sont.

J'ai l'honneur d'être, etc.
Abd. Menou.

Camp à l'ouest d'Alexandrie,
le 26 août 1801.

Monsieur le général,

Je viens à l'instant de communiquer au commandant en chef la lettre que vous m'avez fait l'honneur de m'écrire, ainsi que la copie de celle que vous lui avez adressée. J'attendrai sa réponse; en attendant, je consens à ce que toute hostilité cesse de part et d'autre, jusqu'à ce que je reçoive la réponse du général en chef de l'armée anglaise.

J'ai l'honneur d'être, etc.
Eyre Coote, major-général.

Lettre du général Hutchinson, au général Menou.

Monsieur le général,

Si vous êtes de bonne foi, vous accepterez les articles suivans :

1°. L'armée française que vous commandez sera transportée en France avec armes, bagages, et seulement dix pièces de canon de campagne.

2°. La place sera remise au bout de dix jours,

l'embarquement aura lieu dans les dix jours suivans, et le départ aussitôt que la flotte sera prête.

3°. Quant à la commission des Sciences et Arts, elle n'emportera aucun des monumens publics, ni manuscrits arabes, ni cartes, ni dessins, ni mémoires, ni collections, et elle les laissera à la disposition des généraux et commandans anglais.

4°. Les détails d'exécution seront les mêmes que pour la Convention du Caire.

FIN.

TABLE

DES MATIÈRES.

Discours sur l'Expédition des Français en Egypte, en 1798,
    considérée dans ses résultats littéraires. . . Pag.   j
§. I. Gibraltar.   1
§. II. Minorque.   13
§. III. Malte. Vues générales de l'île.   20
§. IV. Malte. Cité de La Valette.   25
§. V. Détails historiques sur l'Ordre de Malte. . . .   39
§. VI. Départ de Malte. — Station dans l'Asie Mineure. — Mœurs des Grecs.   45
§. VII. Navigation vers l'Egypte.   72
§. VIII. Débarquement, et premiers combats en Egypte.   80
§. IX. Bataille d'Alexandrie, du 21 mars.   104
§. X. Suites de la Bataille d'Aboukir.   121
§. XI. Marche de l'armée turque. — Bataille d'El-Hanka.   149
§. XII. Opération des Anglais et des Turcs réunis. .   156
§. XIII. Présentation au Visir. — Caractère des principaux personnages de l'armée turque.   158
§. XIV. Arrivée des Mamelucks; leurs costumes, leur histoire.   168
§. XV. Suite des opérations devant Alexandrie. . .   188

§. XVI. Siége du Caire. . . . . Pag. 194
§. XVII. Suite des opérations devant Alexandrie. . 203
§. XVIII. Marche de l'armée anglaise de l'Inde sur l'Egypte. — Description de quelques villes de l'Arabie.. 214
§. XIX. Suite des opérations. — Siége d'Alexandrie. 228
§. XX. Antiquités. — Fortifications et état d'Alexandrie. 259
§. XXI. Excursion à Rosette et sur le Nil. 268
§. XXII. Le Caire. 277
§. XXIII. Les Pyramides.. 288
§. XXIV. Observations sur le Nil et sur le climat et la population de l'Egypte. 291

APPENDICE.

N°. I. Etat de l'armée sous les ordres du lieutenant-général sir Ralph Abercromby, après la séparation qui eut lieu le 24 octobre 1800, dans la baie de Gibraltar.. 303
N°. II. Observations sur les armées turques. 309
N°. III. Instruction donnée à tous les chefs de corps.. 315
N°. IV. Etat des forces françaises à Aboukir, lors du débarquement des Anglais.. 317
N°. V. Copie de la dépêche de sir Ralph Abercromby, relative au débarquement de son armée. 318
N°. VI. Détails des forces des généraux Friant et Lanusse, lors de l'affaire du 13 mars 1801. . . 320
N°. VII. Articles de la capitulation du fort d'Aboukir. 321
N°. VIII. Ordre du jour du 16 mai 1801. 324
N°. IX. Proclamation du général Menou aux habi-

DES MATIÈRES.

tans de l'Egypte, lors de l'apparition de la flotte
anglaise. . . . . Pag. 325

N°. X. Etat des troupes françaises qui se trouvèrent
à l'affaire du 21 mars 1801. 326

N°. XI. Copie des papiers qui furent trouvés dans
le portefeuille du général Roize, tué sur le champ
de bataille, dans l'affaire du 21 mars. 329

N°. XII. Rapport et observations de la reconnaissance
faite le 8 mai 1801, par le major Moore, du 26°
de dragons légers. 337

N°. XIII. Capitulation du fort de Rahmanieh. . . . 340

N°. XIV. Conditions accordées aux troupes sous les
ordres du chef de brigade Cavalier, commandant le régiment des Dromadaires, et chargé de
l'escorte d'un convoi allant d'Alexandrie au
Caire. 342

N°. XV. Convention pour l'évacuation de l'Egypte. 345

N°. XVI. Le général en chef de l'armée d'Orient,
aux Français embarqués sur le brick l'*Oiseau*. 351

N°. XVII. Sommation faite au fort de Marabout. . . 354

N°. XVIII. Correspondance avec le général en chef
Menou. 357

Fin de la Table.

www.ingramcontent.com/pod-product-compliance
Lightning Source LLC
Chambersburg PA
CBHW050912230426
43666CB00010B/2133